北京市哲学社会科学研究基地智库报告系列

 首都高端智库报告

中国(北京)自由贸易试验区
语言服务蓝皮书

刘重霄 贾冬梅 栾婷 等 ◎ 著

首都经济贸易大学外国语学院北京自贸区语言服务研究中心
首都经济贸易大学特大城市经济社会发展研究院

首都经济贸易大学出版社
Capital University of Economics and Business Press
·北京·

图书在版编目（CIP）数据

中国（北京）自由贸易试验区语言服务蓝皮书 / 刘重霄等著. --北京：首都经济贸易大学出版社，2022.12
ISBN 978-7-5638-3456-3

Ⅰ.①中…　Ⅱ.①刘…　Ⅲ.①自由贸易区—翻译事业—服务业—研究报告—北京　Ⅳ.①H059②F752.81

中国版本图书馆CIP数据核字（2022）第228913号

中国（北京）自由贸易试验区语言服务蓝皮书
刘重霄　贾冬梅　栾　婷　等著

责任编辑	陈　侃
封面设计	砚祥志远·激光照排　TEL: 010-65976003
出版发行	首都经济贸易大学出版社
地　　址	北京市朝阳区红庙（邮编100026）
电　　话	（010）65976483　65065761　65071505（传真）
网　　址	http://www.sjmcb.com
E – mail	publish@cueb.edu.cn
经　　销	全国新华书店
照　　排	北京砚祥志远激光照排技术有限公司
印　　刷	唐山玺诚印务有限公司
成品尺寸	170毫米×240毫米　1/16
字　　数	316千字
印　　张	19.5
版　　次	2022年12月第1版　2022年12月第1次印刷
书　　号	ISBN 978-7-5638-3456-3
定　　价	85.00元

前 言

2021 年，首都经济贸易大学外国语学院将"语言服务"确定为学科和专业建设的重要方向之一，成立了中国（北京）自由贸易试验区（简称"北京自贸区"）语言服务研究中心，专注于北京自贸区语言服务研究。中心召开了 5 次会议，确定了中心的工作目标、研究内容体系、运行机制和发展路径，同时建设语言服务研究团队，明确团队需要完成的任务，决定撰写并出版《中国（北京）自由贸易试验区语言服务蓝皮书》。

2021—2022 年团队工作主要分为三个阶段。

第一阶段，搭建项目研究的框架，将北京自贸区语言服务项目分为四个子项目，基本确定了四个子项目的大体内容。

第一，北京商务局官网调研。团队语言服务研究、实践及未来合作的对象是北京市商务局，因为北京市商务局正好跟首都经济贸易大学的学校定位、人才培养目标和语言服务特色比较契合。北京市商务局官网显示，网站最右侧有三个板块，其中一个板块是北京自贸区；北京自贸区板块包括三个方面的内容，即科技创新、服务贸易和金融。团队将此次项目研究的重点之一确定为服务贸易。在北京自贸区板块，可以搜索包括新闻报道在内的关于语言服务的文字描述，将其中的一些关键内容、重要资料、专业表达及术语等资料摘录出来，通过统计关于语言服务方面内容及文字出现的频次，估测语言服务当前的需求与供给、受重视程度或未来发展的方向及趋势。搜索发现，网站关于语言服务方面的资料不多，团队将搜索的主题和内容扩大，列出一些与语言服务相关或相近的关键词，将搜索到的所有资料进行集中，从中挑选关于服务贸易语言服务的资料。

第二，中国知网（CNKI）检索学术文献研究。除了上述从政府机构官方网站的会议记述、新闻报道等进行语言服务内容检索，团队还从中国知网上查找了关于语言服务方面的学术研究成果。在前期研究中，团队也曾在中国知网上查证过很多关于语言服务方面的资料，发现其中有很多关于"一带一路"语言服务的资料，但相对于本项目而言，"一带一路"这一主题较大，学校也仅开设了英语、法语两个语种，具有一定的局限性。因此，我们认为将研究着眼于自贸区和服贸会这两个方面较为现实。那么关于自贸区、服贸会方面语言服务的研究成果有哪些呢？单独搜索关于自贸区语言服务的研究资料和成果其实不多，因此就需要进行拓展性或聚焦性研究，比如偏向金融类行业语言服务研究或者经济相关行业的语言服务研究。一方面，对自贸区所涵盖的某些行业或领域的语言服务研究（或者专注于服务贸易这个领域的语言服务）进行搜索，了解有多少相关领域的论文、表达了什么观点，或者看这些研究的切入点在什么地方，明确当前关于语言服务研究的落脚点。另一个方面就是从技术方面着手。单纯的翻译转向语言服务，必然涉及现代科学技术的融入，如人工智能（AI）、语音识别、计算机辅助翻译、技术写作等，为此团队也从中国知网（CNKI）了解了该方面的研究成果及存在的问题。

第三，高等学校语言服务人才的培养。这里的人才传统上指语言专业的研究生和本科生（主要包括语言学科领域的博士、翻译专业硕士和语言类专业本科）。从人才培养方案中可以了解课程开设情况，各高校（本项目主要关注北京财经类高校）开设的语言服务类相关课程（特别是商贸类相关的语言课程），其课程的数量、种类、时段等，是否与自贸区存在联系，是否偏重语言服务，该类课程偏重于技术层面还是技能层面等。团队通过调研样本院校的学生和教师，了解他们在人才培养方面的知识架构、能力要求、专业应用、实践教学、社会志愿等方面的一些相关信息，并对调研结果进行数据统计分析，明晰这些高校目前在课程设置、人才培养方面取得的成效和存在的问题，为语言服务人才培养改革提供借鉴。

　　第四，进行企业语言服务需求调研。依据学校"立足北京，服务首都"的定位和项目聚焦商务贸易语言服务的设定，所调研的企业应在北京自贸区所覆盖的范围之内（如机场周边、CBD核心区等）并与商务贸易或服务贸易具有较大关联。样本企业可以从网络上查找，也可以通过已经就业的校友联系。通过问卷或访谈对样本企业进行调查，了解目前企业语言服务类人才需求，用人标准（或取向），未来他们在哪一领域最需要语言服务人才，以及对单位已有语言服务人才的评价等。当然，这些问题或话题需要团队进行挖掘和打磨，以便被调研或访谈人员能够明白语言服务领域的相关内容。该调研对于团队日后了解语言服务市场整体情况具有一定帮助。

　　第二阶段，针对项目实施过程中遇到的问题，进行了深入的思考、交流和研讨。

　　第一，在自贸区、服贸会调研方面，团队搜索到很多资料，需要确定这些资料是否具有研究价值。以自贸区为例，需要了解北京自贸区到底需要什么样的语言服务。从搜索到的资料中能否发现语言服务的内容，如果没有语言服务的字眼，那能不能从隐含信息中找出与语言服务相关的东西。当然，这取决于团队的具体需求，需要团队去了解到底企业和政府部门有什么语言服务需求。这个需求可能是包含企业业务本身的语言服务，也可能是包含政府服务窗口的语言服务，甚至包含一些港口或者出入境等特殊领域或行业方面的语言服务。再看服贸会。进行服贸会语言服务研究的目的是什么？服贸会中涉及哪些服务？服贸会中有哪些具体的细节和流程是需要我们知道、了解和掌握的？服贸会的前身是京交会，服贸会的参与者不仅有中国国内的企业，还有国外的一些企业。那么就语言方面，进行研究需要的材料是双语的还是单语的？如是双语语料，是否仅限于英语？英语是本项目主要用到的语种，是否可以使用其他语种的材料？是否有必要建立服贸会语料库？在建设这个语料库之前，首先应该厘清以下问题：这是一个什么样的语料库？本质上需要建设的是一个资料库还是语料库？我们所建的这个语料库有什么样的社会功能？服贸会语料库涉及方方面面，所以我们可能只会选取其中的某些方面，来进行这个语料库的建设。关于这些，项目组首先与服贸会的官方组委会或者官方的机构组织取得联系，尽快获得第一手资料，方便日后语料库的建设。

在实践调研方面，来自服贸会志愿者的感受如下："通过几天的志愿者服务，我注意到服贸会上除了我们在会上必须要用英语进行关于企业的各种语言服务，还要进行关于接送接待、安检、签到、茶歇服务和陪同翻译等方向的语言服务。在这些环节中，我们需要用英语和外宾进行交流，并且都需要用到专业性的词汇。建立一个专业性的服贸会语料库，对于日后我们学校继续为服贸会提供志愿服务有着很大的优势。我发现在首钢园服贸会上，参会的专业性翻译公司较少，提供文旅服务的参会公司较多，同时我们在展会上能接触到的专业性的语言服务也较少。"针对这种现实情况，如何进行服贸会语言服务研究实践和团队的分工协作？

对于服贸会语言服务调研及语料库建设，团队成员将其分成了文旅服务、教育服务、电信、计算机和信息服务、体育服务（冬季运动）、体育服务（综合体育服务）、体育服务（体育文化）、供应链及商务服务、供应链及商务服务（运输服务）、金融服务、健康卫生服务、健康卫生服务（中医）、工程咨询与建筑服务等行业，并提出了以下具体操作建议：从服贸会组委会获取有关来宾接送、签到、住宿、餐饮、出行、茶歇、场地划分、参会人员来源、防疫措施、场馆设置等方面语言服务的资料；了解服贸会规划、参会国内外企业及相关人员、服务项目、参会产品及推广等文字资料；根据预定目标，将成员分为不同小组，主要负责资料整理、资料翻译、翻译校对和审定、语料库整理，以及运用 CAT、Tmxmall 等语料分析技术进行语料的整理汇总。

第二，关于语言服务人才培养和高校课程设置的调研。调研内容包括：高校培养的学生毕业后是不是用人单位所需要的？北京的企事业单位到底需要什么样的人才，有没有统一的标准？学生需要掌握哪些基本的技能或者知识面？学校开设的课程能否与用人单位对人才的要求相匹配？因此，要调查人才培养方案，重点关注其中的课程设置及实践基地建设，了解学生本身对于人才培养方案的想法，了解学生是否具有语言服务或语言应用的主观意识，教师授课的模式与方法是否有助于学生语言能力的培养等。调研的样本高校可以集中在京津冀地区，特别是在京的财经类高校。其他相关资料可以在网上下载，也可以找老师帮忙进行调研。

第三，关于企业调研。了解企业本身需不需要语言服务，需要什么方面的语言服务？以科技金融为例，现在北京通州、河北雄安已经开设了数字货币试验区。数字人民币方面需要语言服务吗？两者从表面来看，可能没有关系，但将科技创新和金融联系在一起，将数字金融与国际流通、海外业务拓展联系在一起，两者似乎就存在一定的相关性了。此外，企业究竟需要什么样的语言服务，或者学生在学校所学的语言有什么价值，都需要从企业用人需求上去挖掘。受疫情影响，团队不能亲自去企业，因而只能找一些在银行和证券部门工作的本校毕业生，了解他们单位或所在部门有没有语言服务的需求。如果他们认为根本没有语言服务的需求，项目组就需要进行深入思考：难道他们真的不需要语言服务吗？真的不需要语言桥梁进行一般人际或业务沟通吗？特别是对于跨文化而言，这种语言服务是通过机器翻译就可以解决或完成的吗？如果要用到机器翻译，那么机器翻译能否适应词汇发展日新月异、新概念和新术语层出不穷的趋势呢？

第四，学术文献研究。团队成员通过中国知网（CNKI）等各类数字化学术资源平台，搜索语言服务的相关资料，全面了解语言服务方面的研究现状。项目组也曾关注过粤港澳大湾区的语言服务，粤港澳大湾区也有一个语言规划问题，因为该地区涉及普通话和粤语的兼容；北京周边可能不存在这个问题，但是北京有没有属于本地化语言方面的具体问题？有没有一些针对北京地区特色化语言服务的需求？这需要项目团队搜索资料并进行探讨和思考。海南已经启动了自贸岛建设，其语言服务主要针对的是旅游和会议。其他一些地方或领域也有类似情况，如有专家或学者已开展针对河北自贸区或雄安新区的研究，但范围较小。总之，项目团队需要了解当前语言服务的热点是哪些，大都市和特殊地区语言服务研究的重点在哪里，语言服务研究的话语体系是什么，应急语言服务的国内研究和实践架构等问题。通过文献梳理，明确当前研究的空白点，从而将学术研究和实践结合起来。

学术研究的目标之一是进行针对问题的方案引导。基于该项目预期，项目的研究成果可以为政府在自贸区语言服务方面提供一些决策帮助。这样，不仅需要我们在"点"上进行深耕，还要在"面"上进行拓展。例如，国外的商贸圈在建设过程中，对于语言服务有哪些研究？在大都市建设中，他们的语言服务是什么样的？此外，也可以对比和借鉴北京冬奥会语言服务的相关内容，如人物采访、活动专访、交通标识、信息发布等方面的语言服务研究。此外还有一个数量的问题，比如：需要搜索多少篇论文？阅读多少部著作？

调研高校和企业的数量多少为宜？这些都需要团队根据实际情况进行把握。

第三阶段，针对翻译技术应用、语料库建设方面的具体问题，邀请传神语联网网络科技有限公司负责人及技术专家，对项目组成员进行培训，解决概念理解、知识学习、实际操作等方面的问题，促进项目的顺利开展。其间，还邀请首都经济贸易大学特大城市经济社会发展研究院等科研机构负责人进行研究指导。

除了自贸区语言服务研究，学院紧紧抓住国家战略规划和大事要事这条主线，进行了 2022 年北京冬奥会奥组委官网新闻报道翻译、视频访谈字幕翻译及审校等工作，完成数十万字的翻译和审校工作，整理建设了 2022 年北京冬奥会语言资料库。为迎接党的二十次全国代表大会召开，以党的十四大至党的十九大中英、中法双语语料为学习和研究样本，学院建设了党代会党史语料学习资源库和语料库，进行了语言服务相关主题的学术研究。

以上研究及实践的部分成果收录在本书之中。

衷心感谢北京自贸区语言服务团队、北京 2022 年冬奥会奥组委官网翻译及审校团队、党代会双语语料库建设团队成员对项目的大力支持和帮助，特别感谢学院党委副书记蔡丹老师提供的宝贵资料。

刘重霄

2022 年 8 月 19 日于北京

目录

语言服务调研篇

语言服务文献与理论研究篇

专题语言服务研究与实践篇

语言服务
调研篇

中国（北京）自由贸易试验区企业语言服务需求调查分析及启示

何卓玥　陈　曼　张梓楠　李悦琨　马若琪　郭　静
王　娇　宋沐瑶　王玉娇　杨慧怡
（首都经济贸易大学　北京　100070）

摘要：本文基于中国（北京）自由贸易试验区（简称"北京自贸区"）43 家企业的语言服务现状调查所获得的数据，分析了北京自贸区企业语言服务的需求情况及面临的问题。北京自贸区企业语言服务需求主要依赖两种方式解决，一是企业内部设有语言服务专业人员，二是将语言服务业务外包。调查过程中，笔者发现内部设有语言服务专业人员的企业，人才引进标准门槛较高，但语言服务技术使用率较低，企业语言服务需求多种多样。对此，本文提出增强企业语言服务意识、提升语言服务能力、改善语言服务企业从业者生存环境、政府及行业协会应加强对语言服务业的政策指导和管理规范等多点建议。针对外包语言服务的企业，本文分析了其外包服务合作要求的多样性、外包服务满意度、外包与高校合作的可行性等问题，并提出企业可以与开设不同语种课程的高校合作等策略。本研究能够为语言服务行业的未来规划、人才培养、社会服务、政策咨询提供参考，也能够对推动新时代高校"双一流"学科建设，培养新时代高素质语言服务产业人才做出贡献。

关键词：北京自贸区；企业；语言服务；校企联合；翻译人才

根据 2020 年 9 月 21 日国务院印发的《中国（北京）自由贸易试验区总体方案》，北京自贸区的战略定位为"具有全球影响力的科技创新中心、服务业扩大开放先行区、数字经济试验区，京津冀协同发展的高水平对外开放平台"。这一战略定位的提出，与北京市的首都定位以及北京市产业发展的政策导向、禀赋优势密不可分。北京自贸区于 2020 年 9 月正式揭牌成立，目前，自贸区建设已取得亮眼成绩。

根据商务部等七部门联合发出的通知要求，我国要发挥语言服务在促进文化交流、科技合作、对外贸易等方面的重要作用，努力降低"文化折扣"，增进民心相通、服务互联互通，推动更多优秀文化产品和服务"走出去"，推动"一带一路"倡议走深走实。因此，发展好语言服务必能为经贸合作的繁荣添砖加瓦，也能为北京自贸区企业的对外贸易做出贡献。

为发展好北京自贸区企业对外贸易的语言服务，需要了解该区域各大企业语言服务的现状，包括企业目前语言服务方面的需求，人才的筛选机制，语言服务技术的使用状况，以及企业与高校的合作情况。此次调查与分析的结果可以为语言服务行业的前景与规划提供建设性的政策建议，为语言学习者、语言服务从业者提供行业信息，以便其真正了解行业需求，向行业要求靠拢，为行业发展培养出具有人文底蕴和国际视野、契合市场需求的复合型、多语种语言服务人才。

首都经济贸易大学作为地方财经类高校，以"立足北京，服务首都，服务京津冀一体化建设"为宗旨，努力利用学校特色与专业优势为北京自贸区的语言服务做出贡献。基于此理念，笔者对北京自贸区企业对外贸易的语言服务现状进行了细致的调查，并针对调查中发现的问题，提出了相应的解决策略及建设性建议。

一、北京自贸区企业对外贸易语言服务现状概述

调查结果显示，北京自贸区企业对外贸易的语言服务需求较大，62.79%的企业成立了语言服务部门或使用外包语言服务手段，37.21%的企业目前因语言不通影响企业走出国门。对语言服务需求较大的行业包括：信息技术（41.86%）、装备制造（16.28%）、银行（13.95%）、国际传播（9.3%）等。此外，不同行业的公司表示希望能针对该行业提供对口的语言服务，具体包括口译、笔译、语言服务人才培训、翻译工具开发等。还有少部分企业表示，在海外投资、招商引资、产品出口等"走出去"业务过程中，语言问题会影响该企业在海外市场的拓展。

目前，北京自贸区企业的语言服务总体采用两种形式，即设立专职语言服务岗位和外包服务。据调查，该区域语言服务专职岗位存在着人才引进标

准门槛较高、语言服务技术使用率较低、企业语言服务需求多样等现状。在语言服务人才引进标准门槛方面，大多数企业要求学历在本科及以上，硕士占比最高（85.71%），部分要求博士学历（33.33%）。企业对语言服务特别是翻译人员有证书要求，大部分需要有英语专业四级、英语专业八级、二级笔译、二级口译等相关证书。对于翻译人员的工作年限要求主要集中在三至五年。在语言服务技术方面，该区域企业的语言服务技术种类多样，包括计算机辅助翻译、云翻译技术、公司内部软件、本地化工程技术、翻译协作技术等，但其中使用技术进行工作的业务量占总业务量的比例较低，总体技术使用率较低。在语言服务具体需求方面，各企业呈现的需求较为多样化，除需求量最大的日常接待之外，还包括产品本地化、外籍员工管理、广告文案写作等。

此外，还有不少企业选择将所有翻译工作外包，或是将大型的翻译工作外包，并在公司设专职审校人员负责译文质量控制。据调查，在语言服务外包方面，该区域企业的外包服务要求多样，外包合作满意度较高，与高校的合作较少。在外包服务要求方面，该区域企业常使用项目招标、熟人推荐等方式选择外包语言服务公司，对外包企业的考察条件主要包括：从业经验、质量管理体系、服务报价、行业经验以及信誉和口碑等。在外包合作方面，该区域企业每个季度与外包企业的合作次数主要集中在 1~5 次，每个项目所需外包人员主要为 1~5 人。大多数企业都对合作情况较为满意，并打算继续合作。在与高校合作方面，81.82% 的企业与高校没有相关的合作关系，对未来是否有意愿进行合作会视企业发展与需求情况再定。在与高校的合作方式上，该区域大部分企业认为可以采取让高校语言专业学生到企业相应岗位实习，或根据企业实际需求开展语言翻译、语言培训等服务方式来进行。

二、调查方法

本次调查采用问卷调查方式。调查对象为驻地位于北京自贸区的 43 家企业，企业类型包括生物医药（2 家）、信息技术（18 家）、银行（6 家）、装备制造（7 家）、能源（2 家）、国际工程（2 家）、国际传播（4 家）和跨境电商（2 家）。问卷通过问卷星发布，调查题目数量为 25 题，旨在了解公司基本语言服务情况。问卷以第 6 题为支点，调查有专职译员的公司的运行情况和外包语言服务的公司运行情况。本问卷设计参考了《"一带一路"总规划下青岛市语言服务业调查问卷》以及崔启亮和刘佳鑫的《国有企业语言服务需求调查分析及启示》。问卷活动于 2021 年 12 月 20 日发起，调查团队通过转发问卷和邮件邀请的形式，由企业代表或实习生填写，截至 2022 年 1 月 26 日共收到 43 份有效填写问卷。调查对象单位包括同程旅行、中信建投证券股份有限公司、中译语通科技股份有限公司、知网等。

三、调查目的

语言服务是以提供双语或多语之间信息转换为目标的语言能力，主要为科技、外贸、外事、培训等领域提供专业化服务。语言服务涉及多个方面，包括口笔译、翻译工具开发、语言服务人才培训、机器翻译译后编辑、编制字幕和配音、文档排版及写作等多项内容。语言服务在商贸中承担着重要作用，可以帮助企业进行跨国贸易和海外交流。

作为北京市属高校，首都经济贸易大学一直利用自身经贸特色，服务北京地方建设和发展。依托学校主干学科，外国语学院利用自身外语优势，结合本校特色，为在京企业，特别是自贸区内企业提供优质的专业语言服务。本调查旨在了解自贸区内企业对语言服务的具体需求、对语言服务人才的具体要求，以及高校所提供的语言服务的整体状况。结合调查结果，本项目将明确当前自贸区内企业的语言服务需求及发展方向，思考高校如何顺应当下需求，助力校企合作、人才培养及自贸区发展。

四、数据分析

此次调查主要以发放问卷的形式展开。该问卷共设有 25 小题，前几个小题为必答题，问题包括企业名称与类型，企业希望获得的服务类型及相关的语言服务，以及在相应的业务过程中语言因素是否对这些服务贸易公司造成一定的困难等。后 20 道题分为两大部分，针对不同类型的企业进行调查研究：第 6~15 小题为有专职译员的企业而设，第 16~25 题则针对那些无专职译员，采用外包形式进行语言服务的公司。该套问卷旨在了解北京自贸区企业对外贸易过程中的语言服务现状及问题，并在此基础上提出针对性建议。问卷第 1

题与第 2 题分别收集了参与调查的企业名称和类型。调查结果如图 1 所示。

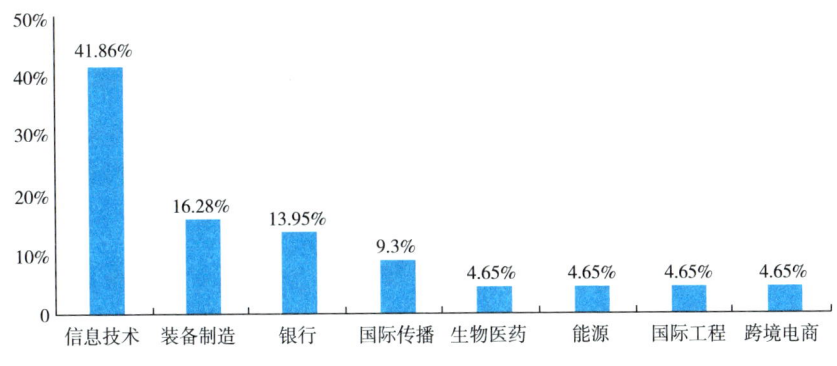

图 1　企业类型

此次调查共收到有效问卷 43 份（代表北京自贸区内的 43 家企业），企业类型涵盖 8 个领域，分别为：生物医药、信息技术、银行、装备制造、能源、国际工程、国际传播、跨境电商。其中，信息技术类企业的数量（一共有 18 家）明显多于其他类型的企业，占比最大，占总量的 41.86%；数量排在第二、第三和第四位的分别是装备制造业企业（7 家）、银行（6 家）和国际传播类型企业（4 家），分别占总量的 16.28%、13.95% 和 9.3%。生物医药、能源、国际工程与跨境电商的数量均为 2 家，各占比 4.65%。

各类型企业对语言服务行业的需求不同。问卷第 3 题和第 4 题从两个角度，以多选题的形式面向受访对象，总结出当前自贸区企业对语言服务行业的愿景。调查结果如图 2 所示。

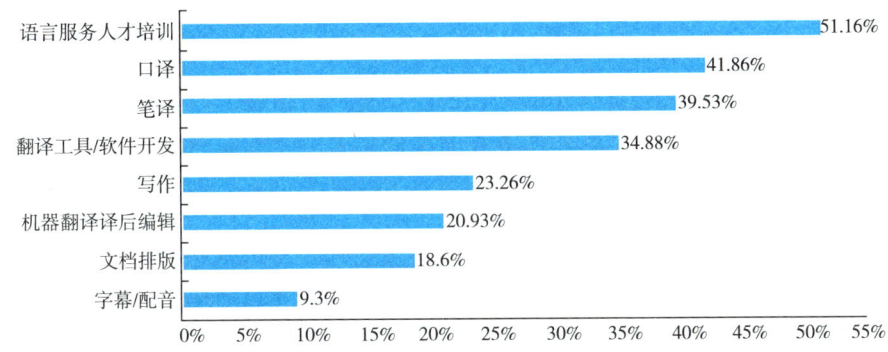

图 2　企业希望行业提供的服务类型

根据问卷第 3 题的调查结果，自贸区企业希望行业提供的服务种类多样，包括语言服务人才培训、口译、笔译、翻译工具或软件开发、写作、机器翻译译后编辑、文档排版、字幕或配音。其中有 22 家企业选择了语言服务人才培训服务，占约一半；选择口译与笔译的企业也接近一半，分别为 18 家和 17 家，占比分别为 41.86% 和 39.53%；不少企业期望有翻译工具或软件的开发服务和写作服务；少量企业需要行业提供机翻和译后编辑服务、文档排版服务；有 4 家企业希望行业提供字幕或配音服务，占比 9.3%。

自贸区企业对语言服务的需求不仅限于单一的行业，其涵盖了电信、计算机和信息、供应链与商务、金融、工程咨询与建筑、文旅、健康卫生、教育、体育等。调查问卷第 4 题的反馈结果如图 3 所示。

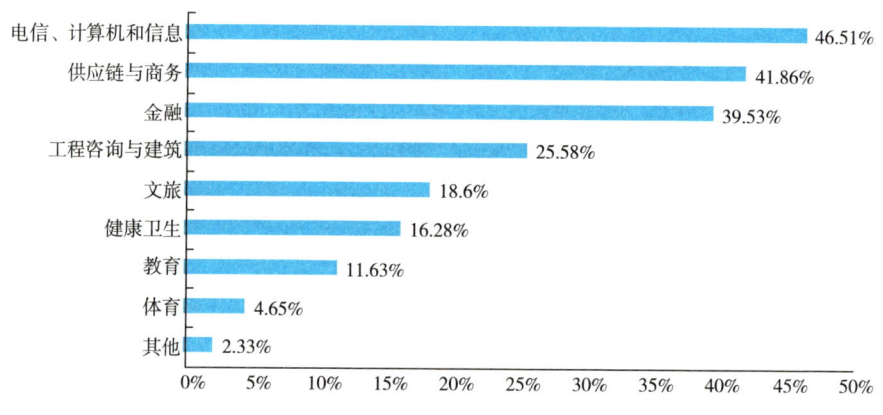

图 3　企业希望哪些行业能提供语言服务

其中，46.51% 的企业选择了电信、计算机和信息类行业的语言服务；供应链与商务、金融行业的语言服务也是不少企业的选择，各占 41.86% 和 39.53%；少数企业也有对教育、体育和其他行业的语言服务需求。

问卷第 5 题针对企业海外投资、招商投资、产品进出口等"走出去"业务提出问题，询问企业是否在业务开展过程中因语言不通而影响自身海外市场的拓展。调查结果如图 4 所示。超过一半（62.79%）的企业的答案是否定的，原因之一是企业在内部设有相关部门，另外就是使用外包给语言服务公司以解决"走出去"过程中的语言问题，有 37.21% 的企业目前还因为语言问题无法走向国际化。

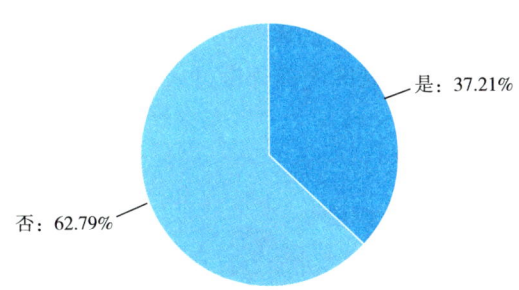

是：37.21%

否：62.79%

图 4　企业是否因语言影响拓展市场

（一）企业设有专职译员

问卷第 6~15 题针对设有专职译员的 21 家企业，分析其如何开展自己的语言服务活动，发现其中的问题，并提出相关对策。企业对语言服务（翻译类）人才的学历要求调查结果如表 1 所示。

表 1　企业对语言服务（翻译类）人才的学历要求

学历要求	数据
大专	9.52%
本科	52.38%
硕士	85.71%
博士	33.33%
不限	0%

1.问题一：翻译人才门槛高。各企业对翻译类人才的需求主要集中在本科学历和研究生学历。其中 18 家企业要求具有研究生学历，占比高达 85.71%；对本科人才的需求占 52.38%，仅次于硕士生；对大专生和博士生的需求并不是很大；而选择学历不限的为零。由此可见，各企业对于翻译类人才的需求有较高的学历限制，至少为大专毕业以上的人才。

企业对于翻译人员的证书也有一定的要求，调查结果如图 5 所示。

对于翻译人才的证书要求最重要的是英语专业八级证书和二级口译证书，分别占到企业总数的 61.9% 和 42.86%；其次分别为：二级笔译、英语专业四级、三级口译、托福 / 雅思、三级笔译、英语六级。但也有 14.29% 的企业表示不设定具体的证书要求，原因是这些企业更注重人才的实际翻译水平，应聘者通常需要通过企业试译测试才有资格进入面试环节。由此可见，企业对于翻译人才的证书和能力需求较高。

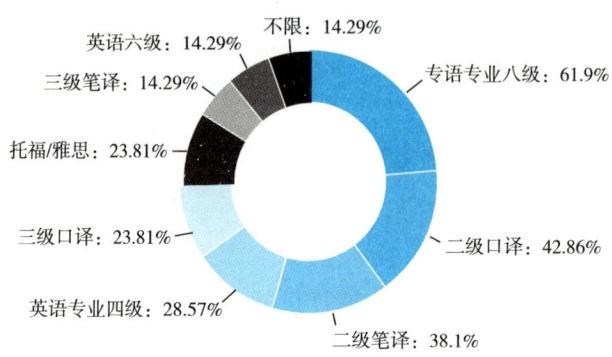

英语六级：14.29%
三级笔译：14.29%
不限：14.29%
专语专业八级：61.9%
托福/雅思：23.81%
三级口译：23.81%
二级口译：42.86%
英语专业四级：28.57%
二级笔译：38.1%

图 5　企业对翻译人员的证书的要求

查证官方公布的数据，2020 年三级笔译通过率为 23.57%，并且近年来通过率大多保持在 25% 左右；二级笔译通过率为 9.16%，平均合格率为 10% 左右；英语三级口译合格率为 3.51%，仅通过 254 人，往届平均数保持在 9.53%；二级口译通过 255 人，通过率为 7.41%，往届合格率为 9.53%。三级笔译作为其中通过率最高的考试，合格率也仅为 23.57%，这是一个较低的比例。由此更加证明企业对于翻译人才的证书能力要求是比较高的。

企业翻译人员工作年限要求的调查结果如图 6 所示。

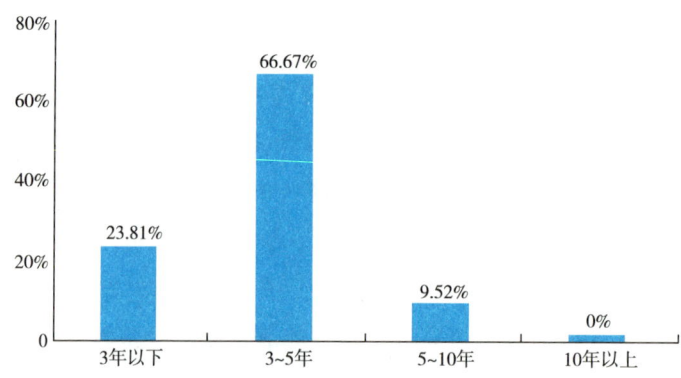

图 6　企业翻译人员工作年限要求

对于翻译人才工作年限的要求主要集中在 3~5 年，占总数的 66.67%，其次分别为 3 年以下、5~10 年。对于翻译年限为 10 年以上的需求为零，年限为 5~10 年的数量也占少数。这与招聘以及求职者的年龄需求有很大关系。翻译年限为 10 年以上的人数在社会中的比例非常小，若限制为 10 年以上，企业将很难招聘到合适的人才。翻译行业的压力较大，较少人能够坚持到 10 年以上，并且翻译工作对于学历要求较高，参加工作 10 年，大部分年龄都比较大，不太符合公司的招聘需求。翻译工作年限 3 年以下时，往往翻译经验较少，翻译能力是一个较大的问题。因此，考虑到工作能力和年龄的综合需要，企业对于翻译工作年限在 3~5 年的人才需求量较大。

针对企业翻译人才门槛高的问题，我们提出以下建议：

（1）从业者必须提升自己的核心竞争力，不断提升自己的学习能力、实践能力和创新能力。翻译是一门不断发展、深化和实践的学科。当翻译工作者自身学历不占优势时，可以尽可能通过多考取一些证书，将自己浸入到语言实践环境中，不断提升自己的语言转换能力与水平。

（2）各企业也应当对市场翻译人才的学历、证书等进行调研考察。我国二级口译通过率不足 10%，但是在招聘过程中，有极大一部分企业提出对二级口译证书的硬性要求，很显然，这些企业对于我国口笔译考试的通过率、难度并不了解，这样既不利于企业完成招聘任务，也不利于翻译人员的就业。企业应当制定符合社会发展趋向的招聘政策，不唯学历论，不唯证书论，适当降低门槛，创新人才引进战略，不拘一格招聘人才。

（3）高校应该充分利用自身区域影响力，加大对翻译专业的宣传力度，提高全社会对翻译专业人才在区域经济发展中的角色认知水平，让全社会，尤其是让用人单位明晰翻译专业人才的培养目标、培养层次、专业特点及其能力水平。一方面，高校应积极组织开展线下专业宣讲活动，邀请政府机构、企业代表、翻译研究机构及语言服务机构等走入校园，让其充分了解翻译专业的课程特色、师资力量、人才培养目标、学生能力水平及就业需求等；另一方面，高校应充分依托网络资源全方位开展翻译专业及翻译专业人才线上推介活动，同时分专业、分领域对就业市场进行引导和教育，帮助企业制定详细可行的翻译专业岗位要求和翻译专业人才能力量化标准，让企业进一步理解它们究竟需要什么样的翻译人才，如何才能满足自身需求。

2.问题二：语言服务技术使用率较低。调查数据显示，21 家受调查的企业中（受访企业共 43 家，其中该 21 家企业设有专职翻译部门，它们接受的调查是第 6~15 题，另外 22 家企业将语言服务需求外包给了语言服务公司，接受的调查是第 16~25 题），拥有语言服务技术的企业共 9 家，没有语言服务技术的企业共 12 家，占比分别为 42.86% 和 57.14%。相比而言，没有语言服务技术的企业数量更多。拥有语言服务技术的 9 家企业提供的技术如图 7 所示。

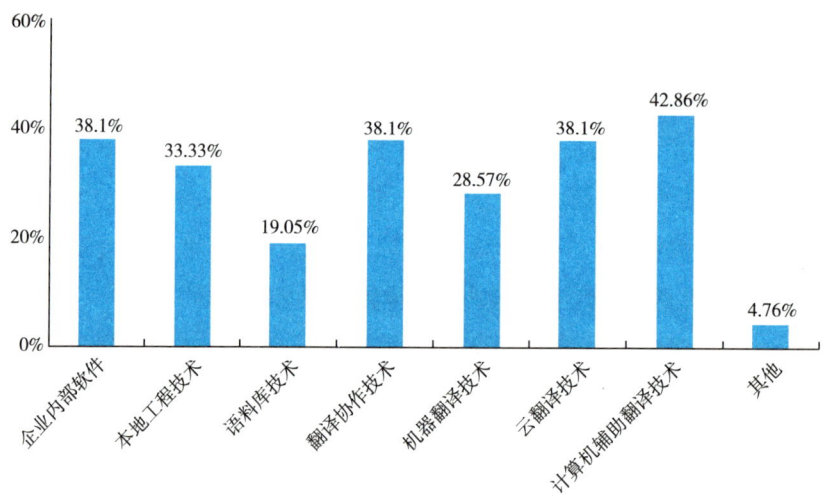

图 7　企业语言服务技术类型

企业语言服务技术的表现形式主要为计算机辅助翻译技术，占比为 42.86%；其次是企业内部软件、翻译协作技术、云翻译技术，占比均为 38.1%；语料库技术使用率较低，占比仅为 19.05%。由此可知，大多数的受访企业当前没有使用计算机辅助翻译工具，这与大多数企业选择将语言服务外包的结果是一致的。

使用翻译软件翻译业务的频率调查结果如图 8 所示。翻译软件使用频率低于 50% 的企业占大多数，47.62% 的企业使用翻译软件的频率低于 30%。23.81% 的企业使用翻译软件的频率超过 80%。没有企业完全使用翻译软件进行翻译业务。

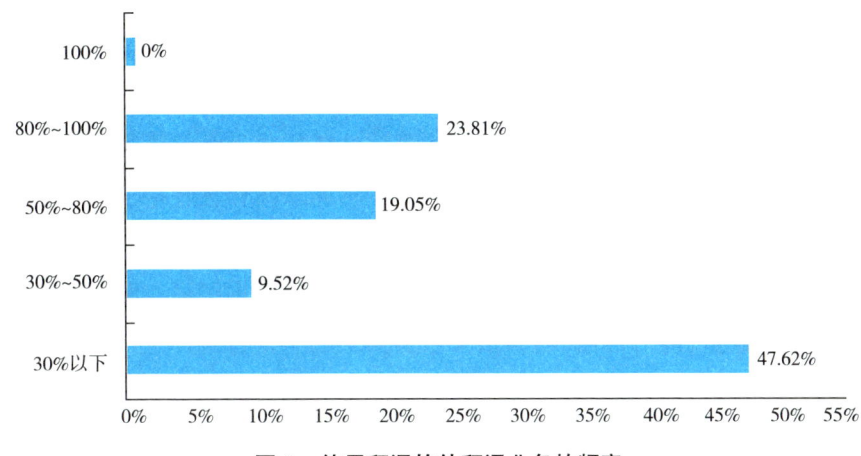

图 8　使用翻译软件翻译业务的频率

由目前调查情况来看，没有语言服务技术的企业数量居多，而有语言服务技术的企业使用语言服务技术进行翻译业务的频率也较低，且主要集中使用计算机辅助翻译技术。经过分析，其原因包括以下三点：

（1）企业内部对翻译人员的培训内容欠缺。当前，国际国内的经济环境极为严峻。国际层面，美国金融危机引发全球经济衰退，我国出口形势恶化，一些企业特别是中小企业处境艰难；国内也面临诸如收支失衡、经济发展方式亟待转变等问题。

语言服务行业作为国内的一个新兴行业，发展空间巨大。近年来，计算机技术和网络经济的飞速发展引发了信息的快速更新和传播，翻译需求的井喷式增长，要求翻译服务在应对大批量、多语种翻译任务时必须有更快的翻译速度和更高的翻译质量。目前，行业相关翻译人员的培训内容欠缺，许多从事翻译行业的专业人士对自身的学识及专业认识不足，在打字速度、软件应用以及计算机操作上还存在诸多困难，在实际工作中进程缓慢；一些年龄较大的翻译工作者无法适应新兴的翻译方式，导致其翻译成效不高；语言服务行业缺乏对翻译人才系统、规范、科学的评估考核机制。

（2）对语言服务的战略价值认识不到位。语言服务业是在现代信息技术发展环境下催生的一种新兴服务行业。由于语言服务在我国起步较晚，无论政府、学界还是一般民众，对语言服务的重要性、迫切性和专业性等方面的认识还远未到位，使得语言服务业整体上无法满足国家战略需求。目前，我国语言服务的行业地位不明确，还没有纳入国民经济分类，没有行业主管部门，缺少国家层面的科学规划和设计，语言服务行业缺乏专业品牌，社会和企业影响力不足；缺乏有效的行业管理和指导又进一步导致了语言服务业市场监管缺失、市场准入无标准、市场竞争无秩序、维权投诉无渠道等问题，严重影响了语言服务业的健康有序发展。在企业层面，同样存在语言服务意识薄弱等问题。《中国企业"走出去"语言服务蓝皮书（2016）》调研结果显示，74.1% 的受访企业没有语言服务专业人才；而《2018 中国语言服务行业发展报告》统计数据显示，77% 的有语言服务需求的企业将翻译工作进行外包。可见，企业在语言服务部门岗位设置、专业人才团队与能力建设等方面存在严重不足，这些问题归根结底是由于企业决策层对语言服务在企业开拓国际市场过程中的基础性、先导性和战略性作用认识不足所形成的，急需加以改变。

（3）语言服务人才培养与市场需求脱节。国内翻译本科（BTI）专业人才和翻译专业硕士（MTI）研究生人才培养先后开始于 2006 年和 2007 年，截至 2020 年 4 月，全国已有 284 所高校开设翻译本科专业，259 所高校招收培养翻译专业硕士研究生。在这些学校中，真正了解专业翻译人才需求情况，并懂得专业翻译工作者的特性、工作范围、技能要求、职业操守以及市场需求等内容的却为数不多。根据姚亚芝、司显柱（2018）对语言服务行业人才需求的调查，仅有 0.08% 的语言服务岗位需求翻译专业硕士（MTI）；而王辉、夏金玲（2019）对非通用语种人才需求的调查显示，市场岗位招聘以本科和专科为主，分别占 70.6% 和 27.1%，对硕士研究生及以上学历招聘需求只占 0.9%。2018 年中国翻译协会的调查发现，多数受访企业认为 MTI 学生的不足之处包括：缺乏垂直行业专业知识（50%）、翻译技术和工具应用能力差（33.6%）、缺乏责任感（33.3%）、独立工作能力差（30.6%）等。这些调查结果说明市场对 MTI 人才认同度不高。另外，高校在专业建设过程中，普遍存在师资队伍缺乏、培养方式和教学内容无法满足市场要求、各种翻译实验室使用率不高、翻译专业学生的实习实践流于形式、人才培养效率不高、学生就业选择从事翻译岗位的意愿不足等现象。许多高校翻译专业的人才培养仍然按照传统外语专业人才培养的理念和做法，重课堂理论教学，轻实践能力和职业技能培养，导致学校人才培养和市场人才需求不完全在同一轨道，人才供给与需求脱节。

基于此，本文提出以下建议：

（1）学生应具有利用各种翻译平台进行翻译实践的意识与能力。国内著名的翻译云平台有 Tmxmall、YiCAT、译马网和云译客。以 Tmxmall、YiCAT 为例，作为在线翻译管理平台，它们为自由译员、翻译公司和企业翻译部门建立起全面自动化、科学化和流程化的翻译管理模式。YiCAT 内嵌 CAT 工具，支持 46 种语言、27 种文件格式、27 种 QA 检测规则，具备实时项目监管、自定义工作流程、团队管理、译审同步和智能 QA 检查等功能。YiCAT 集成了 Tmxmall 平台的上亿句语料数据，用户在翻译时可实时检索调用其公有云语料分享平台的总记忆库及本地 TM ROBOT 的记忆库，储存在私有云语料管理平台的个人记忆库，可帮助译员节省时间，提高翻译质量。国外著名的翻译生产平台有 Memsource 和 MateCat。

国外较著名的翻译云平台是 TAUS Data Cloud。TAUS 是翻译自动化用户协会（Translation Automation User Society）的简称，总部位于荷兰阿姆斯特丹，是一个为全球语言和翻译行业提供数据分享和翻译前沿知识的平台，旨在为语言服务行业提供策略性建议，助力行业标准的制定。

（2）企业应增强语言服务意识，提升语言服务能力。企业走出国门开拓国际市场，先导性的工作是要解决不同国家、民族或地区之间的语言与文化差异障碍，因此需要语言服务铺路搭桥，畅通彼此间的交流沟通，特别是要畅通用外方企业或个人所在国母语、官方语言或通用语言进行交流的渠道。国际化企业应充分认识到产品和服务的语言服务不是增加企业生产成本的工作，而是扩大市场规模、增强用户体验、提高企业品牌价值的所在。语言服务可以精准传递企业的核心价值观，有利于搭建产品或服务与消费者之间的信任桥梁，它关系到企业国际化进程、品牌形象以及企业产品或服务的市场认同度和占有率；语言服务不是企业开拓国际市场的"绊脚石"，而是强有力的"助推器"。人才是提高语言服务能力的关键，企业要大力培养既懂语言，又懂技术、销售等相关知识的高层次、应用型、复合型语言服务人才。另外，企业还可充分利用海外孔子学院资源，招聘或培养精通汉语的企业项目所在地外籍员工，实现语言服务人才本地化，提高语言服务的针对性和本地化能力。

（3）改善语言服务企业和从业者的生存环境。目前，国内语言服务市场需求旺盛，语言服务业发展较快，但企业规模普遍较小，加上市场上的恶性竞争等，企业的业务能力和市场竞争力较低，无法与国际大公司竞争，急需国家政策扶持、资金支持和法律法规保护；另外，语言服务企业之间的合并重组是短时间内壮大企业市场竞争实力的一种可行方案。应当根据语言服务业特征和市场发展需求，提高语言服务人员的社会地位和薪酬待遇，加强职业能力培训，提供较大职业发展空间，切实保障从业者合法权益，激励更多的翻译专业毕业生从事语言服务业；同时，面对人工智能时代带来的挑战，从业者自身应增强学习意识和学习能力，不断提高职场自适应力。

语言服务与经济社会发展紧密相连，我国的语言服务业已形成较好的发展态势。人工智能技术的发展及应用，加速了语言服务业的新发展、新变革，在服务方式、服务内容、服务质量、服务效率等方面不断促进语言服务业提质增效、升级换代。政府机构、行业协会、高校、语言服务企业及从业者应主动适应新形势、新要求，积极行动，形成合力，全面保障和推进语言服务业快速、健康和可持续发展，使语言服务业更好助力中国全面走向世界、融入世界、影响世界，在"讲好中国故事、传播好中国声音、促进文明交流"等方面更好地发挥基础性、先导性和战略性支撑作用。

3. 问题三：企业语言服务需求多样化。调查数据显示，作为国际语言，英语语言服务在我国企业需求中占比最大，其次是日语、法语和俄语。表2反映了受访企业对各语种的需求状况。由表2可知：第一，中英互译需求最多（几乎所有企业都对中英互译提出需求，占比为90.48%），对法语、俄语、日语、西班牙语等语种的中外互译需求也较多。这说明我国企业在"引进来"和"走出去"方面发展较快，我国在参与国际分工与合作方面发挥着越来越重要的作用。第二，英语是企业对外交流的主要语言。原因有两个：一是中国企业合作的国外企业大多数采用国际通用语言——英语；二是企业的多语言服务能力不足，不得已采用英语作为中间语言。第三，中外翻译语种多样化。这说明中国与越来越多的国家和地区建立了商务往来。

表2　受访企业所需语种类型及数量

语言	中英	中法	中俄	中日	中韩	中德	中西	中阿	中意	中葡	其他
数量	19	5	5	5	2	2	3	0	2	2	1
占比	90.48%	23.81%	23.81%	23.81%	9.52%	9.52%	14.29%	0%	9.52%	9.52%	4.76%

如图9所示，在21份有效卷中，企业语言服务侧重方向绝大多数为口笔译，占47.62%，涉及10家企业；而只侧重口译的企业占28.57%，只侧重笔译的企业占23.81%，分别涉及6家企业和5家企业。以上数据表明：企业对口笔译的需求仍然较大，口笔译对企业发展日趋重要；与笔译市场相比，口译市场仍占优势地位；有近一半的企业对口笔译的需求较低，甚至没有需求。

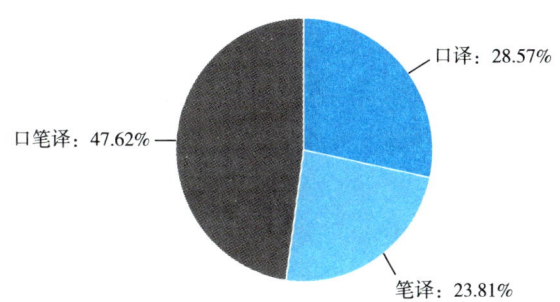

图9　企业对口笔译的需求侧重占比

语言服务包括多种类型。表3反映了受访企业的语言服务需求类型及占比，由表3可知：第一，口笔译相关需求仍是企业语言服务需求的主体，产品说明资料等本地化成为除口笔译外需求最多的语言服务类型。第二，企业对口译和笔译内容及形式的需求也呈现出多元化趋势。第三，现今的语言服务企业已经不仅限于单纯的口笔译服务，其服务日趋多样化。这体现了企业已经开始注重提升用户的阅读体验，语言服务类型逐渐扩大，但仍需发展。

针对以上问题，本文提出如下建议：

（1）企业需要加强自身语言服务能力建设。企业必须利用语言服务发展，不断走向世界。要想让世界了解自己的企业，需要通过语言服务将宣传文本进行编译和排版；当企业进一步扩大时，其通过语言服务进行沟通交流就会越来越多。因此，加强自身的语言服务能力建设是至关重要的一个前提条件。

表3　受访企业所需要的语言服务类型及占比

语言服务类型	日常接待笔译	日常接待口译	展会口译	外籍员工管理	对外合作洽谈口笔译	广告、文案写作和翻译		语言培训服务
数量	7	13	9	5	12	4		1
占比	33.33%	61.9%	42.86%	23.81%	57.14%	19.05%		4.76%
语言服务类型	中外文文档排版	网站本地化	软件本地化	产品说明资料等本地化	字幕和配音	游戏本地化	本地化测试	其他
数量	1	4	3	6	2	2	2	2
占比	4.76%	19.05%	14.29%	28.57%	9.52%	9.52%	9.52%	9.52%

国内企业应该加强语言服务能力建设，吸收和培育一批具有"语言能力、专业能力、技术能力、管理能力、跨文化沟通能力和自我评价能力"的语言服务人才。企业应组建内部独立高效的语言服务部门，制定相应的管理条例和标准流程，运用现代信息技术提高企业管理语言资产的能力，建立健全企业语言服务基础设施（如语料库、术语库、翻译与文本风格指南等）。将语言服务贯穿于产品生产销售的各个环节，从而更好地与国际接轨，增强企业的国际竞争力。

（2）语言服务公司应不断提高服务能力和质量。近年来，随着"一带一路"合作的深入开展，我国企业释放出前所未有的活力，迎来了发展的大好时机。各行各业"走出去"战略的实施，将产生大量语言服务需求。调查数据显示，目前企业语言服务需求日趋多元化，业务由单一的口笔译服务转为口译、笔译、文案写作、文档排版、语言服务培训、本地化等多种语言服务类型，这为语言服务公司提供了发展机遇。

在"走出去"战略下，企业在选择外包语言服务公司时可能会遇到"语言服务公司质量波动太大、语言服务公司不懂专业领域知识、没有权威渠道了解语言服务公司"等问题。因此，语言服务公司应该根据其所服务的企业类型，加大在专业领域的学习研究和业务开发，打造自己的特色和品牌，为服务对象提供更加专业的服务。同时，语言服务公司还应该扩大语言服务的范围，提高语言服务员工的业务素养和知识水平，建立优质的人才库，不仅要能创造出更高水平的翻译作品，而且能为企业提供方案设计、咨询服务、职工语言培训等服务，从而完成自身从语言服务供应商到语言服务合作商的转变，实现利益最大化。

语言服务公司对内应加强对语言服务项目的质量管理和过程监控，解决企业的语言服务问题；对外要多利用先进的信息技术，让企业可以在权威平台上了解语言服务公司。

（3）政府及行业协会应加强对语言服务业的政策指导和管理规范。语言服务行业在国内起步晚，基础弱，规模小，分布散乱，竞争力弱，缺乏明确的行业界定。因此，语言服务公司要想提高国际竞争力、进而进入国际产业链和价值链的前端，就必须认真研究和把握全球服务外包发展的新趋势，在学习国外先进经验的基础上进行再创新，加强品牌建设，增强自身竞争力。

（二）企业选择外包语言服务

随着社会分工越来越明确，服务外包已成为时代发展潮流。在全球化进程不断加深之际，我国语言服务产业也迈入了长足发展期。放眼全球，语言服务产业也是一个具有相当大活力的新兴行业。这是因为在全球化和信息化时代，各国和地区交流更为频繁密切，需要语言服务产业作支撑。现如今，随着企业之间竞争的加剧，专注于自己的核心业务已经成为大多数企业最重要的生存法则之一。因此，外包服务以其有效降低成本、增强企业核心竞争力等特性，成为企业采取的一项重要商业措施。在国际交流频繁的当下，企业想要拓展海外业务，自然离不开翻译服务的助力，相较于企业自主成立相应的翻译机构，翻译外包应该是更加明智的选择。

1. 现状一：外包服务要求多样化。根据问卷第 6 题的调查结果可知，有语言服务业务外包需求的企业占比 51.1%，其中，倾向于将语言服务外包给龙头公司和新兴公司的企业占比均为 13.64%，认为龙头公司和新兴公司均可承担语言服务外包的企业占比为 72.73%（见表 4）。

表 4　受访企业外包语言服务倾向

语言服务外包倾向	龙头公司	新兴公司	以上皆可
占比	13.64%	13.64%	72.73%

上述数据显示，超过七成的企业选择外包语言服务公司时，并不明确倾向于龙头公司或新兴公司。这反映了企业在选择外包语言服务公司时仍有所顾虑，且考察条件多样，不仅考察语言服务公司的信誉与口碑、行业经验，还注重其翻译价格、试译质量及信息保密性等因素，以得到更优质的服务。

此外，以下因素也影响了企业对外包语言服务公司的选择：

（1）语言服务公司缺乏相关专业知识。目前国内许多语言服务公司翻译内容复杂多样，未明确定位专业服务领域，缺乏具有专业知识的翻译人员。企业在选择外包语言服务公司时，需根据具体翻译内容选择具有相关专业知识及翻译经验的公司。

（2）企业缺乏了解语言服务公司的权威渠道。国内翻译行业没有国家主管部门，发展高度分散，尚未形成权威的语言服务公司信息渠道。企业在选择外包公司时，可能由于信息缺乏，难以选择具有信誉和口碑的龙头公司。

（3）语言服务公司存在层层转包风险。语言服务公司作为新兴产业，缺乏系统的企业管理体系和能力，层层转包又导致企业管理能力下降，服务透明度降低，致使语言服务质量和效率参差不齐。语言服务公司层层转包翻译业务，使得企业沟通成本提高、效率降低，影响翻译质量和效率。企业在选择外包公司时，可能不会选择转包业务的语言服务公司。

企业外包语言服务类型如表 5 所示，日常接待口译、日常接待笔译和语言培训服务是企业外包语言服务业务的主要类型。

表 5　公司外包语言服务类型

外包语言服务类型	日常接待笔译	日常接待口译	展会口译	外籍员工管理	对外合作洽谈口笔译	广告文案写作与翻译	语言培训服务	中外文档排版	网站本地化	软件本地化	产品说明资料本地化	字幕和配音	游戏本地化	其他语言服务
占比	27.27%	50%	18.18%	18.18%	22.73%	18.18%	31.83%	9.09%	13.64%	22.73%	13.64%	0%	0%	4.55%

调查数据显示，日常接待口译在外包语言服务类型中占比最高，达到50%，占有需求企业的半数。口译译员需要有较高的口头语言表达能力、听力接受与理解能力、临场反应能力、跨文化交际能力和大量的知识储备及礼

仪知识积累。该数据说明半数企业内部没有设置日常接待口译译员，需通过外包寻求专业日常接待口译译员，市场对专业日常接待口译译员的需求量很大。语言培训服务在此项调查中排名第二，占比为 31.83%。说明部分企业意识到了语言服务专业的重要性，希望通过语言培训服务为企业培训专业的译员，专门为企业服务，以提高管理效率、翻译质量和信息保密性。在此项调查中，日常接待笔译占比为 27.27%，表明部分企业内部没有专业日常接待笔译人员，市场对专业日常接待笔译译员的需求量也较大。但与日常接待口译译员相比，日常接待笔译译员对口头语言表达能力、听力接受与理解能力、临场反应能力和跨文化交际能力的要求较低，所以其需求量远少于专业日常接待口译译员。

上述数据还表明：

（1）企业对对外合作洽谈口笔译的需求量高达 57.1%，但该业务外包需求为 22.73%；对展会口译的需求量达到 42.8%，而该业务外包需求为 18.18%。这表明部分企业对对外合作洽谈口笔译及展会口译的需求较大，需要较为成熟的语言服务外包公司和具有专业领域知识的译员以满足企业需求。

（2）企业对外籍员工管理、广告、文案写作与翻译及软件本地化的外包需求均为 20% 左右，说明部分企业意识到了管理外籍员工需具有相关的专业知识与跨文化沟通能力，还说明部分企业意识到了软件本地化有助于提高员工对软件的使用效率。

（3）企业对字幕和配音及游戏本地化的需求均为 9.52%，但其外包需求均为 0%，说明企业对字幕和配音及游戏本地化的需求少，可能是因为企业自身设有专业的语言服务部门加强沟通管理、翻译质量检测，以满足自身需求。

2. 现状二：外包语言服务形势乐观。本次调查的 43 家企业有 22 家企业对本题进行了有效填写。如图 10 所示，从企业选择外包语言服务公司常用的方式来看，项目招标（59.09%）、熟人推荐（31.82%）、政府主管部门制定或推荐（27.27%）为主要常用方式，展览与会议、搜索引擎、社交媒体、平面媒体广告的占比都没有超过 20%。

调查结果显示，企业选择外包语言服务公司的方式中，排名第一的是项目招标。这表明，语言服务外包流程日趋规范化，大部分企业更偏向于通过项目招标来选择外包语言服务公司。排名第二的方式是熟人推荐。由此可见外包语言服务公司在客户中的服务质量和信誉的重要性，拥有良好的口碑，

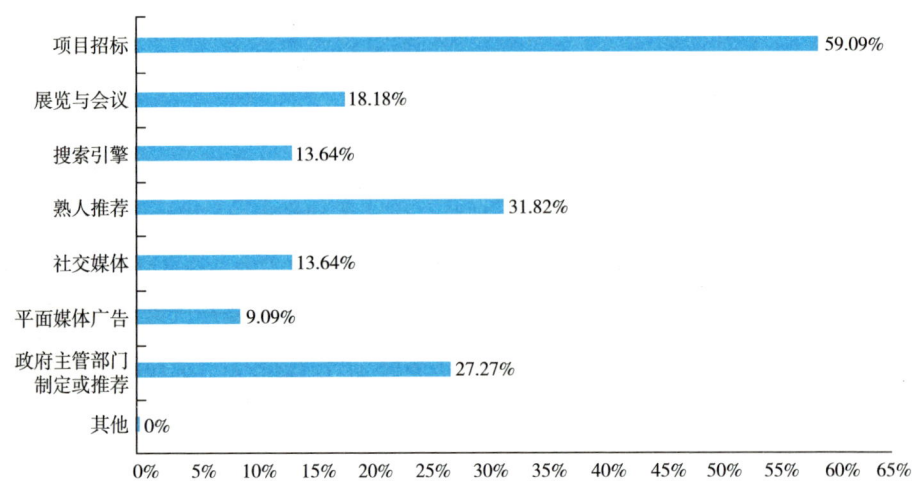

图 10　企业选择外包语言服务公司的常用方式

才会招揽更多的服务业务。搜索引擎、社交媒体、平面媒体广告等方式所占比例不高，这表明外包语言服务公司在网络社交平台、平面媒体平台投入的广告比较少，宣传力度较低。如果加大宣传力度，或许企业通过网络、社交平台、广告等方式选择外包语言服务公司的占比会大幅提高。

　　企业选择外包语言服务公司的考察条件调查结果如图 11 所示。企业选择外包语言服务公司时，最看重信誉和口碑，占比达到了 50%。一般的企业在选择外包语言服务公司时都会考虑外包公司的信誉和口碑，信誉口碑表面上是无形的，但隐性价值极高，具有很重的含金量，拥有良好的口碑是赢得回头客的关键要素，也是反映外包语言服务及品牌信任度的重要指数。视译经验和服务报价占比相同，在诸多考察条件中排名并列第二，均为 45.45%。这也反映出企业在选择外包语言服务公司时非常重视语言服务的质量，倾向于选择经验丰富、性价比高的语言服务供应商。占比排名并列第三的是行业经验和质量管理体系，均达到了 40.91%。拥有丰富经验、质量管理体系完备的供应商在提供语言服务时，会提高工作的整体效率。专职员工数量、对业务洽谈人员的印象、信息保密性、语言服务企业的所有制性质（中资、外资、中外合资等）、服务的语种数量的占比均未超过 40%；相较于信誉和口碑、视译经验、服务报价、行业经验和质量管理体系，其他考察条件的影响较小。

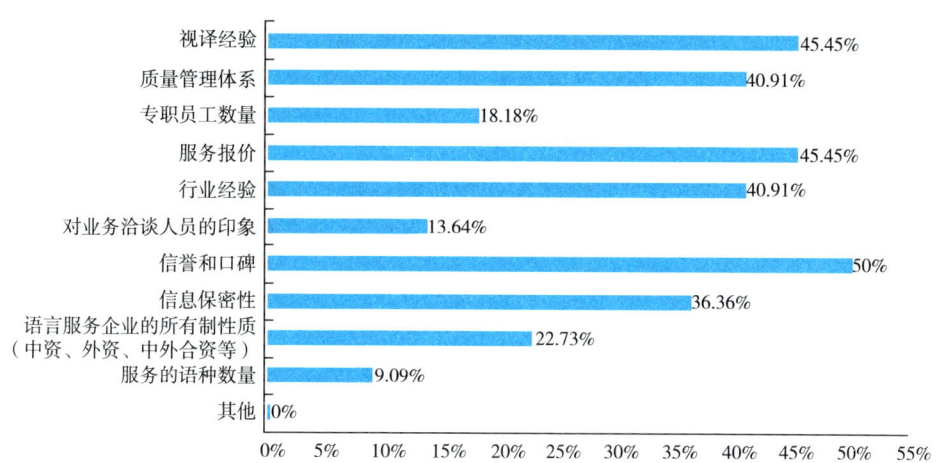

图 11 企业选择外包语言服务公司的考察条件

企业与外包语言服务公司每个季度需要合作的次数如图 12 所示。81.82%的企业每个季度需要与外包语言服务公司合作 1~5 次，13.64% 的企业每个季度需要与外包语言服务公司合作 5~10 次，4.55% 的企业每个季度需要与外包语言服务公司合作 20 次以上，而企业每个季度需要与外包语言服务公司合作 10~20 次这个选项则出现了断层。由此可见，绝大多数企业每个季度都会和外包语言服务公司进行一定数量的合作，极少数企业的需求量较大，合作次数达到 20 次以上。企业接到对外合作项目时，会随机性、临时性地需要一些语言服务人员参与项目实施。

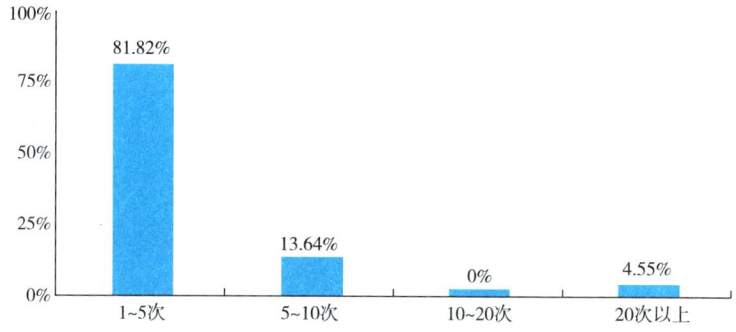

图 12 企业与外包语言服务公司每个季度需要合作的次数

由图 13 可知，68.18% 的企业每项基本项目所需外包语言服务公司的人员数量为 1~5 人，22.73% 的企业每项基本项目所需外包语言服务公司的人员数量为 5~10 人，剩余 9.1% 的企业每项基本项目所需外包语言服务公司的人员数量为 10 人以上。由此可见，企业的项目所需语言服务人员的数量并不多，可能是由于项目规模适中，不需要过多的语言服务人员。过多的语言服务人员会导致服务费用的增加，对企业来说成本增加，性价比不高。具体来看，只有 4.55% 的企业需要 20 人以上的语言服务人员（项目规模大，需要的语言服务人员会更多）。

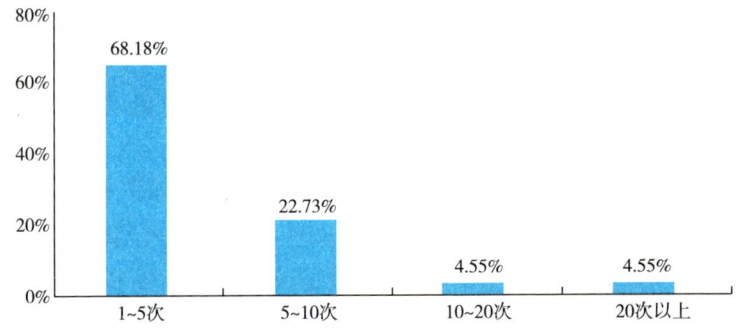

图 13　企业每项基本项目所需外包语言服务公司的人员数量

由图 14 可知，72.73% 的企业对目前合作的语言服务公司较为满意，打算继续合作；9.09% 的企业对目前合作的语言服务公司不甚满意，打算更换合作伙伴或开设公司内部翻译部门；18.18% 的企业表示很少有需要语言类的业务，或者老板自己进行翻译。这表明，大部分有语言服务需要的企业还是会选择外包语言服务公司，并且对其服务的满意度较高。

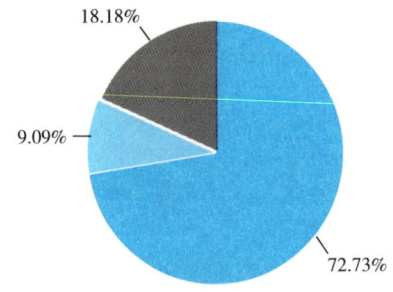

■ 较为满意，打算继续合作　■ 不甚满意，打算更换合作伙伴或开设公司内部翻译部门　■ 其他

图 14　企业对目前合作的语言服务公司的满意度

3. 现状三：采用外包方式的企业与高校合作存在较大可行性。根据调查问卷数据分析，采用外包方式的企业可以尝试通过与高校合作来满足其语言服务需求，校企合作培养翻译人才的模式对学生、高校、语言服务行业，甚至社会来说，都是一种互惠互利共赢的模式。高校与语言服务行业共同参与人才培养，在合作中承担各自的角色，是一种以需求为导向的人才培养模式，有助于更好地为地方经济服务。

在调查企业与高校语言服务有无合作关系时，调查结果如图 15 所示。采用翻译外包的相关企业中只有 18.18% 与本地高校有合作关系，其余 81.82% 的企业都没有与本地或外地的高校进行合作。其中有合作关系的 4 家企业涉及银行（1 家）、信息技术（2 家）和跨境电商（1 家），其所需服务中的翻译工具和笔译等也在未合作企业所需服务中高频出现，可见采用外包方式的企业与高校有较大的合作潜力与空间。

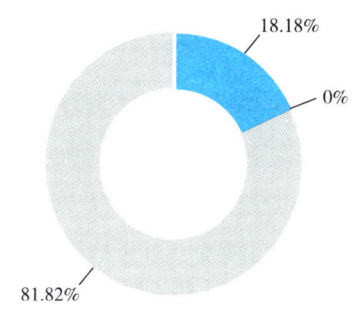

图 15　企业与高校语言服务有无合作关系

企业与本地高校外语类专业开展语言服务方面相关研究与合作情况如图 16 所示。已经有所合作以及表现出合作意愿的公司占比为 22.73%；暂时没有相关合作意愿的公司占比为 27.27%；其余保持中立态度的公司占比为 50%，它们将视企业发展和需求再做决定，这类企业将成为争取合作的主要方向，具有很大的潜力。在有合作意愿的企业中，外包合作的次数多在每季度 1~5 次，合作规模也全部为 1~5 人，总体来看次数较少，项目规模较小。因此，根据外包的频率和人数，与高校开展语言服务合作十分可行。高校学生的课余时间、可接受的项目大小和频率也大致符合这些企业的需求。同时，高校学生进行过专业课程学习，接受了专业翻译训练和专业老师的指点，能够在一定程度上保证项目质量。考虑到参与问卷调查的企业中有 81.82% 的企业与外包语言服务公司的合作次数保持在每季度 1~5 次，68.18% 的企业基本项目所需语言服务人员为 1~5 人，可知高校仍然能够开发近一半的类似企业并寻求合作，在完善各方面合作机制后，此类合作会具有更大的潜力。

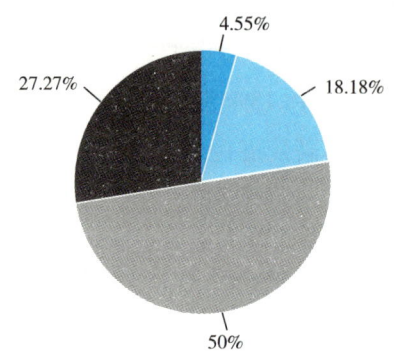

■ 已有合作关系 ■ 愿意开展合作 ■ 视企业发展与需求情况再定 ■ 没有相关合作意愿

图 16　企业与本地高校外语类专业开展语言服务方面相关研究与合作情况

关于企业与高校、科研机构采取的合作方式，调查结果如图 17 所示。在合作的前提下，企业认为可以与高校、科研机构采取的合作方式分别有："接收高校语言专业学生到企业相应岗位实习"，占比为 54.55%；"根据企业实际需求开展语言翻译、语言培训等服务"，占比为 45.45%；"接收高校优秀教师到企业挂职锻炼"，占比为 31.82%；"以企业积累的语料进行翻译实践训练，翻译成果归双方共同所有"，占比为 27.27%；"校企合作开发建立语言服务研究机构"，占比为 18.18%；"双方商定的其他形式"，占比为 4.55%。由此可见，目前大多数企业对于与高校合作方式的多样性接受度很高，这一方面能够为企业提供较高质量的人才和语言服务，为企业带来新鲜血液；另一方面也能促进企业与高校合作研究成果的开发与推进，有助于企业后续的发展。

据了解，北京部分企业与首都经济贸易大学、北京航空航天大学等开展语言服务合作，在这些高校中开设相关课程（如本地化管理、翻译项目管理等课程）。这些企业还与高校协同合作进行人才培养，成立 MTI 研究生的校外

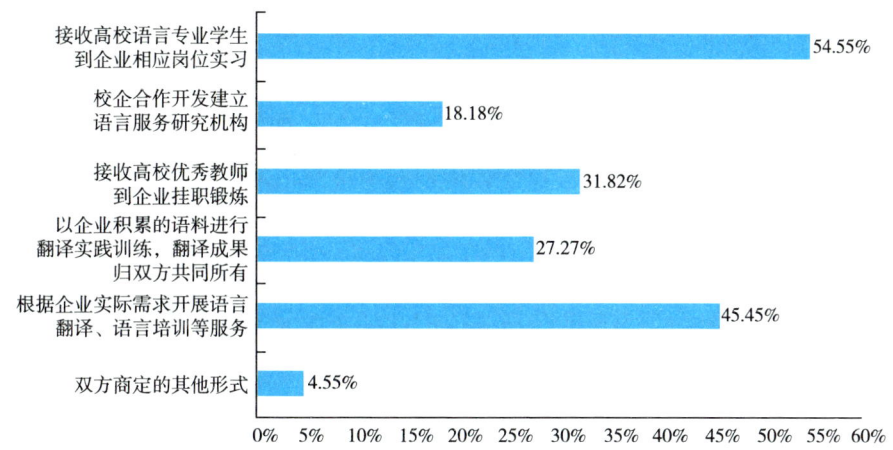

图 17　企业认为可以与高校、科研机构采取的合作方式

导师小组，为 MTI 在校学生到企业进行相关专业实习提供了良好的机会，形成企业与高校在语言服务方面合作的一大特色。因此，采用外包方式的企业与高校的合作具有一定的可行性，并有较大的发展潜力和空间。

然而，从本次调查问卷中同样可以看出，企业外包与高校合作中存在一些阻碍因素。为了进一步增强外包企业与高校合作的可行性，下面将针对此类问题进行分析并提出应对思路。

（1）高校能够为企业提供的语言服务类型覆盖范围不够大。高校所提供的语言服务大多集中在比较基础的笔译、口译、写作、机器翻译译后编辑等方面，而根据问卷数据可知，对于很多企业需要外包的翻译软件开发、字幕翻译配音、广告文案写作、网站和软件本地化等语言服务，大多数学校无法或没有能力提供，在这一点上校外的许多专业语言服务公司更具竞争力。因此，可以通过企业对高校人才的需求倒逼高校课程改革，在传统课程设置基础上，适当添加一些针对自贸区企业所需技能的专业课程。此举不仅可以增强企业与高校合作的可行性，还可以更有针对性地培养人才，帮助本校学生学习更多的与语言相关的技能，以应对市场的需要。

（2）高校能够为企业提供的语言服务类别不够丰富。问卷数据显示，中英翻译是中外语言互译的重点，然而俄语、法语、日语、西班牙语等也占有相当大的比例，其中各有 23.81% 的企业在语种类型中选择了俄语、法语和日语，14.29% 的企业表示该企业会涉及中文和西班牙语的互译。然而对于非语言类高校来说，开设如此多的专业并不现实，大多数高校有条件支持中英语言服务，但其他语种的课程设置基本不会超过两种，无法应对企业多语种的语言服务需求。因此，开设有不同语种课程的高校（如语言类和师范类高校）可以考虑率先合作，如此既可以保证语种的丰富性，为高校学生争取更多的校企合作机会，又可以促进高校之间的良性竞争与合作，实现高校间的共赢。

（3）高校在提供语言服务方面不够积极。问卷显示，59.09% 的企业通过项目招标选择外包语言服务公司，31.82% 的企业通过熟人推荐选择外包语言服务公司，27.27% 的企业通过政府主管部门制定或推荐选择外包语言服务公司。这说明企业在外包项目时，绝大多数机会是由各方公平竞争的，具备能力的高校应当更加积极地参加符合学校实力的招标，同时不断提升本校语言服务水平，提高自身承接外包项目的能力，建立较好的口碑，以便被更广泛的市场所认可。

（4）企业与高校合作的体制机制不够完善。问卷显示，企业在外包项目时考察的标准多种多样，包括质量管理体系、行业经验、专业精准度、信息保密性等，高校为确保语言服务中不出纰漏，需要制定严密的合作制度和做好校内统筹工作。然而接受调查问卷的企业中只有 18.18% 与高校进行过合作，这说明许多高校尚未形成成熟的体制机制。对此，企业可以成立高校合作基地，与高校共同培养语言服务人才，实现合作可持续发展。

五、建议与策略

基于上文对问卷调查结果的分析，结合目前北京自贸区企业的语言服务现状，下面将从企业、高校、政产学研联合等方面提出政策建议和校企合作前景规划。

根据本次调查可以推测，北京市乃至整个京津冀辐射区没有语言服务的企业居多，即便有语言服务的企业，其使用语言服务技术进行翻译业务的频率也不高。从宏观上来看，企业对于翻译专业人才队伍的管理缺少一套标准流程。这类企业可以将产品生产、销售等环节与语言服务进行有机结合，提高用户的使用体验。目前各个行业的市场均呈现出多元化、全球化趋势，企业自身是否有一个较为高效的语言服务部门和充足的资源储备关乎整个企业在市场中的竞争力。对于采取语言服务外包形式的企业而言，虽然目前国内可以选择的语言服务公司不少，但整体而言，我国的语言服务行业基础薄弱，规模较小，较为缺乏竞争力。语言服务公司可以学习国外先进经验，创新自身品牌，以提高自身国际竞争力，进入全球产业链和价值链的高端。语言服务公司不仅可以扩大语言服务范围，还可以提高自身的市场质量与价值。具体措施包括开发打造自身的特色服务领域与技术，建立人才库，为市场提供优质资源。自贸区的企业要更加充分地了解自身在行业中的定位以及需求，针对行业的发展现状和前景，切实选取合适的语言服务形式，拓展海外市场。这样一来，设有专职译员岗位的企业在人才筛选方面便可以有一套更加清晰的标准；选择将语言服务外包的企业则可以有更多的选择，对于外包团队的考察标准也可以更为明确。

对于高校来说，不仅可以探索开拓与企业结合的相关课程，还可以充分利用自身学科、地域等优势，积极组织开展线上线下各类活动，帮助企业构建语言服务岗位要求和相关翻译人才的能力量化标准。高校对于人才的培养，特别是对于实用型较强的硕士人才培养，应分专业对自贸区市场进行融合性教学，帮助学生和企业进一步理解市场究竟需要什么样的语言人才，以及如何才能高效地满足市场需求。学校可以邀请企业代表，语言服务各领域机构等走进校园，校企联合，共同打造强大的师资力量，以满足人才培养的预期和市场就业需求。高校要时时关注国家当前最新的政策以及市场变动，适时改变学生的培养方案，以打造出最合乎当前发展形势的语言服务人才。

除了校企联合，有关政府部门也可以提供相关支持，特别是针对自贸区的语言服务人才培养，制定一系列的发展政策。例如，政府可以针对北京自贸区乃至京津冀范围内企业的主要需求，助力教育行业培养或引进相应的人才。政府可以为自贸区语言服务人才的筛选提供一个统一的标准。前文分析指出，最受企业欢迎的人才一般具有研究生学历、专业八级证书和3~5年翻译经历等条件，有关部门可以根据相关调查数据，制定一套语言服务人才的就业标准和上岗要求，以更好地满足市场需求。此外，语言服务人才队伍建设不仅仅需要不断从高校吸纳新的毕业生，对于市场中一些年龄较大的从业人员，也应有相关政策留住这些人才。因此需要制定统一的评价标准和考核机制，开展系统的人才培训工作。除了相关的国家政策，一定的资金支持和立法保护也是必要的。目前市场需求与日俱增，而市场准入门槛则参差不齐，为避免恶性竞争，同时扩大语言服务企业规模，语言服务企业合并重组也是提高国际竞争力的方法。可以通过政产联合，根据市场整体发展，提高语言服务相关从业人员的薪资待遇和社会保障，切实保障语言服务人才的合法权益。打造良好的业界氛围，呼吁企业将语言服务贯穿于产品生产销售的各个环节，从而更好地与国际接轨，增强企业的国际竞争力。政产学结合，能够提供较大的职业发展空间，激励更多的毕业生融入市场。

对于具体的语言服务技术而言，根据前文的调查数据分析，目前大多数受访企业都没有使用计算机辅助翻译工具。而当前国内市场与国际形势均表明，行业的翻译前景趋向于结合语料库的机器翻译和译后编辑模式。有关部门可以结合这一点深入发展计算机辅助翻译和翻译协作技术，改变部分原有的教育旧模式，加大有关语料库技术、软件工程技术教育的占比。

六、结语

基于 43 份有效问卷的调查结果及分析，本文认为，要满足自贸区企业语言服务需求，就应顺应当前语言服务发展趋势，探求校企合作方式，学生、学校和企业共同努力。首先，语言服务从业人员需保证自身具有较高的综合实力，即专业能力和思维行动力，必须持有能够证明自身实力的专业和行业证书。其次，企业应适当降低对从业人员的硬性要求，更加注重其综合实力，并加强培养优质人才。同时，企业需要提高对语言服务的重视，认清其在商贸中的重要地位。再次，高校应在不断帮助学生提升能力和素质的同时，加大向各企业进行自我宣传的力度，促进校企合作，并不断改善人才培养模式，避免人才培养与市场需求脱节。企业对语言服务的需求不应局限于常规口笔译等服务，还应包括翻译软件开发等其他需求，因此学校要及时补充和改进语言服务相关课程体系，提高学生语言服务的多方面能力。最后，政府部门可提供相应支持，帮助企业制定合理的用人、培训、评价考核标准，帮助企业留住优秀语言服务人才，助力语言服务校企合作，发展语言服务技术，提高企业语言服务技术的使用率。

在整个调查过程中，从最初确定调查目的，设计问卷，到分析调查结果，撰写报告，最终对北京自贸区企业的语言服务需求有了初步了解。

在后续研究中，项目团队将结合目前语言服务前沿的资讯及其他方面的调查结果，进一步提高调查结果的综合性和准确性。同时，团队将积极探求语言服务校企合作模式，成立能直接对接企业的语言服务团队。在不断提升自身实力与经验的同时，结合经贸特色，开发自己的计算机辅助翻译技术、语料库技术、翻译协助技术等，帮助企业完成海外商贸翻译项目，提供语言服务培训，成为能够满足当下企业语言服务需求的专业团队。此外，在完善自身运营的同时，团队将进一步扩大校企合作的范围，使该项目的语言服务团队能够为各大自贸区甚至全国企业提供优质服务。

参考文献

［1］崔启亮，刘佳鑫．国有企业语言服务需求调查分析及启示［J］．中国翻译，2016，37（4）：70–76.

［2］杜文礼．语言的象似性探微［J］．四川外国语学院学报，1996（1）：60–65.

［3］李成静，范武邱．全球语言服务产业融合与演进研究［J］．外语电化教学，2021（5）：55–60，8.

［4］穆雷，李希希．"一带一路"倡议下的语言服务研究［J］．亚太跨学科翻译研究，2017（1）：151–163.

［5］王辉，夏金玲．高校"一带一路"非通用语人才培养与市场需求调查研究［J］．外语电化教学，2019（1）：34–36.

［6］王立宾．翻译专业岗位需求调查分析及启示［J］．东方翻译，2021，70（2）：42–49.

［7］王寅．基于认知语言学的翻译过程新观［J］．中国翻译，2017（6）：5–10.

［8］王寅．什么是认知语言学［M］．上海：上海外语教育出版社，2011.

［9］徐珺，王清然．技术驱动的语言服务研究与探索：融合与创新［J］．外语电化教学，2021（5）：61–67，111，9.

［10］闫欣，陈瑞哲，张井．翻译技术云平台的发展现状与趋势［J］．中国科技翻译，2019，32（1）：23–24.

［11］姚亚芝，司显柱．基于大数据的语言服务行业人才需求分析［J］．中国翻译，2018，39（3）：80–86.

［12］张嘉懿 . 基于企业语言服务需求的调查分析及启示［J］. 海外英语，2020（11）：253-255，260.

［13］赵红霞，俞潇，叶艳萍 . 中国（陕西）自由贸易试验区区内企业语言服务调查研究［J］. 文化创新比较研究，2021，5（35）：143-146.

［14］中国外文局，中国翻译协会 .2018 中国语言服务行业发展报告［M］. 北京：外文出版社，2019：60-110.

基于北京市商务局官网语料分析的语言服务报告

马　逸　汪婷婷　董　优　王舒怡　王毓婉　王智伟

任博钦　肖曼曼　梁双玥　赵雨薇

（首都经济贸易大学　北京　100070）

摘要： 近年来，语言服务及相关行业越来越成为我国经济和社会活动不可或缺的重要支撑。随着市场需求的急剧增加，语言服务已经渗透到各个领域。为了解语言服务行业在北京自贸区乃至中国主要自贸区的行业现状，本报告对北京商务局官网的新闻报道进行了语料分析并与其他省市的语料进行对比，发现相关报道数量较少。因此，项目组对这一现象进行了分析，并提出了培养语言服务人才、调整业务定位、积极推广新兴业务等政策建议，旨在为自贸区语言服务行业发展、政府决策及相关学术研究提供参考。

关键词： 语言服务；北京商务局；自贸区

一、语言服务

（一）简介

"语言服务"这一概念覆盖领域较广，包括内容较多，如笔译、创译、本地化、多语言桌面出版（DTP）、语言质量保证、语言测试、多语言文案撰写、口译、机器翻译（MT）、国际文化咨询等。

近年来，语言服务业发展迅速，已成为现代服务业的重要内容，涉及经济、文化、科技等多个领域，且已经呈现出全球化、产业化、信息化的发展趋势，不仅自身具有巨大价值，还辐射和带动了产业上下游领域的发展，带来了更为庞大的关联价值。

作为全球化时代社会经济发展的基础性支撑行业，语言服务业正逐步展现其战略价值。它的一个显著特点是：很多公司的客户遍布全球，他们的销售网络和生产机构也遍布世界各地。一家在欧洲的翻译公司，可能在北美和欧洲都有营运中心，在世界主要国家都有分支机构；一家中国的翻译公司，也可能在北美和欧洲拥有营销网络。语言服务行业全球化的另一显著特点是译员资源也开始全球化。随着网络技术的发展，译员的服务范围无限扩大，可以跨国界、跨时区提供服务，翻译公司在选择译员时有了更多的人选，优秀译员的服务区域不再局限于区域市场，服务对象也不再局限于一家或几家公司。

同时，辅助翻译工具日臻成熟，计算辅助翻译（CAT）软件在语言服务公司得到广泛应用，大型语言服务企业纷纷研制出自己的 CAT 工具和翻译项目管理平台来提升自己的项目处理能力和质量控制能力，语料库和术语库成为语言服务企业的核心资产，在不断积累和复用中发挥着重要的价值，并为企业带来成本优势和质量优势。

（二）国内发展现状

语言服务的本质是一种跨文化的信息传播，所以语言服务行业在全球化的浪潮里也尤为重要，并越来越成为我国经济和社会活动不可或缺的重要支撑。语言服务企业的服务已经无处不在，渗透到各个领域，市场需求急剧增加，语言服务行业的应用也越来越广泛。

加入世界贸易组织之后，中国改革开放的步伐越来越大，中国经济融入并推动全球化发展的同时，也不断引进来自其他国家的企业与产品，翻译不再局限于政府外交方面，经济、商务需求也不断扩大，大型客户集中在进出口贸易、文化交流、海外工程、装备制造、法律、金融等各个领域。

现阶段，"文化走出去"战略、"一带一路"倡议等的辐射效应日渐增强，国内语言服务需求持续增加。未来，在全球化不断深化的背景下，行业将继续搭乘国内经济、文化等战略东风，进入优化升级与快速发展并重的新阶段。"一带一路"倡议的提出与推进，促进了经济贸易的迅速发展，语言服务这一行业涉及"一带一路"沿线的 65 个国家、50 多种语言，其中官方通用语言达 18 种，覆盖 44 亿人口，占全球总人口的 63%。

当然，相较于发达国家，我国语言服务行业仍具有较大的增长空间。在市场竞争方面，我国语言服务行业呈现出总体市场规模大，但企业规模较小的特点。随着全球化进程加速和中国国际交流的日益频繁，语言服务业的规模得以进一步扩大。近年来，大中型语言服务企业的数量快速增加，语言服务产业链开始形成，产业格局初步显现。

同时，由于来自国际的大型语言服务企业进入中国市场，中国的语言服务企业也开始面临国际化竞争。而伴随着中国大型集团企业开始在海外布局、投资或开拓海外市场，中国的语言服务企业也陆续走出国门，走向国际市场。整个语言服务产业开始日趋成熟，企业逐步向专业化、规范化、标准化、规模化发展，语言服务企业的信息化建设也提上日程，各种翻译技术的应用也逐步深化，企业服务的能力进一步得到提升。2008 年北京夏季奥运会和 2010 年上海世博会的举行，推动了我国语言服务行业的发展。2008 年北京外国语大学与奥组委国际联络部合作成立了北京奥运会多语言服务中心，为奥运会相关人员提供 44 个语种的翻译工作。

近年来，语言服务企业翻译业务涉及的专业领域范围由化工和制造产业逐渐过渡到科技和医药类产业。国内语言服务行业产值保持良好增长态势，北京、上海、广东为国内语言服务企业主要所在地。

而我国的语言服务企业也在不断寻求变革，语言服务企业开始从商业模式和技术创新上寻求突破，云翻译平台纷纷上线。中国本土的机器翻译公司、云平台设计公司、语料库技术公司纷纷出现，而且不少公司获得了投资机构的风险资本，人工智能、机器翻译、语言大数据的快速发展，为语言服务企业带来了机遇和挑战。

虽然语言服务产业尚未完全独立，但已是迅速成长的新型现代服务业态，前景日益明朗。放眼全球，语言服务产业也是具有高度活跃性的新兴行业。这是因为在全球化和信息化时代，各国和地区交流更为频繁密切，需要语言服务产业作支撑。国内对于语言服务产业概念的界定尚无定论，还未达成一致，但这并不阻碍产业发展。随着经济社会不断发展，语言服务产业有望继续保持蓬勃兴盛态势。政府也应加大产业扶持力度，促进语言服务产业化发展。

二、项目介绍

为了深入研究语言服务行业现状，我们选择了语言服务业发展较好的北京市作为研究目标，并从北京市商务局官网切入，对官网新闻报道语料进行研究分析，以期了解北京市语言服务行业的现状。我们还将北京商务局与其他省市商务局官网中的语言服务相关内容进行了对比研究，深化分析其内涵。最终，找出其中存在的问题，并根据国家当前内外政策提出一些发展建议。

三、语料分析

北京商务局官网分为三大板块：北京商务局板块，开放北京板块，服贸会板块。本报告主要针对这三个板块中的新闻报道进行搜集研究，从三个板块的通知公告、开放动态、媒体报道、新闻速递等各个部分，共选取了研究材料282篇。以下是具体分析情况。

在项目组搜集的282篇新闻中，涉及语言服务的几篇新闻大概内容如下：

第一，京交会报道。报道中提到："中国翻译协会和首都知识产权服务业协会、北京服务外包协会签署合作协议，在语言服务、产权服务、信息服务等方面联手为企业开拓国际市场提供专业服务。"

第二，营造"类海外"宜居宜业环境。近年来，北京国际语言环境建设水平加速提升，城市国际语言环境持续优化。2020年突如其来的新冠肺炎疫情给在京外籍人士疫情防控工作形成挑战，北京市政府外办秉持"中外一致，一视同仁"的原则，通过多语种、多渠道向在京外籍人士及时发布防控信息，在外籍人士集中居住社区张贴公开信、海报等。北京市政府外办照会200余家外国驻华使馆和国际组织驻华代表机构，通报疫情和防控信息；协调北京多语言服务中心为12345市民服务热线提供外语接诉支持；在北京市政府外办官网和"北京外事"微信公众号开辟多语种疫情信息专栏，每天以最多8种外语及时通报北京市疫情、防控政策、便民资讯和防护知识等信息。

第三，"一带一路"标准数据服务中心线上平台。北京国际经贸标准化促进会副秘书长黄屯珏对"一带一路"标准数据服务中心线上平台进行了介绍与现场演示，并指出"一带一路"标准数据服务中心线上平台将关注"一带一路"区域范围，以跨语言、多维度关联的中外技术标准及相关专业数据为基础，充分融合产业实践活动，为中外各方专业人员解决国际经贸合作过程中的国际市场开发、国际项目招投标、标准体系优化与建立等相关问题提供专业的数据服务。

第四，"一带一路"建设主题。"一带一路"主题展区和文化贸易、中医药服务等 5 个专题全方位展示了"一带一路"服务贸易新商机，10 场"一带一路"主题相关论坛会议活动探讨了服务贸易发展新机遇，并组织语言、中医药等领域的企业开展洽商活动，吸引了 63% 的"一带一路"沿线国家和地区的境外客商到会洽商。故事驱动以"新丝路新思路"为主题，通过跨媒体传播案例分享，促成了东南亚、南亚、中东等"一带一路"沿线国家和地区文化领域版权交易的合作。主宾国英国重点推广"一带一路"金融解决方案，构建英中两国互利共赢的新渠道。

项目组搜索发现，网站中直接涉及语言服务的相关报道数量非常少，有关北京市语言服务的信息十分有限。但经过各方了解及查证，比较明确的是，网站中所提及的绝大多数贸易活动中都会或多或少涉及语言服务。通过探究这些新闻报道背后隐含的信息，分析近年来国内特别是北京市发展的重要领域和趋势，可以初步窥探出北京市乃至中国语言服务行业未来的发展方向。

（一）北京市商务发展方面

北京作为全国服务贸易的重点发展地区，各个区域的服务贸易都得到了长足的发展。语言服务属于服务贸易，语言服务的前提是对外交流和对外服务贸易的存在，所以语言服务的发展要从服务贸易的发展入手，服务贸易是语言服务的牵引线。

首先，以北京市丰台区为例。据报道，在"两区"建设的引领下，丰台区取得了丰硕成果。在政策创新方面，形成了一批制度创新成果，"丰九条""新开放五条"进一步激发了创新活力；在新兴金融领域，落地多个"首次"，如实现了全国首例通过数字钱包进行非税收收入上缴业务场景；在招商引资方面，一批高质量示范项目加速落地丰台。示范储备项目 138 个，其中，外资项目 33 个，已落地 85 个。华为中国总部、银河证券等重点项目正式入驻，中国农业再保险、中车转型升级基金等重点企业实现落地，毕马轨道交通研究院、北京里昂咨询服务公司等外资企业注册办公，数字金融技术检测中心、普洛斯国际数字智造产业园等一批重大项目签约合作。2021 年 1~8 月，全区新设企业 11 061 家，同比增长 57%。其中注册资本 5 000 万元以上规模企业 374 家，同比增长 32%。"两区"建设成果丰硕、发展前景广阔，发展的丰台一片欣欣向荣。

从上述报道可以看出，丰台区的金融发展与科技发展速度非常快，发展势头强劲。随着这些企业落户丰台，必将造就一批新兴科技产业，出台有益的政策，除了可以为丰台带来经济上的腾飞，外语专业和外语人才也可以搭乘此次东风，发挥外语专业的自身优势，为丰台区的发展贡献独特的力量。例如，丰台区引进了国内外多家著名企业，在企业办理落户手续、开展本地业务和国外业务等方面，对于双语服务的需求将会越来越大。坐落于丰台的市属高校首都经济贸易大学，拥有得天独厚的地理条件，这将为学校外语专业师生接触知名企业、与其建立语言服务关系提供难得机遇。

其次，昌平区的发展也令人瞩目。据报道，科技创新片区昌平组团负责人表示，突出生命健康特色产业、把握产业发展根本、聚焦制度创新核心、抓住优化营商环境重点，是昌平区加快建设具有全球领先水平的"生命谷"的重要发展路径。通过加快推进"两区"建设，昌平区将力争实现科技创新能力、开放发展水平、产业发展质量取得新突破，打造全球高端创新资源聚集地和首都高精尖产业发展新高地。

从上述报道可以看出，昌平区作为北京最重要的远郊区之一，发展方向无一例外集中在了科技、创新、贸易等几大板块。因此，昌平区作为第二个典型的发展案例，值得研究者关注和思考。当前，在服务贸易中主要的发展趋势都集中在科技、金融等方面，那么作为语言服务的提供者，就要对科技和金融有更深入的了解和知识储备。

2020 年中国国际服务贸易交易会围绕服务贸易前沿趋势、创新发展、国际合作等主题，邀请国际组织和政府机构代表、产学研界知名嘉宾，举办多场全球服务贸易峰会、高峰论坛、行业大会和专业论坛、洽谈会活动，开展研讨交流，分享行业经验，贡献发展智慧。

同时，2020 年和 2021 年的中国国际服务贸易交易会还推出"1+8+N"服务，分别是 1 个综合展区，包括中国服务贸易成果专区、公共卫生防疫专区、国别和省区市专区及服务贸易十二大领域企业专区；8 个专题展区分别是文化服务、金融服务、冬季运动、旅游服务、服务机器人、教育服务、体育服务、5G 通信服务；N 个功能服务区为洽谈、体验、餐饮等配套服务。

"中国服务"为世界经济贸易发展带来新机遇，也为语言服务行业带来了新机遇。当前中国正步入服务经济时代，这意味着中国既需要大力发展国内的服务贸易，也要将中国的服务贸易、经济产业、科技创新带出国门，走向国际。这其中少不了语言服务的支持和投入。

（二）北京市对外贸易方面

根据调研小组对相关新闻报道的统计分析，在对外贸易中，近年中国与德国、东盟、日本、韩国、爱尔兰、东南亚、非洲、越南、欧洲等国家或地区往来较密切。282 篇中有 27 篇提及与德国的贸易往来，17 篇提及东盟。

从新闻报道中可以得出，与德国的贸易往来大多集中在医疗健康、跨境金融、文化贸易、数字贸易等产业。

2020 年 9 月 28 日，顺义区举办中国（北京）自由贸易试验区国际商务服务片区挂牌仪式。北京市顺义区既是国家服务业扩大开放综合示范区，又是中国（北京）自由贸易试验区国际商务服务片区中面积最大的组团，总面积 28.5 平方公里。顺义区将立足"产业开放 + 园区开放"两个维度，按照"3+7+N"的思路推进建设，即发挥天竺综合保税区、首都机场临空经济示范区、北京中德国际合作产业园 3 个园区的主体作用，围绕航空服务、跨境金融、文化贸易、商务会展、数字贸易、医疗健康、国际寄递物流 7 大产业创新发展，在多个领域全境推进服务业开放，打造国际一流营商环境。特别是跨境金融领域，将聚焦跨境资金流动便利化，推动开展资本项目收入支付便利化试点、重点行业跨境人民币业务和外汇业务便利化、支持符合条件的外贸综合服务商为跨境电商企业提供货物贸易外汇综合服务、开展外债一次性登记、融资租赁母子公司外债额度共享等"两区"金融领域试点政策在顺义落地实施，发展以跨境贸易为需求支持的跨境金融产业，全力推进顺义金融开放。

随着中德产业园区的建立推进，中德之间的各类贸易往来只会有增无减。推进中德国际合作产业园建设，对接区域全面经济伙伴关系协定（RCEP）等经贸协定，创新国际合作机制，支持园区建立健全对外招商引资、引智渠道，探索园区国际化建设模式，打造国际化环境。

随着"一带一路"倡议的实施以及区域全面经济伙伴关系协定的签订，中国与东盟国家的贸易往来越来越频繁。实施自由贸易区战略，是中国新一轮对外开放的重要内容。目前，中国东盟双方产业承接的梯次性和互补性不断增强，数字经济、电子商务、智慧城市、5G 等领域正成为双方合作的新增长点。

根据中国海关统计，2018 年，中国与东盟贸易达 5 878.7 亿美元，较上年增长了 14.1%，这一增速超过中国对外贸易平均增速，在中国前三大贸易伙伴（与欧盟贸易增长 10.6%、与美国贸易增长 8.5%、与东盟贸易增长 14.1%）中增速最快。

根据海关总署发布的数据，2019 年，中国主要贸易伙伴位次发生变化，东盟成为中国第二大贸易伙伴。2019 年，第一大贸易伙伴仍然是欧盟，对欧盟进出口 4.86 万亿元，增长 8%；对东盟进出口 4.43 万亿元，增长 14.1%；对美国进出口 3.73 万亿元，下降 10.7%；第四大贸易伙伴是日本，对日本进出口 2.17 万亿元，增长 0.4%。此外，中国对"一带一路"沿线国家进出口 9.27 万亿元，增长 10.8%，高出整体增速 7.4 个百分点。

2018 年 11 月，中国和东盟通过了《中国—东盟战略伙伴关系 2030 年愿景》，明确表示：双方"坚定反对日益上升的保护主义和逆全球化思潮"，双方将"努力深化经贸联系，促进互联互通"。

2019 年 8 月，双方就"一带一路"倡议与《东盟互联互通总体规划 2025》对接达成一致，启动并完成磋商，提交领导人会议发表。这是继东盟 10 国分别与中国签署双边共建"一带一路"合作文件后，中国和东盟整体就高质量共建"一带一路"迈出的又一重要步伐，将为本地区实现全面互联互通增添新动力。

在《区域全面经济伙伴关系协定》、"一带一路"倡议驱动下，世界第二大经济体中国与充满潜力的新兴市场东盟必将更加密切展开合作，双方合作也将成为未来全球经济健康发展的主要动力。

从相关新闻报道中也可以看出，中国与德国、东盟等这些合作伙伴的合作领域极其广泛，主要集中在以下几个领域。

1. 医疗健康。在共同抗击新冠肺炎疫情的当下，世界经济正在经历全球性危机。2021 年，服贸会在北京举行。这次服贸会首次设立健康卫生版块，以"数字、健康、创新、融合"为主题，通过展览展示、专业论坛等丰富形式，向世界分享中国抗疫经验、牵线产学研一体化协作、推动防疫及公共卫生知识的全面普及等，贡献"中国健康方案"，分享"中国健康智慧"，充分彰显疫情常态化防控形势下，中国健康卫生事业对外开放的良好局面。

中国抗疫成果在服贸会上集中亮相，此次健康卫生服务专题展集中展示了我国抗疫的创新产品与技术服务，交出应对疫情的"中国答卷"。在疫苗方面，作为新冠病毒疫苗研发的主力军，国药集团中国生物在本次专题展上带来四款新冠疫苗。在抗疫药品方面，国药集团中国生物还展示了被称为"新冠特效药"的特异性免疫球蛋白和三款诊断试剂。在公共服务方面，中国研发的全球首台自动化核酸采样机器人亮相，通过 AI 视觉技术和运动规划系统，机械臂能在 30 分钟实现快速检测。疫苗 + 药物 + 公共服务，共同筑起了中国的"免疫长城"。

这些医疗卫生的科研成果，展示了中国人民的劳动智慧，展现了中国作为世界大国的责任担当。在全球经济不景气、医疗物资和设备供应不充足的条件下，中国制造的产品在不断输出国门。越来越多的国家和人民认可和选择中国疫苗。抗疫、防疫期间，中国向世界出口了大量的口罩、防护服、护目镜、呼吸机等必需品。在未来，中国凭借成功的抗疫成果将更广泛、更全面地与世界合作，帮助世界人民早日脱离疫情。对于语言工作者来说，要全面了解中国与世界对医疗健康的需求、发展以及成效，向世界传达中国的抗疫成果，以及中国科研人员为此所做的努力。

2. 绿色能源与科技。"碳达峰、碳中和"无疑是 2021 年服贸会上最重要的关键词之一。中国已经提出明确目标，在 2030 年前实现碳达峰，2060 年前实现碳中和。

工业是碳排放的重要领域，约占总排放量的 70%。碳减排主要在于控制和改进人类的生产消费活动，其中最主要的是减少化石能源的消耗量。实现"双碳"目标，能源是源头，工业是重点。

在实现"双碳"目标中，"碳中和的'牛鼻子'是使用清洁可再生能源替代化石能源，并逐步通过电气化将终端能源消费转移至电力生产端，最终实现电力的低碳化"。我国能源结构是以高碳的化石能源为主，推动碳减排必须推动以化石能源为主的能源结构的转型。能源低碳化意味着从供应侧到消费侧全部都要进行系统性的转变，这一转型过程有大量的创新需求。在澳门科技总会上，与会代表对可持续与清洁能源、可再生材料 / 可回收材料、回收技术、新能源汽车技术、环境保护技术、零排放 / 零污染制造的问题与亚太、中东地区国家代表进行过讨论与合作。众所周知，中东地区石油资源极其丰富，是人类非常宝贵的财富。但是，人们大肆使用石油资源，导致的最主要影响就是环境问题。因此，解决能源结构问题迫在眉睫，多国一起合作，在合理开发化石能源的同时，追求清洁能源和绿色新技术的研发与共享。

3. 人工智能。中国的人工智能发展正步入快车道。北京作为中国集聚人工智能企业最多的区域，其人工智能产业的链条已经比较完善，覆盖了整个产业链环节，且在产业链的重点细分领域均出现了行业龙头企业。例如，基础层中传感器的行业龙头京东方科技，AI芯片的行业龙头中星微电子、寒武纪、地平线、四维图新等，云计算的百度云、金山云、世纪互联等，数据服务的百度数据众包、京东众智、数据堂等，技术层的机器学习龙头百度 IDL、京东 DNN 等，自然语言处理的百度、搜狗、紫平方等，语音识别的出门问问、智齿科技等；应用层的人工智能重点企业也涉及了各个领域。北京正在逐步形成具有全球影响力的人工智能产业生态体系。

近年来，人工智能在技术与应用方面取得了巨大的进展，在国际上具备了一定的竞争力，但是基础层的薄弱仍然是限制中国人工智能发展的关键因素。中国在基础层发展时间较短，落后于国际先进水平。长期以来，中国的芯片大部分依赖进口，计算力方面的基础薄弱，且开源框架受制于国外 AI 巨头。所以，中国的科技企业要与欧美先进企业进行合作和学习，既助推中国人工智能业的发展，也为全球科技合作提供良好基础与环境。

4. 文创（文化融合）。从收集的部分新闻中可以看出，文创类的产品有很大的发展空间。"科技＋传统文化"的组合赢得了中外各界的关注。

例如：首钢高炉、皇穹宇、祈年殿造型的 3D 立体便笺纸；天坛祈年殿、北海白塔、北京动物园造型冰激凌；北京稻香村的"文房四宝"糕点，京剧脸谱糕点，有老北京特色的"文玩核桃""柿柿如意""胡同门牌"等创意糕点；全聚德全新推出的 IP 形象萌宝鸭；用智能影像和数字孪生技术展示贵州苗族蜡染工艺；"数字故宫"，数字文物库等；这一系列的文化融合产品都深深地吸引着观众的眼球。

文化 IP 的科技呈现，科技产品的文化表达，"科技 + 文化"的有机融合，是现代服务贸易的新趋势，也是年轻人喜闻乐见的新潮流。随着中国综合国力的提升，中国人对民族文化的认同感正迅速增强，中华文化重新绽放出夺目的光华。

综观当今世界上的文化强国，往往也是科技强国。通过高新科技包装后的文化产品，成为一种象征现代文明的文化软实力。中国独立自主探索了一条走向繁荣富强的道路，开创了中国式现代化新道路和人类文明新形态，这既是中国坚定文化自信的结果，也是中国不断续写辉煌的根由。

而文创类的产品要想走出中国，必然也涉及语言问题，也是语言服务可以发挥作用之处。

四、其他省市商务局官网

调研团队登录广东省（聚焦广州市）、上海市、三亚市、海口市等省市商务局官网，在其中搜索语言服务的相关新闻信息，并将查找出的内容与北京商务局官网信息进行了对比。

（一）广东省商务厅官网

广东省商务厅官网及广交会官网中暂时没有发现与语言服务相关的公告及报道，但还是可以发现一些与语言相关、值得关注的内容。

自疫情发生后，广交会一改以往的展览形式，变为"云展览"。许多参展商会采取线上直播的方式向世界介绍自己的商品，基于此，外贸主播兴起。与普通的主播不同，外贸主播不仅要想方设法将产品全方位地展现给屏幕外的观众，还要具有一定的语言表达能力。作为世界通用语言，英语成为许多公司在培养外贸主播时着重培训的一项业务。

另外，身处于粤港澳大湾区，各个企业对多语人才的需求不断增多。根据《粤港澳大湾区语言生活状况报告（2021）》，"粤港澳三地应加强语言人才培养协同规划，香港发挥英语辐射英语系国家作用，澳门发挥葡语辐射葡语系国家作用，强化英语和葡语人才培养基地作用，广州、深圳等面向'一带一路'沿线国家加强相关多语种外语人才的培养和储备"。

具体到广州市而言，整理发现，由于广州市的特殊地理位置和政策环境，其商贸往来大多为进出口贸易，与广州市贸易往来的地区大多是"一带一路"沿线国家和粤港澳大湾区。在欧洲以及"一带一路"沿线各国的贸易往来中，中欧班列的作用不可忽视，货物种类从最初主要服务电子产品到目前涵盖数码产品、家用电器、纺织服饰等上千种产品。

此外，大批跨境电商、企业在此汇聚发展，天猫国际、京东国际等全国知名电商平台相继落户，其中优势最为明显的是汽车（包括二手车）出口、汽车配件出口行业。同时，诸多国家的企业开始重视职场汉语人才培育，汉语教育行业也顺势发展。

（二）三亚市及海口市商务局官网

海南省三亚市商务局和海口市商务局官网中与语言服务相关联的内容大概可以归纳为三个部分。

一是旅游服务语言业务。三亚与海口是全国热门旅游城市，不仅对中国的旅客来说是旅游胜地，对于海外游客也是一个不错的选择。因此，省市旅游局有必要对导游等服务人员进行切实的语言培训，将旅游语言服务建设成为一个重要的行业。

二是赛事语言服务。海南省的一些城市，特别是三亚市，经常承办一些国际性重要赛事。因此，赛事服务人员的语言服务培训及发展赛事语言业务，也是重要的内容。

三是会展语言服务。三亚与海口是国际经贸合作交流会等国际会议的主要举办地。因此，会展服务，特别是会展语言服务，也是一项重要的行业业务。

总的来说，三亚与海口紧紧抓住相关行业的语言服务及其培训，以此服务于海南经济贸易的发展。

（三）上海市商务委员会官网

通过对上海市商务委员会官网的新闻报道搜索发现，语言服务主要以外商对接、现场翻译为主要需求，其中还涉及展会布置中的多语种宣传册、城市建设中的指引牌、英文网站的上线运行以及双语支持的电话服务等。上海的语言服务主要集中于以进博会为主要载体的数字贸易、人工智能、大数据、移动互联网和云计算等技术领域。

（四）结论

由此可以看出，我们查找的其他各省市商务局网站基本上和北京商务局官网一样，都没有太多针对语言服务的直接相关报道。虽然可以推断出语言服务一定是其中必不可少的环节，但是并没有专门报道（或介绍）谈及此行业，因此调研组还需要进一步分析其中的原因。

五、问题与原因分析

（一）问题

从上述分析中可以发现当前语言服务业存在的一些问题。

1.官方网站的宣传报道力度不够。调研组搜寻了北京市、上海市以及广东省、海南省一些语言服务业发展较为前沿的省市商务局官网，结果发现有关语言服务的报道寥寥无几，这表明政府对语言服务行业的宣传报道力度不够。

2.可供研究的文章数量不足，其中实证研究更为欠缺。实证研究指通过对研究对象大量的观察、实验和调查获取客观材料，从个别到一般归纳出事物的本质属性和发展规律的一种研究方法（仲伟合、许勉君，2016）。

现有研究文献数量有限，不能够让读者对语言服务业有深层次的了解掌握，其中实证研究类成果更是少之又少。同理，调研组所能搜索到的信息主要是通过文献法和理论思辨展开讨论，所提观点没有接受过实践的检验。

3.英语独大，小语种服务匮乏。从新闻报道中可以得知，在对外贸易中，近年中国与德国、东盟、日本、韩国、爱尔兰、东南亚、非洲、越南、欧洲等国家与地区往来较密切，而在这些贸易往来中绝大多数都是选择英语作为主要交流语言。

（二）原因分析

调查发现，无论是北京还是部分其他省市的商务局官网，对语言服务的报道都很有限，但在其国内或国际贸易往来中，语言服务都是必不可少的环节。

本文认为产生上述现象的原因主要有三个：

1.北京及其他地区商务局官网主要的关注点还是在商务合作贸易往来上，不会过多介绍背后的技术支持，因而有针对性的语言服务的介绍比较少。商务局官网宣传的重点还是在经济财经领域，服贸会板块宣传的重点也是贸易和外包服务。

2.语言服务虽然是不可或缺的技术和必要环节，但是它目前还是作为服务嵌入各行业里。比如在服贸会中，其所需要的语言服务可能已经杂糅在了方方面面，我们需要将服贸会的服务与交易等各个板块切割成一个个独立又相联系的单元，有针对性地研究、总结其背后有可能用到的语言及服务。

3. 国家和政府对于语言服务行业的关注度还不够，因而支持力度还不够大。

六、政策建议

基于上述分析，中国要实现从语言服务大国向语言服务强国的转变，可以在以下几个方面进行优化提升。

（一）培养语言服务人才

中国语言服务行业应当积累人才与语言资源。一方面，小语种的语言服务现在比较稀缺，国家可以加大力度，积极提供实用的非通用语人才培训，培养这方面的人才。另一方面，可以与语言类高校密切合作，通过兼职、实习、联合培养等方式共同培养高端语言服务人才。同时，语言服务商在人才资源整合中要通过培训等途径提高人才的环境意识与素养，从业者也应主动学习世界各国特别是"一带一路"沿线国家的政治、经济和文化知识，增强环境适应能力。

高校方面，当前翻译本科与硕士的人才培养模式正在逐渐向语言服务方向靠拢，绝大部分翻译专业硕士授权点高校在其课程设置中增加了计算机辅助翻译、译后编辑、技术写作等课程，目的就是响应当前语言服务的发展趋势，但目前企业真正所需的语言服务人才与高校培养的语言服务人才能否保持一致，并未可知。因此，在翻译硕士的人才培养方面，国家教育部门应当针对当前翻译专业学生的就业情况，出台相应的政策措施，真正明确翻译硕士的培养方向及翻译专业的学科定位。

此外，高校应当采取特色化的翻译硕士人才培养模式，依据不同地区、不同企业对于语言服务人才的不同需求，开发不同的课程，与企业合作，为学生提供更多的就业机会。当前的翻译专业硕士教学理论多于实践，与学术硕士人才培养趋同，因此，只有更多的实践机会才能够让学生对于翻译硕士和语言服务有更深刻的认识和了解。

（二）调整业务定位，积极推广新兴业务

中国语言服务行业首先必须调整业务定位，积极推广新兴业务。当前中国业内严重依赖传统口笔译业务，不仅在部分新业务上存在空白，而且对本

地化、译后编辑、转录、翻译记忆等国际上已趋常规化的新兴业务也重视不够。新兴业务也是我国语言服务建设急需开展的业务，例如本地化服务、译后编辑、项目管理、术语库建设及维护、技术写作等技术性较强的知识和技能。

此外，语言服务行业还应通过中国翻译协会积极与政府沟通，政企合力推动行业规范的系统化、标准化与国际化，根据对外贸易与政策需求及时修订完善规范，并确保规范的贯彻实施。

（三）在企业与语言服务提供者之间建立互联平台

应当系统调研企业内部对语言服务的需求种类和需求等级，按不同企业类型进行分类，建立一个提供语言服务的官方机构。该机构是属于承接语言服务需求方和语言服务提供方（包括译员、译后编辑技术人员）的第三方机构。基于目前的了解，大部分企业寻求语言服务合作伙伴的方式都是通过熟人介绍、网上搜索寻找口碑或评价较高的公司，应该由政府出面，为这两方建立一个能够相互联系的平台。

可以针对不同企业对于不同类型语言服务的需求，通过政策支持来建立一个云平台。在这个平台上，不同企业的不同的语言服务需求可以被记录。同时，语言服务提供方可以在这个平台上提供部分语言服务（例如翻译服务、译后编辑等）。

七、总结

语言服务行业近年来一路高歌猛进，成为全球化时代经济、政治、文化各领域交流与发展的基础性支持产业。整个语言服务产业开始日趋成熟，企业与高校也在不断寻求变革，呈现出多元化发展态势。

通过对北京商务局新闻报道的研究得知，中国近年来对外贸易交流主要集中在医疗健康、绿色能源、人工智能、文化融合等领域。因此，语言服务行业可以针对这些领域提供专业的语言服务，以寻求发展。

当然，该项目的分析也不能仅局限于当前的语言服务需求，还要考虑并预测未来贸易的发展重点以及所需要的语言服务发展方向。未来，项目组也可以将目光放在一些有前景的产业上，进行有针对性的研究，以便为其提供高效的语言服务。

参考文献

［1］国务院关于印发"十四五"数字经济发展规划的通知［EB/OL］.［2022-01-22］（2022-02-15）.http：//www.gov.cn/zhengce/content/2022-01/12/content_5667817.htm.

［2］万亚男.前瞻产业研究院.2018年中国绿色能源行业现状与发展前景分析：四大绿色能源发展前景可观［EB/OL］.［2018-06-28］（2022-02-15）.https：//www.qianzhan.com/analyst/detail/220/180628-26489cbb.html.

［3］习近平.不断做强做优做大我国数字经济［J］.求是，2022（2）.

［4］赵继荣.企业网站翻译：趋势与启示[J].天津中德应用技术大学学报，2018（3）：124-127.

［5］张健稳."一带一路"背景下多语种应用型翻译人才培养探讨［J］.上海翻译，2018（4）：63-67.

［6］仲伟合，许勉君.国内语言服务研究的现状、问题和未来［J］.上海翻译，2016（6）.

北京高校语言服务人才培养方案调查报告

李晓青　宋远航　王　媛　孟祥英　杨　婷　张思雨

（首都经济贸易大学　北京　100070）

摘要：随着产业结构的不断优化，服务贸易逐渐发展成为一种创新型商业模式。在新发展理念的引领下，语言服务需求数量与质量也不断提高。本文立足语言服务行业发展现状，通过调查问卷的形式，对北京地区多所高校的语言服务人才培养方案进行分析，发现在当前语言服务人才培养过程中，存在教学与市场脱节、校企缺少深度合作、语言人才培养质量不精等潜在问题。基于此，项目组提出了"深化产学结合，搭建实践平台""普及语言服务行业信息，构建就业指导体系""改善专业能力考核方式，侧重加强语言基本功"等语言服务人才培养方案的改进方法，以期促进语言服务人才更好地对接市场，实现外语学科价值与社会价值的统一。

关键词：北京高校；语言服务人才培养

一、研究背景

（一）语言服务行业发展现状

改革开放 40 多年来，我国开放的力度不断加大。中国在新发展理念的引领下，正以服务贸易行业为重点，推进新一轮改革开放。为实现信息互通，扩大国际交流，真正实现"走出去"，语言服务行业应运而生。语言服务以帮助人们解决语际信息交流中出现的语言障碍为宗旨，通过提供直接的语言信息转换服务及产品，或者提供有助于转换语言信息的技术、工具、知识、技能等，协助人们完成语言信息的转换处理。

自 2008 年北京奥运会以来，"语言服务"一词在中国翻译界和跨语言服务工作领域中被广泛使用，但国际上对于"语言服务"及"语言服务业"尚无统一的说法，学术界目前也没有明确的概念界定。从 2010 年起，中国翻译协会改用"语言服务产业"来代替原有的"翻译产业"一词。作为独立的服务业态，翻译服务、本地化服务、语言技术和辅助工具研发、翻译培训与多语信息咨询皆被划归为语言服务。

当前，我国正处于转型升级的关键时期，伴随着"一带一路"倡议的深入推进和"服贸会"等项目的开展，我国服务贸易的需求量明显加大，这对于语言服务行业来说既是契机，又是挑战。近十年，大中型语言服务企业数量快速增加，产业链开始形成，产业格局初步显现。科技的进步使语言服务需求方与供应方信息不对称的现象被打破，语言服务行业的质量与效益不断改善，总体服务水平有了明显提升；但是，该行业的发展仍面临巨大问题，比如提供语言服务的公司缺乏专业性背景知识，小语种的语言服务少之又少，应急语言服务人才严重缺失，行业总体缺乏规范与标准等。

（二）高校语言服务人才培养现状

日渐深入的国际交流以及飞速提高的科技水平，为我国外语教育的发展提供了广阔空间。中国特色社会主义进入新时代后，我国外语教学理念和教学方法得到了巨大优化。除培养学生基础语言能力外，更注重其跨文化沟通能力与跨专业背景知识。各高校逐渐认识到国内国际发展形势所面临的需求与语言服务人才培养的正确方向：以实现学生全面发展为基础，构建具有外语学科特色的通识教育体系；拓展外语学科内涵，推动跨学科融合发展；培养适应时代形势发展的高层次外语人才等。

但当前，大部分高校外语相关专业人才培养仍呈现单一化趋势，主要表现在课程涵盖面过广，系统性、针对性不强，学生在专门领域的学习与实践深度不够等方面。学生的语言基本功和综合能力虽然可以在大学期间得到一定的提升，但这对于从事语言服务的要求来说，还存在一定的差距。语言服务要求对某一特定行业有足够的了解，熟知该领域的特定知识，充分了解其背景文化。目前，高校的外语相关专业设置虽有了一定细化，但主要集中在经贸、法律等领域。实际上，以国有企业为例，工程机械、建筑、金融、能源是语言服务需求最大的四个行业。由于高校的培养模式单一，学生对跨学科领域相关知识缺乏认知，语言服务人员能力与市场要求不契合，导致很多领域高质量服务型人才供应不足。此外,语言服务型人才实践经历不够,对市场具体需求缺乏认知,产教融合需要进一步深化。高校培养语言服务人才应面向企业、面向社会,致力于人才适应社会与服务社会。目前来看,学校与企业并没有协同发展起来,学生在校学习理论知识与在企业实践二者没有实现很好的结合。从一些学者的调查中能够看出,高校教学方式类型多样,但是深入企业考察的仅占到 7.2%,致使学生在校期间对语言服务行业认知度有限。由此观之,构建出更完善的、服务于社会需求的高质量语言服务人才培养体系仍然任重道远。

二、调研流程

为准确分析语言服务人才培养的现状和问题,笔者密切关注近些年外语教育改革信息与市场对语言服务人才的需求方向,并在学校和用人单位交流日益密切的大背景下,详细研究了高校语言服务人才培养多种维度,以及校企双方联合办学后的效果。此外,笔者还搜集并分析了中国翻译协会等机构现有的数据,参考多方调查问卷,以此设置此次调研问卷内容,并多次对调研问题进行增删调整,力求调研数据可靠真实、全面具体。

(一)调研设计

北京作为国家核心发展地区,也是中国对外开放的重要窗口,语言服务在这里有着巨大需求。随着语言服务在经济、文化、科技等各个领域的渗透,该地区高校应该加强复合型、应用型人才储备,完善培养模式。为进一步推进高校语言服务人才培养改革,为高校语言学科规划和建设提供研究基础,本次语言人才培养调研设计主要基于以下三方面考虑:

第一,明确具体调研对象。经前期沟通协商,本次调研选取来自北京四所高校和河北一所高校的在校本科生、研究生以及毕业生作为调研对象。这五所高校分别是对外经济贸易大学、北京林业大学、首都经济贸易大学、北京工商大学和河北经贸大学,调研以北京地区院校居多,另取一所河北高校加以对比研究。所选取调研学生的教育背景皆为英语相关专业,暂不涉及小语种专业。该调研旨在通过调查学生对语言服务行业的认知和参与度,来分析语言服务人才培养方案的特点、凸显的问题,以及改进方法等。

第二，确定具体调研问题。笔者对当今语言服务人才培养现状进行了详细调研，问卷内容均筛选自各阶段英语相关专业学生普遍关注的问题，实时性强，内容关联度高，可以有效反映出学生对语言服务人才培养的需求与期待，以及当代高校语言服务人才培养的优势与短板。

为确保调研数据的科学性与完整性，本次北京地区高校语言服务人才培养问卷涉及以下问题：受访者教育背景；未来职业规划；从事过何种商贸语言服务工作；实习机会获取渠道；所在机构对入职人员最低专业证书要求；从事语言服务工作时遇到的困难；从事语言服务工作所需要具备的能力；学校开设了哪些翻译技术能力课程；学校开设的哪些课程有助于从事语言服务工作；学校还应增设哪些课程以提高学生语言服务能力；所在高校外语教学优势；所在高校外语教学的不足；所在高校还应提供哪方面的就业指导。

第三，采用科学的调研方法。本次调研项目采用"问卷星"线上调研的方式，通过微信、邮箱等多种方式直接联系受访者（或者各高校负责人并由其代为派发问卷）。选择在线调研可以最大限度节约调研成本，节省调研时间。同时，调研组在后台可以第一时间获取有效相关数据，以保证调研的完整性与科学性（问卷详情见：https://www.wjx.cn/vm/r9KbTRF.aspx）。

（二）项目实施

本次调研从 2021 年 12 月起开始创建问卷，经组内研讨，最终确立了 13 个有效问题。问卷从 2022 年 1 月 19 日起开始发放，于 1 月 25 日停止发放，历时一周。问卷向五所高校学生发放，最终有效填写人次 202 人，其中在校本科生 42 人，在校硕士生 131 人，毕业生 29 人。

三、数据分析

本文将从现今高校语言人才培养方案与调查问卷回收数据两方面进行详细研究，通过各院校官网所提供的人才培养信息与学生对语言服务行业的认知和参与度，来深入分析语言服务人才培养方案的特点、凸显的问题，以及改进方法等。

（一）高校语言人才培养方案分析

当今市场与社会需求要求各高校必须找准自身定位，走出一条差异化办学道路，服务于地方及行业领域。而语言服务行业所需求的行业化、职业化、应用型人才恰为此类高校外语办学提供了一个方向。本次选取的五所高校以经贸类院校居多，基于复合型、行业化的特征，五所高校根据自身优势和特色各自在传统翻译教学的基础上进行了一系列的改革尝试，并取得了一定的效果。此外，各高校针对不同层次的人才制定了各异的培养方案，明晰了各自教学任务与培养的侧重点。

1. 培养定位。通过五所高校官网发布的培养方案分析得出，学校对学生在本科阶段和研究生阶段的培养定位有所不同。以首都经济贸易大学为例，本科阶段学校重在"培养规范学生使用语言文字的意识和应用能力，保证学生具备扎实的英语语言基础，熟悉商务专业知识与相关理论，兼具较高的人文素养、开阔的国际视野与跨文化沟通能力"（详见官网《商务英语专业本科人才培养方案》）。而研究生阶段以翻译硕士专业为例，"培养目标是德、智、体全面发展、能适应全球经济一体化及提高国家国际竞争力的需要、适应国家经济、文化、社会建设需要的高层次、应用型、专业性口笔译人才。不仅要求其具备较强的语言运用能力，还需具有中型翻译项目的设计、组织、管理和评价能力，及运用翻译软件进行计算机辅助翻译的能力"（详见官网《全日制翻译专业学位硕士研究生培养方案》）。

在这两个阶段的培养目标中，院校虽未直接提及语言服务人才的字眼，但其中所提及的过硬的综合素质、良好的职业道德、较强的语言应用能力、具备熟练的翻译技能和宽广的知识面等正是语言服务人才所要具备的基本素质。且值得注意的是，如今各高校皆注意到了培养应用型、复合型人才的重要性，在本科生与研究生两个阶段的培养方案中都做出了明确说明。

这里以北京工商大学和对外经济贸易大学为例。北京工商大学官网所公示的本科英语专业（商务翻译方向）培养方案表明，"要培养一批适应全球化发展需要，具有扎实的商务英语口语基本功，宽泛的商务知识与技能，广阔的国际视野和深厚的人文素养，能在外事、经贸、科技、文化、旅游、教育等领域从事翻译实践的应用型人才"。对外经济贸易大学外国语言学及应用语言学专业（学硕）在培养方案中也着重强调要打造复合型与行业化的人才，"毕业生应能胜任高层次的国际商务沟通、谈判与写作、信息采集和从事各种国际商务的实务，还能开展主要经济体的研究以及商务领域的咨询业务，在就业市场上具有很强的竞争力"。

不难看出，如今高校语言人才培养不仅着力于增强学生的语言基本功，更致力于培育一批能够适应国家建设发展的高层次人才。本科阶段施行通识教育，着重关注学生良好人文素养、广泛知识技能与专业基本能力；研究生阶段则重在使学生掌握本专业宽广的基础理论与系统的专门知识，通晓跨文化理论技能，注重实务训练与职业素养的提高。

2. 课程设置。课程设置是"培养人才的规划，它把达到培养目标所要求的教学科目及其目的、任务、内容、范围、进度和活动方式的总体规划体现出来"（潘懋元，1996）。如图 1 所示，高校外语课程设置思路大体一致，本科阶段主要聚焦于提升学生通识能力、语言基础能力、专业能力等。课程类别主要分为：通识教育课、学科基础课、专业必修课、专业选修课与个性化课程。

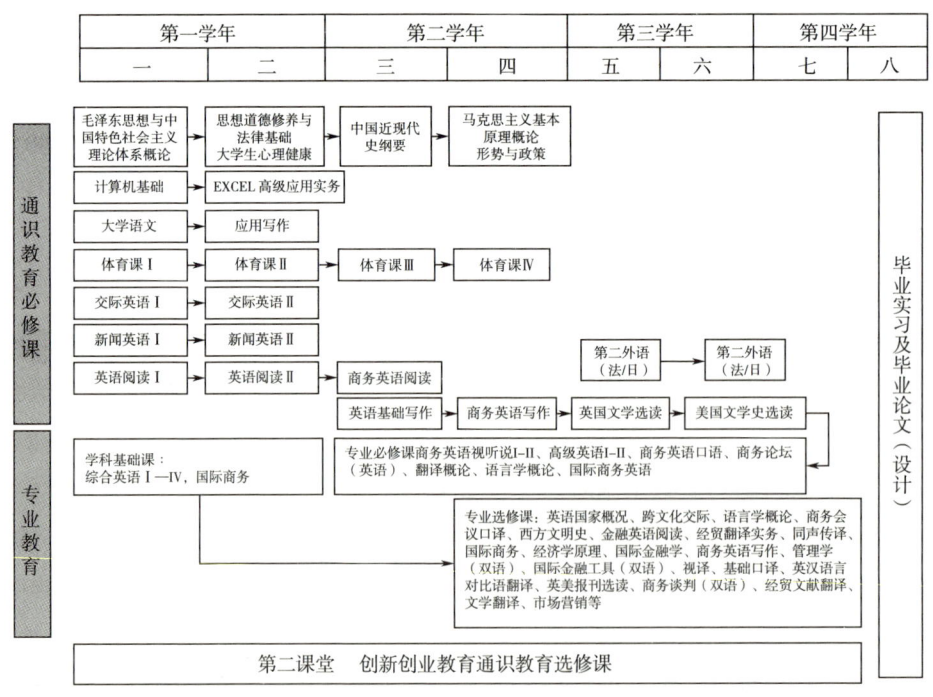

图 1　首都经济贸易大学商英专业本科课程修读及培养流程

如图 2 所示，研究生阶段更注重于进一步打磨学生语言技能、系统化学习专业知识、了解行业信息、提高职业素养等。因此，在研究生课程安排中加入了计算机辅助翻译、本地化翻译、翻译项目管理等具有典型行业导向型的专业课程。

全部课程分为公共必修课、基础必修课、专业必修课、选修课和实践类课程，实行学分制，总学分不少于38学分。选修课不少于10学分。补修课一般不少于两科，不计学分。

1. 公共必修课，包括新时代中国特色社会主义理论与实践、中国语言与文化，共2门课程4学分。

2. 基础必修课，包括英汉语言对比、翻译概论、计算机辅助翻译，共3门课程9学分。

3. 专业必修课，笔译方向专业课包括笔译理论与技巧、经贸翻译、高级笔译，共3门课程9学分；口译方向专业课包括交替传译（B-A）、交替传译（A-B）、高级口译共3门课程9学分。

4. 选修课，包括硕士研究生第二外语、跨文化与外事实务、外贸实务、法律实务、中外翻译简史、非文学翻译、视听翻译、本地化翻译、视译、语言服务行业概论、翻译项目管理等22门课程38学分。

5. 补修课，指跨学科或以同等学力考取的研究生未修过在必须补修的该专业本科生的专业基础课。补修课选2门，不计学分，但成绩必须达到合格要求。应补修未补修或补修成绩不合格者，视为研究生中期考核不合格处理。

图2　河北经贸大学翻译专业硕士课程设置

相比本科阶段，研究生课程设置更突出实践教学、案例教学。首都经济贸易大学《全日制翻译专业学位硕士研究生培养方案》中明确提出，来自实务部门专家授课课时数应不低于总课时数的25%。此外，对外经济贸易大学也表明其校外导师来自国家部委、国际组织、主流媒体、企事业单位、语言服务语言技术企业和创业公司等众多行业部门，数量达 121 人。身居行业一线的教师队伍，不仅能够为学生提供热点学习素材，还能够将其多年工作经验科学系统地加以传授。

此外，研究生课堂教学过程中更重视运用团队学习、案例分析、现场研究、模拟训练等不同形式的实践教学方法，培养学生研究实践问题的意识和解决实际问题的能力。翻译工作坊课程就是典型的实践教学范例，此类课程要面向行业实践，通过灵活组织不同主题的板块式内容，将翻译活动、翻译行业、职业译者有机结合，满足学生各个方面的兴趣，丰富相关知识，开阔思维和眼界，提升应变能力，为其今后从事翻译行业工作打下坚实的基础。

通过对比这几所学校外语专业课程设置可以看出，各高校还针对服务贸易行业与自身的强势学科开设了许多相关知识和技能的教学。对外经济贸易大学、北京工商大学等经贸类院校遵循着"英语＋商务"的课程主体框架，在本科阶段开设了经贸翻译、金融英语等课程，旨在以英语语言文学为基础，融汇商务专业知识与相关理论，培养学生的英语语言技能与跨文化商务沟通能力。首都经济贸易大学商务英语本科专业设置英语类课程22门，英语类与商务类融合课程10门，经济类课程7门，这些课程构成本专业课程主体框架。

研究生阶段还致力于培养符合国家发展战略与人才市场需求的应用型、复合型人才。值得一提的是，北京工商大学国际法商英语是国内首个将英语语言文学、法学、管理学融合的自主设置目录外二级学科硕士点。该专业依托北京工商大学英语及法、商学科资源，是该校三大优势学科的交叉融合。此外，北京林业大学本科阶段还开设了生态环境英语、文学里的景观、英美文学里的生态、文学里的科学技术等特色课程，充分发挥学校自身学科优势，提高学生竞争力，进而提高语言服务人才的就业率。

3.培养方式。语言服务行业的发展呼吁教学手段的变革。传统的外语教学方式已不能满足现今语言服务的要求。因此，在语言服务人才培养的背景下，各高校必须革新教学方式。经调查五所高校发现，其培养方式上主要呈现三种特色。

一是"理论＋实践"的培养模式。各高校充分运用语言教学与商务实务实践性强的特点，加大了课堂讲授与实践教学相结合的力度。翻译专业硕士强调翻译实践能力的培养和翻译案例的分析，翻译实践贯穿教学全过程，要求学生至少有15万字以上的笔译实践或不少于400学时的口译实践。各高校还加强了对假期实践教学的管理，认真贯彻"学以致用"的原则，培养学生理论与实践相结合的意识和能力。北京冬奥会期间，首都经济贸易大学外国语学院承担了冬奥组委官网的新闻稿件翻译工作，为了更好地完成语言服务任务，学院成立了"语言服务译站"，并于寒假期间利用线上线下相结合的方式对语言志愿者进行主题式培训，集合全校优势资源，在用语言助力北京冬奥会的同时，也为同学们的翻译实践搭建平台。另外，部分高校还建立了校外实习基地，构建校企联合，实行双导师制，由学校教师与有实际工作经验和研究水平的资深译员或编审共同指导。以对外经济贸易大学为例，该校为在校生设有专业见习环节，另设有创新创业类课程，让学生在校期间在各类企业或创业园中实习，全程体验或参与创业过程。

二是"国内＋国际"联合培养的学习渠道。首都经济贸易大学外国语学院已与法国索邦大学签订联合培养协议（可派送英语专业学生去留学），每年派送 5~10 名学生赴该校深造。同时，首都经济贸易大学与美国加州理工州立大学、美国迈阿密州立大学也签订了合作意向书，学生也可通过学校同欧美高校的合作项目成为联合培养生。对外经济贸易大学与蒙特雷等名校常年合作，同时建立了欧盟口译实习基地。各高校也将陆续同更多国外高校签订合作意向书，派送联合培养生。

三是"多元化＋信息化"的教学手段。现今高校越来越注重充分发挥信息化教学手段的作用。例如，电子商务英语网络平台、网络听说练习系统、网络翻译系统、网络写作练习系统的使用，商务英语慕课、视频课程的开发与使用，都将极大地提升语言人才培养质量。

如图 3、图 4 所示，北京林业大学外语学院实验教学中心为全校学生提供自主学习实验室 6 间（432 座），供本院各专业使用的语言实验室 3 间（192 座）和同声传译实验室 1 间（50 座），计算机辅助翻译实验室 1 间（30 座），81 座多功能演播厅（北京林业大学网络课程制作中心）1 间，微课录制教室 2 间。在实验教学中心教学的课程有大学英语自主听说、商务英语听力、高级商务英语听说等，每年承担着 40 余万人时数的实验教学量。

图 3　北京林业大学同声传译实验室

图 4　北京林业大学语言实验室

　　信息化的教学设备便于为学生提供全真的企业翻译管理与操作环境，使教学更具有实践性。项目的分发、审校、交付等流程均可模拟企业实际的项目团队管理，使教学与实际紧密结合，实现学以致用。

　　（二）调查问卷分析

　　1. 语言服务类型多样，翻译与本地化服务成热门首选。在 202 名调查问卷参与者中，共有 117 人曾从事过语言服务相关工作，工作类型多样。如图 5 所示，从事人数占比最大的是笔译项目，共计 82 人。排在第二、三位的分别是翻译与本地化服务和口译项目，分别有 26 人和 25 人。排在第四位的是语言质量管理，共计 18 人。排在最后的分别是语言服务项目管理、技术写作服务与其他，分别有 13 人、7 人和 10 人。可以看出，受访者所从事的语言服务工作涉及领域十分广泛，以口笔译和翻译本地化居多。随着经济全球化的发展，跨国公司努力提高其自身市场竞争力，对其产品的本地化程度越发注重，因此该领域近年来发展迅速，前景十分可观。本地化是一个跨学科的领域，整个本地化过程会涉及多种工具、多类型的人员和多种语言。相应地，本地化领域需要的人才不仅要具有较高的语言水平，还要有一定的软件技术背景，更要兼备一些项目管理能力。

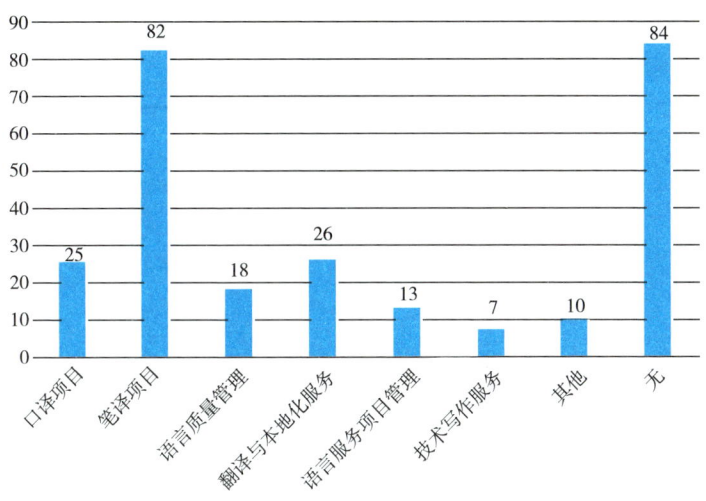

图5 受访者从事的语言服务工作类型

2.语言服务行业就业率不高,职业选择呈现多元化。尽管多数人曾从事过语言服务类相关工作,但提及未来职业规划时,只有少部分人把语言服务行业作为自己的求职前景。如图6所示,在200多位受访者中,仅有21.39%的人表示在未来想从事语言服务行业,37.81%的问卷参与者明确表示不想从事该行业,而40.8%的受访者仍没有明确的职业规划。京津冀地区在中国对外开放进程中一直发挥着引领作用。随着信息技术飞速发展,中小微企业在该地区蓬勃兴起,使得服务贸易增速不断加快。服贸会的承办与自贸区的建设更加促进了该区域的经济发展,使该地区语言服务行业需求量明显增多,然而这并没有带动外语相关专业学生在此方向上的大量就业。据了解,学生在校期间,依托校企联合曾从事过语言服务相关工作,但大学毕业后更多人放弃进入语言服务相关行业,而是选择从事教育、文员等工作,或者抛开专业局限,选择文理兼顾或与热门专业进行复合。当然,职业选择多元化是当今社会的发展趋势,科技发展促使产业结构优化升级,一大批新兴产业的诞生代替传统产业吸引接纳了大量新鲜血液;此外,专业对口率不高、语言服务行业就业率低下也反映出高校学生专业能力不足、人才培养与社会需求不一致等一系列问题。

未来职业规划是否倾向于商贸语言服务方向

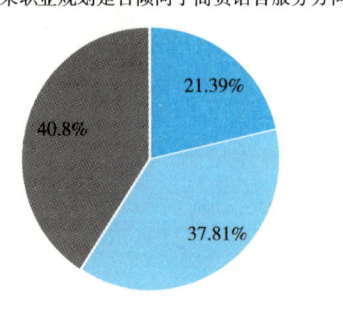

21.39%

40.8%

37.81%

■ 是　■ 否　■ 不确定

图6　受访者的未来职业规划

3.高校外语教学重视翻译技术能力培养。竞争日趋激烈的全球化市场对语言服务行业提出了更高要求。信息技术尤其是翻译技术的发展弥补了传统翻译行业的不足，减轻了译者的体力与脑力劳动强度，大大提高了翻译效率与质量。各高校在人才培养方案中均在此方面做出了强化。

如图7所示，各高校均在研究生培养阶段开设了翻译技术能力课程，其中有82.27%的受访者所在学校开设了计算机辅助翻译课程，在所有开设的翻译技术课程中占比最大。学生在此类课程中学习各种机器翻译软件，加强译后编辑、信息检索等能力。教师通过教授SDL Trados、Déjà Vu X等计算机辅助翻译软件，使学生学习如何运用术语库、项目词典以及翻译记忆库，并在课堂上进行案例教学，这都有助于其在以后工作中参与翻译项目管理，优化项目翻译流程。

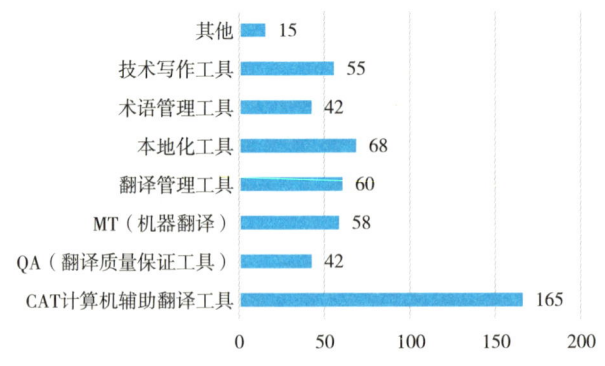

图7　受访者高校开设的翻译技术课程

通过查阅各学校官网人才培养方案可知，各高校外国语学院开设课程皆按具体专业与各自培养阶段来分：本科阶段主要以语言基础课程为主，注重培养学生听说读写译等语言能力；研究生阶段更侧重于翻译与技术模块。如图 8 所示，受访者认为，在高校开设的所有外语类相关课程中，有助于未来从事语言服务工作的课程排在前两位的分别是翻译能力课程（口笔译等）与翻译技术课程（机辅翻译等），占比分别为 82.27% 和 75.37%。由此可以看出，高校在翻译教学上侧重于开展翻译技术能力课程，培养翻译技术能力人才。

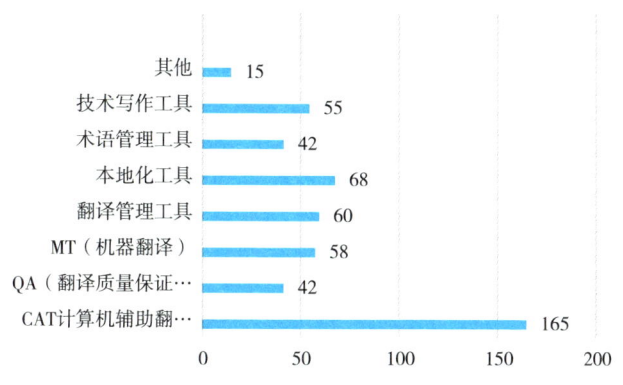

图 8　受访者认为有助于语言服务的课程

4.语言服务工作挑战性大，从业者需具备多种素质。从图 9 可以看出，大部分受访者在从事语言服务相关工作过程中都遇到了一系列困难与挑战。200 多份回收问卷中有多达 172 人都认为自己的听说读写译等语言能力有待提高。另有 134 人认为自身跨学科语言服务能力不强。此外，受访者在从业过程中还遇到过诸如跨文化交际能力不强、翻译工具使用不熟练、工作综合能力欠佳等问题。

如图 10 所示，有高达 85.71% 的人认为从事语言服务工作需要较强的基本语言技能，由此也能明显感受到高校学生对自身听说读写译等专业能力的重视程度。随着时代发展进步，语言服务行业对从业人员的要求也越来越高。除上述的基本语言能力与跨学科语言服务能力外，从业者还需要具备跨文化交际能力、翻译工具熟练运用能力、良好的信息检索能力、翻译项目管理能力、本地化语言服务能力，以及灵活变通、注重细节等综合能力。

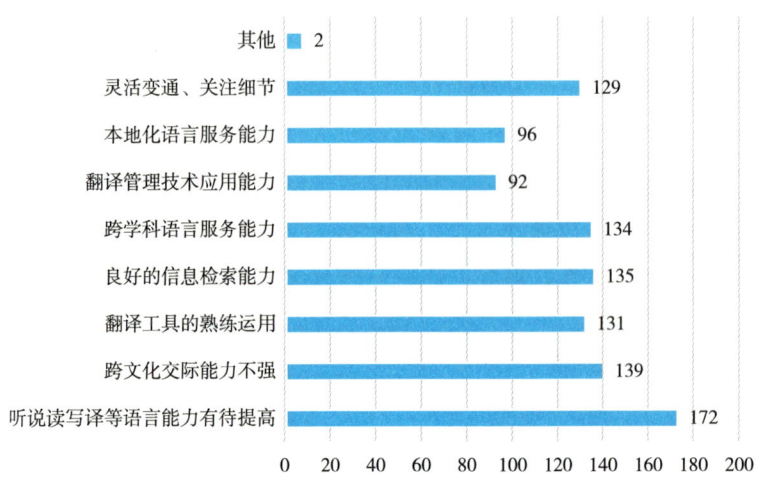

图 9　受访者从事语言服务工作时遇到的困难

第7题：您认为从事语言服务工作需要具备哪些能力
[多选题]

选项 ‡	小计 ‡	比例
较强的听说读写译基本语言技能	174	85.71%
跨文化交际能力	140	68.97%
翻译工具的熟练运用	133	65.52%
良好的信息检索能力	136	67%
跨学科语言服务能力	135	66.5%
翻译管理技术应用能力	94	46.31%
本地化语言服务能力	97	47.78%
灵活变通、关注细节	131	64.53%
其他 [详细]	2	0.99%

图 10　受访者认为从事语言服务工作需具备的能力

　　图 11 显示，语言服务行业对入职者专业能力的要求较高，在所调查的范围内，近半数企业要求入职者需持有专业八级证书，另有一小部分岗位对从业者水平要求更高，需持有二级口笔译或雅思、托福等更高级证书。这也

意味着外语学习者在校期间需要不断打磨自身专业能力，以达到企业的基本要求。

第5题： 您所在机构对岗位新入职人员的最低证书要求是 [多选题]

选项 ⬍	小计 ⬍	比例
大学英语四级	33	16.26%
大学英语六级	61	30.05%
英语专业四级	47	23.15%
英语专业八级	96	47.29%
CATTI三级口译证书	14	6.9%
CATTI三级笔译证书	48	23.65%
CATTI二级笔译证书	43	21.18%
CATTI二级口译证书	10	4.93%
BEC中级	0	0%
BEC高级	1	0.49%
其他 [详细]	13	6.4%
(空)	2	0.99%

图 11 受访者所在机构对新入职人员的证书要求

5.教学模式不断优化，师资力量雄厚。在新一轮外语教学改革中，我国各大高校利用信息技术改进了传统教学模式，在许多领域内均实现了巨大突破，改进了以往人才培养方案中的不足之处，形成了新的外语教学优势。

如图 12 所示，多达 155 位受访者认为自己所在高校的老师翻译水平高，经验丰富。五所院校官网师资板块显示，各高校外国语学院都在面向社会积极引进高学历、高素质人才，丰富师资队伍，同时还聘请了国内外具有重要影响的专家学者担任学校名誉教授、客座教授或兼职教授。师资水平整体的大幅提高有利于语言服务人才的培养。此外，高校还聘请外籍教师，中外教师团队合作教学正在成为高校外语教学的特色和亮点。课程结构的设置也得到了一定程度的改进，转变了传统理论加技术的教学模式，课程设置注重理论与实践相结合，为学生提供更多实习机会。

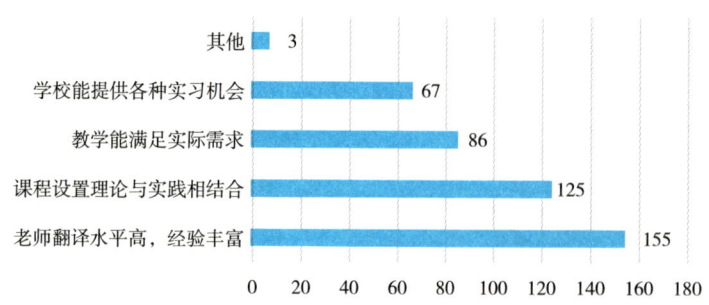

图 12 受访者认为所在高校的外语教学优势

四、高校语言服务人才培养凸显的问题

（一）行业规范与市场需求普及度低，学生就业前景堪忧

语言服务行业作为一个新兴产业，信息传播与行业规范的发展存在一定滞后性。调查结果显示，我国外语专业学生对语言服务行业相关知识与规范缺乏了解，对社会与企业需求尚不明晰。有 55.67% 的学生认为学校应该增设相应课程来帮助其了解行业导向；有 58.13% 的人认为应该开设人机共译等课程来规范建立语言服务行业从业标准。

如果学生对语言服务信息缺乏了解，则会引发连锁反应，乃至触发就业问题；或者因对行业定位与市场发展趋势的不明朗而盲目学习，缺乏对自身的整体规划，既无法激发浓厚的学习兴趣，也无法获取过硬的专业技能与就业竞争力，在求职过程中易出现困难。以语言服务行业为例，大部分在校生并不了解语言服务的概念与界限，不知道语言服务涵盖了哪些形式，也不清楚语言服务已经扩展到机辅翻译、本地化服务等领域，更遑论项目管理、语言教育、语言文化服务、语言咨询等业务，并进而质疑其所学专业的实用性。近年来的调查研究表明，外语专业人才就业对口率不高，这一定程度上与当今高校缺乏对行业与市场信息的了解有关。高校及早地、系统地为学生普及行业发展趋势与企业需求，从结果导向出发十分有必要。对语言服务行业的相关培训能够让学生们更加了解该行业，为以后从事语言服务方面的工作打下良好基础。

（二）校企缺乏深度合作，教学与实践相分离

校企融合、产学研协同育人仍然是解决高校人才培养与社会需求脱轨的最直接、最高效的方法。本次调研的五所高校都在不同程度上与企业建立合作模式，为高校学生打造实践基地。各院校还实行校内校外双导师制，即学校教师与有实际工作经验和研究水平的行业或企业导师共同指导。但在调查中也发现，学生实践机会的获取更多来源于学校老师或自己联系，而由校外导师推荐的仅占全部受访者的 8.87%，校外资源并没有得到充分利用。可见虽然我国高校基本上都开展了校企合作，但实际效果不明显，合作层次较浅，大多流于形式。校企双方的重视程度远远不够，加上该领域一直缺乏正确指导、监督，导致学生实践能力缺失，自身能力与市场要求不匹配，无法满足社会发展需要。

虽然语言服务人才培养模式一直在强调要注重实践教学、案例教学，但在实际的教学环节中，案例分析占比并不明显，更多还是以传统教学模式为主，缺少对翻译项目流程的一体化训练，学生解决实际问题的能力不能得到增强。语言服务是专业服务，语言服务从业人员只有具备强大的语言运用能力与丰富的综合实践经验，才能保证语言服务的质量。如果高校针对理论的学习远远大于对实践的学习，学生缺乏实践与应用能力，那么其状况无异于"纸上谈兵"。

（三）语言服务人才培养质量不精，学生语言基本功薄弱

语言服务行业在近年来蓬勃发展，前景广阔，行业利润率高。但调查显示，在所有受访者中仅有 21.39% 的人明确表示自己未来的职业规划倾向于语言服务行业。究其原因，并不是行业出现了问题，而是学生自身能力不足所致。

在此次调查问卷中不难发现，有较高比例的受访者认为自己在从业过程中面临基本功不扎实的困扰。一些基本的语言能力，如听说读写译等并没有在学习期间得到很好的锻炼，获得较大提升。这其中必然有学生个体因素，但同时更反映出高校在语言人才培养过程中也存在着不同程度的缺失。例如，教育方式死板且模式化，教师授课时仍将知识停留在书本，导致学生语言应用能力不强，在校期间没有建立良好的英语思维；教学管理模式单一，忽视因材施教，使得外语高精尖人才稀缺；考核方式不科学，大多停留在笔试问卷，而忽略了对语言素质的综合考量等。

　　虽然本科生与研究生处于不同阶段，有着不同的教学任务与侧重点，但打好语言基本功是这两个阶段的共同要求，也是培养目标的重中之重，更是语言人才培养的题中应有之义。但许多高校在人才培养过程中只注重"量"而忽略了"质"，导致大批毕业生质量不精，专业知识学习碎片化，语言基本功不扎实，综合能力不强，人文素养不高，因而无法胜任专业化程度很高的工作，未来择业的宽度和市场竞争力受到限制，只能从基础的技术翻译、校对、排版和项目管理做起。但是，这类工作起点低、薪资待遇不理想，这也成为外语人才就业对口率低、语言服务行业从业率不高的原因之一。

（四）忽视复合型应用人才培养，高校教学与市场脱节

　　高校语言服务人才培养应基于社会需求和市场导向。换言之，企业需要何种人才，高校就应当培养什么样的人才；市场需要什么样的服务，高校就应着重提供什么样的知识，培养学生相应的能力。语言服务人才不同于语言人才，而是集外语、专业知识、本地化和信息化技能于一体的复合型人才。语言市场对从业者的要求早已不仅仅停留在翻译能力层面上，而是更青睐于多元化的复合型应用人才。

　　调查研究发现，中国语言服务供需的行业领域十分广泛。信息技术与通信、工程机械、能源、医药、金融等行业皆存在大量的语言服务需求，这要求学生不仅要熟练运用语言技能，更为重要的是要了解行业背景与相关专业知识。而本次调查研究表明，高校跨学科领域相关课程开设的数目有限，更多是依附于校本特色，如经贸类院校开设商务英语，农林类院校开设农林英语等，且大多流于形式，效果不显著。举例来说，新冠肺炎疫情暴发之际，国内外需要大量语言服务人才投入到医疗卫生相关领域以促进全球医疗技术交流，但实际情况却说明，能够投身到此次应急语言服务项目中的人员少之又少，可见语言服务人才的培养没有满足社会发展的需求，达不到专业语言服务的要求。因此，拓宽课程设置，培养复合型、应用型人才是各高校当务之急。

五、高校语言服务人才培养方案的改进

（一）深化产学结合，搭建实践平台

　　既然翻译专业的教学要以社会需求为导向，那么在人才培养方案的制定中就不仅仅要致力于提高学生双语能力，更要兼顾当下市场导向，使教学与

市场接轨。因此，要充分观察并考虑行业的发展形势，有针对性地制定并落实培养流程。

学校教育与企业实践相结合是必然之选，校企联合也是人才培养新方案构建的第一步。高校应该积极主动与社会、企业建立联系，了解社会和企业的人才需求，进行"订单式"招生。在现有机制下，还应进一步深化产学结合模式，不要流于表面形式，而要真正让学生走进企业，在实践中有针对性地学习，在专业人员的指导下不断提高本地化业务能力和项目管理能力；要切实组织学生进入企业参观并接受岗位培训，使学生明确行业需求和企业用人标准，在理论教学与专业实训中全面提高，以此来最大限度地保证人才培养标准与企业用人要求相一致，实现校企之间"资源共享"和"互利共赢"。

此外，高校应和社会机构或企业建立长久的合作关系，通过签订协议将服务机制和实习机制长期化、制度化，尝试开辟优秀实习生留用的机制，为高校培养的翻译人才提供良好的本地化实践平台和就业平台，为语言服务人才培养建立广阔的实践育人平台。

（二）普及语言服务行业信息，构建就业指导体系

面对学生对语言服务行业概念与信息模糊的现状，高校有义务在课程设置上适当增添有关行业信息与从业规范的课程，让学生能够在学校期间对语言服务行业有总体上的认知，包括行业格局、行业属性、企业信息、所需人才类型等。信息的普及也有利于帮助学生做好职业规划，提高综合素质，培养社会所需的各项技能，有效把握正确的前进方向。

此外，在就业方面，学生主观能动性较低，资源获取渠道有限，高校要构建全面系统的就业指导体系。培养专业的就业指导教师，开设职业生涯规划课程，通过在校期间对学生进行指导，使其树立正确的语言服务行业择业观，加深学生对当前行业就业形势的认知度，正确认识自身情况，根据个性特征与企业需求尽早培养相应专业能力。同时，院系应当成立自己的就业指导工作小组，在院系主页及公众号上设置专门的就业信息板块，实时面向专业和各年级推送就业信息。

（三）改善专业能力考核方式，侧重加强语言基本功

语言服务行业对应用型人才有很高的要求。在语言服务实践过程中，有许多企业和从业者自身都发现，语言基础能力的欠缺会对服务效率和质量产

生巨大影响。究其根本，是因为高校在人才培养过程中存在一定程度上的缺失。虽然各大高校均在学生本科期间将语言基础专业课纳入大纲中，但在实际教学过程中缺少严格的基本技能训练，过于重视理论，没有进一步开发学生的发散性思维，忽略了语言实际运用能力。因此，高校在授课过程中要时刻牢记应用型服务型人才培养的方向。例如，听力材料不囿于教材，可选取与当今热点时事相关的讲话或行业论坛等；阅读可选取政治、金融、医疗等多个领域的文章，积累相关专业词汇，扩大知识面；写作课应向商务写作、科技写作、应用函电等方向合理展开。院系可以组织开展英语角、演讲比赛、配音大赛、朗诵比赛、模拟辩论等，增加学生口语表达机会，提升学生逻辑思维能力以及英语口语输出技能。此外，高校要对学生语言基本功提出更严格的要求，并设计出一套更合理更高效的考察方式。改善传统试卷考核，通过完成项目实践来提高学生对专业知识的熟练运用能力。

（四）优化课程结构，培养复合型语言人才

符合社会发展需求的语言人才除具有扎实的专业基本功外，还要拥有广博的相关学科知识与多方面素质能力。因此，各高校语言专业的课程结构应该优化为语言基础课程 + 专业能力课程 + 跨专业学科课程 + 素质能力课程。由于各高校的教育背景各有优势，因此语言人才的培养可依托高校的强势学科，进行特色化外语人才培养，打造不同领域的复合型语言服务人才。以经贸类高校为例，可以针对服务贸易行业和自身的经贸类强势学科开设针对语言类人才的经贸知识和相关技能的教学，提高经贸语言服务人才的就业率。

此外，语言服务在专业设置上要坚持多元化，具体可以分解为本地化翻译方向、语言工程技术方向、语言管理与营销方向等。语言服务核心课程可以细化为翻译与本地化类、内容开发类、语言信息技术类、项目运营管理类和市场营销类。

六、结语

随着全球化的深入和中国改革开放的不断推进，语言服务行业蓬勃发展将成为一种必然趋势。语言服务的本质是一种跨文化的信息传播，所以该行业具有强烈的应用性和实践性特征，需要语言服务人才具备多种素质以及国际视野。而当今高校在语言人才的培养方面仍然存在许多问题，使得从业者

能力与市场需求不契合。通过调查研究，本文对于高校如何在教学过程中渗透语言服务行业相关信息与行业规范，如何改善教学质量、提高学生专业能力、积累跨学科背景知识，如何有效利用校企联合实践基地等问题，提出了一些简要看法。当然，研究过程仍存在一定不足之处，比如仅对英语相关专业做出调查，而忽略了小语种专业；取样存在片面性，不能代表北京地区整体水平等。仅以此文抛砖引玉，希望能帮助各高校进一步找准办学定位，明确培养目标，优化教学模式，向社会提供高质量语言服务人才，以服务于高水平对外开放新格局下的产业发展需求。

参考文献

［1］崔启亮，郑丽萌.语言服务行业发展与学科建设研究：基于京津冀协同发展的语言服务调查［J］.外语电化教学，2021（5）：48-54，7.

［2］鄂璠.中国服务贸易繁荣已至：专访中国国际经济交流中心信息部副部长王晓红［J］.小康，2020（28）：24-27.

［3］李志远.行业特色型高校语言服务人才培养研究［J］.福建茶叶，2019，41（06）：188.

［4］苗菊，王少爽.翻译行业的职业趋向对翻译硕士专业（MTI）教育的启示［J］.外语与外语教学，2010（3）：63-67.

［5］潘懋元.新编高等教育学［M］.北京：北京师范大学出版社，1996.

［6］权兴.北京服贸会发展的启示和趋势［J］.中国会展，2021（17）：54-57.

［7］王立非.从语言服务大国迈向语言服务强国：再论语言服务、语言服务学科、语言服务人才［J］.北京第二外国语学院学报，2021，43（1）：3-11.

［8］袁军.语言服务的概念界定［J］.中国翻译，2014，35（1）：18-22.

［9］中国翻译协会，中国翻译行业发展战略研究院.中国语言服务业发展报告2012［R］.2012.

语言服务文献与理论研究篇

语言服务能力体系与培养探究

李云霞

（首都经济贸易大学　北京　100070）

摘要： 语言服务作为随着扩大对外开放应运而生的新兴产业，引起了学界的广泛关注。语言服务人员的能力是体现我国语言服务质量的首要来源，其能力的构成、培养以及相关政策值得业界精准探讨并给出合理建议。本文旨在从国家战略、用人需求、人才培养和个体状况等层面，通过对近三年来有关语言服务能力培养提升的研究文献进行分析总结，得出目前语言服务能力研究的现状及趋势，希望能为广大语言服务人员的能力提升提供启示。

关键词： 语言服务；能力结构；培养策略

一、语言服务能力

（一）内涵

相对于科技、工业实力来说，语言服务能力是国家"软实力"的体现，渗透在人们生活的方方面面。袁军（2014）将语言服务界定为："通过直接提供语言信息转换服务和产品，或提供语言信息转换所需的技术、工具、知识、技能，帮助人们解决语际信息、交流中出现的语言障碍的服务活动。"相对而言，该定义涵盖范围更为全面，语言表达也更为中肯。语言差异催生了语言服务。我国的语言服务行业在改革开放后才出现。中国的开放政策吸引了众多外资、外商，同时中国政府大力倡导企业界和文化界"走出去"，不断促进与外国的交流合作，在此过程中，语言沟通是必不可少的环节。到了20世纪90年代，由于信息技术快速发展，除翻译之外的更多涉及语言的内容融入国际经济贸易之中，语言服务概念逐步形成，语言服务行业应运而生，语言服务学科建设、理论研究和行业体系初具雏形。

（二）构成

语言服务的核心业务是翻译，语言服务研究与实践主要为翻译界所关注。除此之外，语言服务还包括语言测试、多语言文案撰写、语言项目管理、外语人才资源服务、媒体本地化、译后编辑、本地化等业务。翻译研究在我国历史悠久，已经有大量的研究案例及语料，由于语言的创造力无限，总会生成新的材料和问题。但有关语言服务的其他业务也值得引起从业人员的广泛关注。

语言源于生活，渗透到经济和社会生活的方方面面，因此语言服务几乎可以进入任何一个行业。考虑到语言服务和国际化程度较高的行业领域联系紧密，一些行业应被重点关注，比如医疗健康、电子商务、信息技术。杨荣广（2019）将语言服务能力就其语义构成解构为"语言服务"与"能力"，"能力"作为整个概念的核心部分，既包括因拥有某种知识或技能而具备的潜能，也包括在实践中展现出来的实际水平。根据笔者所查阅的近两年相关文献，学者们在其文章中按照行业所需及语言服务人员的实际服务表现，总结了语言服务能力的三个维度：语言专业能力、工具使用能力、实践运用能力。

1.语言专业能力。语言服务要求服务人员注重信息传递的准确性。各个行业都需要语言服务，不同行业有不同的专业术语与特殊的使用方法。专业的语言服务要求工作人员具备扎实的基本知识，能够谙熟目标文本语言风格特点并快速处理信息。当然，不可能存在对每个行业都精通的语言服务人员，因此应当在接到任务后详细解读目标行业与任务，做好充分的准备，并用学到的知识工作，同时在工作中不断扩充个人的知识面。

曹盛华、张晨心（2017）认为，狭义的语言服务通常指语言翻译服务。翻译在我国已有很长的历史，学者们所做的研究也不胜枚举。目前，我国许多高校都设有本科和硕士翻译专业，培养了大量高质量翻译人才。翻译属于学生的语言专业知识应用能力范畴，它决定了学生最基本的语码转换能力，同时在很大程度上也关联着学生的跨文化交际能力。两种语言代表着两个国家或两种文化，在翻译过程中，要想使源语内容完全被目的语使用者理解，一定要符合目的语的使用习惯与规范。徐艳英（2021）提到，专业语言基本技能、机辅翻译技术、通用能力和个性品质的培养与塑造，共同构成了语言服务业人才的职业素养与综合素质。现在的翻译市场要求翻译专业学生们具备扎实的英语语言基本功，同时要掌握口笔译基本技能，有一定的实践经验，拥有完善的英汉双语写作知识体系，了解相关行业的常识和规范。郭艳玲、秦睿（2021）认为，涉外翻译人才的语言服务能力包括语言内能力与语言外能力，语言内能力包括源语水平、目的语水平、百科知识、翻译技巧等要素，跨文化交际能力、翻译技术运用能力、实践能力、本地化服务能力则属于语言外能力。由此可以看出，对于一名语言服务工作者来讲，仅仅拥有基本的语言知识难以胜任语言服务及翻译工作。

需要注意的是，此处的语言专业能力并不简单地指代有关外语的语音、语法、词汇等知识，还指运用语言解决问题的能力。秦美娟（2020）在其文章中提到人工智能技术的发展推动了翻译行业的革新，译后编辑成为翻译行业的主流。译后编辑，顾名思义就是翻译后的再编辑，指专业译员运用自己的语言知识将机器翻译的译文加工修改成为符合客户要求、行业规范的高质量译文。秦美娟认同冯全功和刘明对译后编辑能力维度的分类：认知、知识、技能。而在研究译后编辑的文献中，普遍提到里科和托雷金（Rico & Torrejon）对译后编辑能力的分类：核心能力、语言能力及工具使用能力；仲文明、舒超（2020）对此进行了详细说明：核心能力包括态度与心理/生理能力和策略能力；语言能力包括双语/文化交际和语篇能力、文化与跨文化能力和主题领域能力；工具使用能力包括机器翻译知识、术语管理、机器翻译词典维护和基本编程能力。

从上述文献分析可以看出，语言服务人员的能力要求越来越广，难度也越来越大。语言是人类生存进化的产物，从一个人的言语表达便能看出其语言能力的水平，但人类可以通过学习训练不断提高自身的语言能力。无论是母语还是外语，在充分练习和接触的条件下都能够使其达到理想的境界，而这需要个人付出超出常人的努力。

2. 工具使用能力。赵浩、吴恒（2019）调查了 2016 年至 2018 年间阿里巴巴、华为、中航技、奔驰北京、强生医药等跨国企业所发布的语言服务团队人才招聘启事，发现这些综合性、技术型跨国企业在组建语言服务团队时，对于人才的需求呈现多元化趋势，具体表现为语言服务人才来源已不再局限于语言专业，对于非语言专业人才的倚重日益增加，招聘比重甚至有赶超前者的趋势。由此看来，随着市场需求的改变，语言服务不再只着重于翻译，而是更多地倾向于以语言服务为载体、提供行业与技术支持的职业人才。在广大求职者中，也有许多专业能力强、语言能力过硬的人才，相比较而言，只一味限定在钻研翻译理论或语言技巧的人员就会缺乏竞争力。

我国学者已经做了大量关于翻译的研究，而随着信息技术的高速发展，机器翻译、云翻译逐渐引起学界的关注。对人工翻译与机器翻译，业界一直存在极大争议，人工翻译的质量高于机器翻译，机器翻译的效率高于人工翻译，如何将两者的优势有效结合起来为语言服务助力成为新的研究方向。在穆雷等（2021）所做的调查中，企业招聘部门对人才提出的技术能力要求包括软件使用能力、翻译记忆库使用或监管能力、项目管理软件使用能力、语言工具使用能力、词汇表和字典使用能力，以及使用计算机辅助翻译工具、掌握办公软件的能力。目前国内外关于语言服务辅助工具已经颇有成效，就中国来说，计算机辅助翻译软件、电子词典、语料库是最常见的几种工具。

王敏（2021）、赵惠（2021）、江妍（2020）、孙富国（2020）等都对相应工具软件做了研究。为了快速、高质量地完成工作，几乎所有语言服务人员在工作中都不可避免地使用到相应工具。但有的内容并非简单使用翻译工具即可实现准确转换，而且因为机器翻译缺少语境也很难得到满意的译文。现在的词汇软件在给出词汇意义的同时也会给出相应的例句、近义词对比、英文释义等内容，从所用工具中搜索得到自己需要的信息也是语言服务人员应当具备的能力。各大搜索引擎都为用户提供了文字、图片、视频等与搜索主题相关的内容，用户输入的内容越详细、精确，所得到的结果范围也就越小，准确性也就越高，并且在搜索过程中，用户还能看到其他用户的分享与反馈。

3. 实践运用能力。穆雷等（2021）在其文章中指出，语言服务公司对员工团队合作能力或团队意识的要求明显高于其对员工独立工作的要求。在各类岗位对人员团队合作能力的要求方面，语言服务公司对项目经理所需要的团队工作能力要求最高，对口译员所需的独立工作能力要求最高；在任务处理能力模块下，又细分为逻辑分析能力、多任务处理能力、时间管理能力、组织能力、判断力等。文章最后提出："在今后的 MTI 教学中，需要重点培养口译员的灵活变通能力、工具能力、职业道德素养、独立工作能力、笔译员的细节意识、合作能力，项目经理的技术能力、合作能力，质量管理人员的术语能力，问题解决能力。"这些能力排除了与专业内容相关的能力，是对服务人员自身能力而言的。

学生在课堂中学习知识的效果，只有在解决实际问题的过程中才能得以显现。因此，各高校在检验学生的能力时，会采用翻译实训、实习、最低翻译字数要求等手段，把学生融入完成语言服务任务的工作中，使学生熟悉现代语言服务中的翻译流程，彰显以翻译项目为主线和学生为中心的翻译教学模式，调动学生翻译学习的积极性与主动性，把语言服务市场中某些具体工作岗位包含的各种语言服务任务转化为课堂中的学习任务。关晓薇（2020）提出，高校要贯彻以实践能力培养为重点的模式，利用各种媒体设备加强对学生翻译实践能力的训练。郭艳玲、秦睿（2021）还提出，实践能力是翻译领域语言服务人才必须具备的能力，是应用型人才培养的关键，专业型人才培养要强调学生的实际操作和应用能力。

笔者认为，单凭学生的简历、成绩单无法准确评判学生适应工作的能力。中国长久以来的应试教育导致多数学生只擅长考试，进入职场便显得木讷迟钝，完成工作的效果远不如成绩单上的数据。各公司的实习期设置是检验职员实际工作能力的有效手段，只有将人才置于实际工作环境和任务中，才能看出该职员的为人处世能力、交际能力、学习应变能力等在纸质证明上无法显现的抽象能力。同时，从学校到职场是一个较大的转变，突然的环境变化及新的人际交往圈会给学生带来很大不适，倘若一个人的适应能力不强、心理承受能力不够，便会影响工作表现。排除了专业能力因素，单看每个人作为公司职员所必备的基本职业素养和能力，实践运用能力才是决定人才价值的关键。事实上，在广大毕业生中，不乏专业成绩优异、办事能力又强的人才，他们在工作中能很快学习到所需的知识，提高自己的服务效率及质量。总之，专业知识可以通过后期学习不断补充，但实践运用能力才是立足职场、快速适应工作的关键。

二、语言服务能力培养

（一）国家层面

自"一带一路"倡议提出以来，沿线众多国家开始与中国有贸易往来，曹盛华、张晨心（2017）指出，我国语言服务能力有限，服务的意识不强、质量不高，缺乏从事语言服务的尖端人才。统计数据显示，中国胜任翻译工作的人才缺口达 90%，尖端人才仅占总数的 5%，严重匮乏。这说明我国的语言服务能力要达到国际化标准还有很长一段路要走。2022 年 1 月 1 日，《区域全面经济伙伴关系协定》（RCEP）正式生效，对我国的商务语言服务便利化提出了新要求：一方面，RCEP 将推动伙伴国的商务语言服务定制化服务，以提高服务效率和质量；另一方面，RCEP 将推动我国数字贸易语言服务发展，促进资源共享、信息流通。经济贸易的发展一定程度上可以促进相关产业的发展，RCEP 的生效会衍生出相关法律法规问题，此时又牵涉法律语言服务。如何将法律文本转换成各个目的国家的语言，使用相关设备软件普及法律法规，都给语言服务人员带来了工作机会。

王立非等（2021）认为，国家政策是支持一个行业发展的基础，政策的制定应以当前市场存在的问题和市场需求为基准，不断地去研究新的情况，发现新的挑战，据此采取新的措施。我国的标准应该以国际标准为风向标，让世界各国在与中国的交往中感受中国的专业化水平。提高我国标准国际化程度，提升标准的对外开放水平，离不开高质量语言服务。任何情况下，跟高质量、高标准的公司合作都能取得事半功倍的效果，实现双方满意的目的。在行业管理方面，相关部门需要制定相应的标准来规范市场。就翻译作品的性质而言，不同类型的文本有不同的评价标准，这也导致市场上翻译产品的质量良莠不齐。此外，市场准入门槛也应相应提高，不能因为国家大力发展经济、提高国家文化"软实力"，便盲目地放宽市场准入条件。对语言服务企业需要多方面考察，如从业人员的水平、公司整体的管理结构、已经取得的成就等。在国际交流往来中，国家也应有意识地给予语言服务企业合作的机会，在实际业务往来中不断提升企业的语言服务能力。

在北京 2022 年冬奥会之际，我国的语言服务接受了来自世界各国的检验。在整个赛事过程中，小到各处的提示标语，大到新闻资讯的推送，凡是用到语言文字的地方都体现着我国的语言服务水平。北京 2022 年冬奥组委对冬奥语言服务团队的管理井然有序，对层级划分、团队分工等每一项工作都提出了严格的要求，这正是国家形象与实力体现的时刻。国家应主动分析世界语言的新变化以及语言社会服务应用的最新进展，根据国际形势对国内行业、院校作相应部署，提出满足国际化的要求，统筹规划好语言服务行业长远发展的路径。在语言服务方面定期随访各国对中国所提供的语言服务质量的评价，征求意见、改进方法，以各国的准确需求为主实施能力培养，对症下药。

（二）企业层面

一个企业的文化和特色要依靠语言传达给利益相关者和社会，因此，语言服务也可以作为树立企业形象、打开国际市场的重要依托。王宗华（2020）提出，随着"一带一路"倡议的深入推进，越来越多的国内企业走出国门，主动融入经济区域化与全球化大潮，积极开拓国际市场。一方面，企业应认识到语言服务能力的重要性，在大型跨国公司中，应设立专门的语言服务部门，负责不同语言之间的交流，以囊括公司业务往来与语言相关的方方面面。另一方面，企业要关注客户的体验反馈，了解在与我方开展业务时，对方是否满意、人员的服务有哪些不足、哪些方面需要改进，力求不断完善公司的服务体系，建立长久稳定的合作关系。

张慧欣、赵志强（2020）在文章中指出，目前我国大多数企业都有相关的语言服务提升培训，但在操作实践中表现出很大的随意性，对语言服务质量的管理欠缺规范。企业需要营造文明语言环境，制定语言服务激励制度；打造数字化学习平台，深度开发语言服务学习资源；定期开展语言服务调研，催生语言服务监督机制。工作人员的职业能力和发展前景跟企业的培养息息相关，企业的营业收入也离不开员工的服务，这是一个双向互动过程，付出的同时也为自己取得了良好的收益。吴萍、贾镜渝（2018）通过问卷和访谈的方式，构建了企业信息化指标，又选择了两家通信领域的公司进行实证分析，证实语言服务能力强的公司在"重视程度""语言服务应用软件覆盖率""翻译管理系统"和"直接经济效益"方面都会更优秀。在笔者本科阶段，由于学习院校属工程类，多数毕业生会选择工程单位就业。大型企业有不少的海外项目，在签订第三方合同后，企业便会委托有经验的海外项目专家或老师为应届职员开展语言服务方面的培训。培训并不局限于外语类专业学生，目的是快速适应海外项目工作环境，避免在没有专职翻译在场时与外籍职员产生交流上的困难，影响工作进度。企业的语言服务能力不能仅靠语言类专业人才来彰显，整体的语言服务能力更多体现在每个职员和企业的实力上。

（三）学校层面

在结束九年义务教育及三年高中学习后，有约 70% 的学生会进入高校继续求学。高校学习是为进入职场做准备，因此高校的课程设置也应以学生的就业能力为导向，培养社会需要的职业能力和素养。邵霞（2021）指出，全球化和信息技术的飞速发展从根本上推动了以翻译与本地化服务、语言教学与培训等为主要业务的语言服务行业的发展，信息化时代的语言服务工作范围已经远远超出传统意义上的翻译行业，语言服务呈现了各种技术特征，这就要求翻译教学必须加强对语言服务人才职业技术能力、翻译工具使用能力与翻译职业能力等综合能力的培养，注重引导学生解决语言服务过程中的实践问题。许明（2018）也表示，在学校的专业教育中，内容通常较为单一。而出于工作的需要，通用语种的人才培养需要突破现在以单一外语为专业的现状，细化现有的专业划分，在语言教育的基础上细分面向经济贸易、文化交流等需求的专业，将语言教育与专业教育结合起来，以专业化、职业化为导向来实现语言服务人才的培养。

关晓薇（2020）系统讨论了语言服务能力培养体系的构建，从学校的培养目标和要求到学校的课程设置、评价体系与师资队伍，详细论述了高校办学应遵循的思路和原则，以及可以采取的培养对策等。作为实施语言服务人才培养的实体，高校扮演着核心角色，翻译专业承载着语言服务的重要使命。郭艳玲、秦睿（2021）提出了"三位一体"的人才培养模式，即"理论学习""社会实践"与"专题研究"。高校还应深化校企合作，加强专业实习，发挥第二课堂的作用，提高学生的实践能力和语言服务能力。如今市场随着信息时代的发展越来越多元化，人才培养也应朝着全面化发展。学校应发挥院校特色，充分利用有效资源，为学生提供增强语言服务能力的设备、训练、实习，挖掘学生的潜力和创造力。强调学习的系统性必定会在一定程度上降低学生学习的趣味性和积极性，各大院校不可能完全按照一个模式来设置院系的专业课程。现行的课程设置要兼顾语言通用能力和目标行业需求能力的培养，形成各自的办学特色，在提升自身竞争力的同时，满足就业市场不同的需求。

（四）个人层面

作为提供语言服务的主体，上述三个层面都只是外在的条件，语言服务本身的质量还取决于语言服务者自身。郭聪、杨承淑（2020）通过调查发现，国际医疗语言服务需求甚为可观。各分类之间由于领域和产业间的交流合作而相互关联，并与其他学科交叉（如法律、商业、金融、机械等）。而口笔译与外语服务相辅相成，在一些情境下相互贯穿其中。要想成为语言服务人才，需要提前确定自己的目标，有计划、有针对性地锻炼自己的能力，将专业学习与职业能力培养结合起来，为步入职场做准备。同时，应当大力响应国家创新型发展的号召，借助互联网的优势拓宽眼界，激发灵感。语言服务也可以开拓更多全新领域，例如在疫情时代，网络办公已成为主流，线上口译、配音也可以成为语言服务的新产业。网络创造了便利，减少了工作环境、通勤的需求，可以有效提高工作效率，让服务人员可以随时随地提供服务。在个人表现力上，也可以通过网络探寻到世界各国的思想表达，去其糟粕，将国外优秀文化转化成为适合自身的新东西。

此外，应当紧跟国际语言应用，让语言服务人员提供的服务质量逐渐国际化。英语作为世界通用语言，首先起源于西方，英语也经历了古英语到简明英语的发展。学生从教科书上学到的英语知识，未必全部被以英语为母语的国家在日常中使用，因此，熟悉母语者对语言的使用，应当让语言服务更贴近服务对象，缩短语言距离。语言中式化是语言学习者在母语的干扰下难以避免的问题，受社会语言环境和使用习惯的干扰，外语学习者总是会以惯性思维去使用语言，这一点也是在语言服务中需要避免的。

个人的学习能力是没有限度的，不能将眼光局限在学校课程、证书考试中，博览群书，不断开拓自己的眼界才能让个人能力强于他人。要想成为一名合格的语言服务人员，需要反复练习，精细钻研。在完成语言服务任务之际，反思是否还有进步的空间和更加优秀的解决方案，是提升语言服务者自身能力的必要举措。总之，语言服务不能脱离服务单看语言能力，而是要将语言与服务进行有机融合，为需求方提供专业化服务。

三、结论

语言服务能力的构成不再单一，这也对国家、行业、企业的政策设置提出了新的要求，个人工作能力的提升也不再局限于基础的专业知识学习。国家的政策方针是引导人民生产生活的风向标，而在以国为单位进行的交往交流中，语言服务能力是国家"软实力"的体现，关乎一国的形象与地位。国家政策起到的是宏观作用，之后由企业、院校，再到个人逐级实施到位。语言服务能力主要涉及对外开放、国际贸易等方面的业务，涵盖行业众多，国家首先为广大从业者提供了工作机会，其次通过政策扶持、相关规定不断提高国际语言服务能力。国家政策落实到行业领域后，相关企业积极响应国家的号召，从企业文化熏陶到员工培训模式，不断为提升自身的语言服务能力努力。企业应设置专门从事语言服务的部门，培养适应公司业务发展的专业人才；企业与员工是相辅相成的两方，员工成就企业的口碑，企业成就员工的个人发展，双方只有朝着相同方向努力才能达到最理想的效果。

学校和个人是语言服务能力培养的主体，学校的教育模式塑造了学生的知识体系，各校开设的课程不尽相同，各有特色，但都秉持着为国家发展培养人才的理念。学校的设施设备和师资力量都关乎课堂效果、知识传授程度，因此在对学生进行评估的同时也应随时抽检教学质量、师资水平，以便为广大学生服务。而学生个人也应清楚，除专业知识外，实践运用能力、人际交往能力等都是构成职业能力的来源，不可有所偏废。国家倡导人的全面发展，学生应始终坚信"学无止境"，不断开阔视野，完善自身。

参考文献

［1］袁军.语言服务的概念界定［J］.中国翻译，2014（1）：18-22.

［2］杨荣广.语言服务人才的能力构成：概念阐释与要素分析［J］.湖北第二师范学院学报，2019（12）：13-16.

［3］曹盛华，张晨心."一带一路"背景下语言服务能力提升研究［J］.河南教育·高教，2017（6）：105-107.

［4］徐艳英.机辅翻译与语言服务人才翻译应用能力培养：以长春理工大学翻译专业为例［J］.长春理工大学学报（社会科学版），2021（3）：150-153.

［5］郭艳玲，秦睿.涉外翻译人才语言服务能力培养路径研究［J］.海外英语，2021（19）：257-258.

［6］秦美娟.基于YICAT云翻译平台的译后编辑能力培养探析［J］.广东水利电力职业技术学院学报，2020（2）：64-67.

［7］仲文明，舒超.译后编辑的能力解构与课程设置［J］.外语电化教学，2020（6）：86-91.

［8］赵浩，吴恒.论工科人才对技术行业语言服务能力要求的应答［J］.南京工程学院学报（社会科学版），2019（2）：38-41.

［9］穆雷，沈慧芝，邹兵.面向国际语言服务业的翻译人才能力特征研究：基于全球语言服务供应商100强的调研分析［J］.上海翻译，2021（1）：8-16.

［10］王敏.互联网辅助翻译工具及其研究［J］.英语广场，2021（170）：13-16.

［11］赵惠.机辅搜索技术在科技翻译中的应用［J］.中国科技翻译，2021（4）：32-35.

［12］江妍.基于翻译方法的计算机翻译工具比较：以有道翻译和Transmate为例［J］.现代交际，2020（9）：249-250.

［13］孙富国.试论电子工具对翻译的影响［J］.文化创新比较研究，2020（35）：144-146.

［14］邵霞."互联网＋"时代语言服务人才翻译能力培养［J］.商洛学院学报，2021（4）：81-86.

［15］关晓薇.翻译专业学生"语言服务能力"培养体系的构建［J］.高等教育，2020（4）：188-189.

［16］崔璨.RCEP正式生效对语言服务便利化提出新要求［N］.人民网人民科技官方账号，2022-01-21.

［17］王立非，林旭，蒙永业.加强标准化语言服务能力建设，提升我国标准国际化水平［J］.金融财富，2021：11-01.

［18］王宗华."一带一路"背景下"走出去"企业语言服务能力建设研究［J］.安徽理工大学学报，2020（22）：54-58.

［19］张慧欣，赵志强.门店营销语言服务能力提升策略研究：以浙江苏宁易购杭州门店为例［J］.中小企业管理与科技，2020（27）：122-125.

［20］吴萍，贾镜渝.企业信息化的语言服务能力评价指标体系构建［J］.企业管理，2018（24）：182-185.

［21］许明.面向"一带一路"的语言服务人才培养与能力建设对策

研究［J］．中国翻译，2018（1）：63–67.

　　［22］郭聪，杨承淑．国际医疗语言服务的需求分析与人才培养［J］．外国语言与文化，2020（6）：79–91.

基于中国知网文献的机器翻译与技术写作研究分析

庞　敏

（首都经济贸易大学　北京　100070）

摘要： 本文以机器翻译、语言服务及技术写作为检索关键词，对中国知网平台的主要文献进行归纳与分析，总结了目前学术界对语言服务中机器翻译与技术写作方面的研究成果，发现该研究领域处于快速发展中，但有部分研究方向仍然值得更深入的研究。本文同时对每个发展方向进行了梳理，从而为技术背景下的语言服务理论研究与实践提供参考。

关键词： 语言服务；翻译技术；机器翻译；技术写作

一、引言

2021 年，在中国国际服务贸易交易会（服贸会）召开之际，"2021 中国智能产业论坛"召开。捷通华声董事长武卫东在论坛上做了名为"全方位 AI 驱动产业数字化升级"的演讲。他说道，在国际贸易中，跨语言交流并不可少，这方面人工智能可实现有效的人机协同模式。捷通华声以机器翻译为基础，整合多种翻译方式，与人工翻译一体化结合，根据客户需求，智能匹配服务方案。在 2021 年的服贸会上，传神语联案例获得了科技创新服务示范奖，展示了业界发展的新高度。这些无不显示着市场对机器翻译与技术写作的欢迎，这些技术也为语言服务提供了新的形态与可能。本文以一些关键词为引领，通过中国知网文献检索主要研究成果，分析该领域的发展状况。

二、语言服务中翻译技术应用的研究文献概况

早在 1960 年，我国学者就已发表了研究中文与俄文计算机翻译的论文，

但是受制于时代因素与技术因素，对计算机辅助翻译的研究仅限于词句、语序之间的转化。在后来的许多年中，机器翻译主要应用于科学研究之中，商业化进程缓慢。进入 21 世纪后，随着翻译技术的发展与语言服务内涵的变化，机器翻译在语言服务领域的相关研究逐渐取得进展，产出了一大批重要的理论与实践成果。目前，作为实用性特别强的学科和与市场经济相结合的产物，机器翻译及其相关研究的成果具有市场导向型的特点，因此研究重点仍落在目前市场使用率更高的"机器翻译＋译后编辑模式"。

目前来看，关键词同时包含"机器翻译"与"语言服务"的文献主要聚焦于以下几个方面。

（一）翻译环境

随着翻译技术的不断进步与翻译市场的不断变化，目前主流的翻译模式为"机器翻译＋译后编辑"，并占据同关键词论文引用数量的榜首，足见其重要性。《论机器翻译的译后编辑》（崔启亮，2014）一文指出，对集成翻译环境输出的初始译文的译后编辑被称为"广义的译后编辑"或者"集成翻译的译后编辑"，即对翻译记忆、机器翻译和翻译管理系统组成的集成翻译环境得到的译文进行译后编辑。仅仅依靠机器翻译生成初始译文的情形将不断减少，以"翻译记忆"技术为核心的计算机辅助翻译（CAT）、机器翻译（MT）和翻译管理系统（TMS）集成在一起，构成译者的集成翻译环境（Integrated Translation Environment，ITE）。

以《信息化时代的计算机辅助翻译技术研究》（王华树，2014）为代表的研究论文主要聚焦于信息技术，如人工智能、区块链、云技术、大数据等在计算机辅助翻译的应用，为翻译界不断引入新的概念，探索着 CAT 的发展方向。同时，《21 世纪的计算机翻译软件》等文献则主要涉及软件的评测体系、软件对比等，分析各款 CAT 软件的利弊，促进着各款软件的更新迭代，为译者在翻译软件选择上提供了便利。

还有一些研究聚焦"机器翻译＋译后编辑"模式在行业的作用、发展前景、发展现状等。如《中国语言服务企业机器翻译与译后编辑应用调查研究》（王华树、陈涅奥，2021）一文主要分析了该模式在我国语言服务企业的发展现状，并探讨了语言服务企业"CAT+MT+PM"发展的前景。

检索发现，翻译管理系统相关主题的研究远不及计算机辅助翻译与机器翻译。如《语言服务行业翻译管理系统探究》（王华树、张成智，2015）主要探究了翻译管理系统在语言服务中充当的角色，例如对人员、项目、流程与沟通的监管等。高效、科学的管理体系会极大地提高翻译项目的效率与质量，是翻译项目中很重要的一部分，但是在国内没能得到相应的重视。语言服务企业可以依托自身的优越技术条件与实践平台，积极与高校开展合作，进行翻译管理系统的研究，以推进其发展。

（二）翻译主体

部分学者将研究视角聚焦于"人与机器"，探索机器翻译对于译员的影响，或者探索机器翻译与人工翻译在语言服务中扮演的角色等。近年来，译员（尤其是笔译工作者）与机器翻译的关系已经成为社会关注焦点之一，众多研究也应运而生，例如《人工智能时代译员应具备的素养》（杨密芬、封琮，2021）讨论了译员在新时代所要具备的素养，以迎接来自科技的挑战。同时，对翻译需求的研究快速增长，学者也需要对类似服贸会等活动的语言服务需求进行研究，以丰富其伦理层面研究，保持学科研究内容的前沿性与先进性。

（三）语言服务行业

该视角主要研究机器翻译在语言服务行业中的应用，分析其现状或对其发展进行预测。机器翻译中的大数据、人工智能、神经机器翻译等都是近些年研究的热点，涉入该领域研究的主要包括与语言建设有密切关系的行业，如城市建设、图书出版、知识产权等。《人工智能在语言服务企业的应用研究》一文主要聚焦人工智能与语言服务行业，通过大数据和案例，分析了该领域的发展现状。语言服务企业都有各自的特色优势和拳头产品，如传神云译客的 Twinslator，沈阳雅译的小牛快译 App，该类产品优势各异，内在逻辑不同。与技术结合的相关研究与实践不仅可以促使公司产品升级、吸引顾客，还有利于机器翻译界形成良性竞争。

（四）翻译模式

该类文献主要关注翻译模式的应用与发展。前文曾介绍过的"MT+PM""CAT+MT+PM"等翻译模式作为机器翻译的基础，备受研究者的关注。但目前中文文献平台研究的重点主要还集中在相对传统的翻译模式，无法与日新月异的翻译技术实践相匹配，如一些公司已经开发出了更高效的翻译模式，自主研发了翻译系统。采取从语言服务商突破，探索在"MT+PM"大环境下的新的翻译模式，成为提升语言服务质量的有效策略。

通过对以上文献的总结，笔者发现知网平台上的相关论文的研究仍偏向对翻译环境与翻译策略的研究，聚焦于具体公司的翻译项目管理与翻译技术，得出较有建设性的建议。翻译伦理研究有着逐年上升的趋势，这也表明了该部分研究与实践紧密结合，充满着对译者群体的人文关怀；但目前该领域研究对象的形式比较单一，多局限于特定的翻译种类或翻译项目，未能很好地紧跟时代潮流，比如一些研究机器翻译的外国学者已开始关注大型会议与大型组织，例如欧盟翻译总司。大型组织与大型活动中的翻译实践更能使研究者深入翻译行业的最前沿，接触到最新的翻译技术。同时国外与国内的另一部分学者则基于具体国家间的贸易需求，或是着眼于具体国家的具体市场，研究其贸易活动中的机器翻译需求，例如 Computer-aided translation tools—the uptake and use by Danish translation service provider 一文，着眼于丹麦翻译市场中的语言服务提供商，分析其语言工具使用情况，从而为贸易活动中的实践提供指导。

三、语言服务中技术写作应用的研究文献概述

语言服务业的业务范围远远超过传统的翻译产业，翻译只是语言服务的一个方面，其上游环节——信息内容的设计与开发，即技术写作（TW），对后续翻译效率与质量，甚至对语言服务其他领域都产生影响，因而逐渐受到关注，成为职业译者的一项重要专业技能。截至 2021 年，经过筛选后，直接触及技术写作、技术翻译核心部分论述的论文只有 70 余篇。

这些论文主要从以下几个角度出发进行研究。

第一，人才培养。技术写作在我国是一个新事物，受众范围较窄，至今没有在各类网站拥有自己的词条。但许多互联网巨头，例如字节跳动、华为，都在不断招聘技术写作人才。所以，部分学者决定研究如何培养技术写作人才，为市场提供合格的人力资源。在《语言服务视角下高校创新型信息技术翻译人才培养》（王怡、刘世英，2020）一文中，作者论述了创新型信息技术翻译人才的培养理念以及自己身体力行的经验，鼓励高校与企业协作，培养出优秀创新型复合型人才。

第二，技术写作。《技术传播视域下的实用型文本翻译初探》（方泽斌、

李擎，2020）一文论述了 TW 对于实用性文本翻译的指导意义，认为实用型翻译工作者应该充分了解技术写作特点，有针对性地借鉴其写作策略，创造出具有可读性和准确性的文本，为相关从业人员与管理人员提供新思路。

第三，技术写作参与者。该类文献论述了译者、机器翻译等参与者在技术写作过程中的地位、作用，并研究了客户对于翻译的需求。如《译者主体性在汉英技术翻译中的应用》（张悦如，2018）一文论述了译者的重要性与对翻译策略、步骤的决定性，旨在指导译者提高技术文本翻译的可读性。

第四，规范类研究。《技术写作规范研究》（王传英等，2016）一文指出，技术写作行业发展仍有不完善的特点，此类规范类论文对于从业人员以及行业发展有着重要作用，例如：文本传递的信息应该准确、客观、实用；文本应当保持文化中立等。

第五，应用型研究。此类文献旨在研究技术写作对于某一领域的影响、技术写作与某一事物如何结合发展等问题。例如《技术写作在翻译人力资源管理材料中的运用研究》（于乐，2014）、《平行文本和技术写作对翻译实践的作用》（洪逸倩，2012）等。

随着我国企业逐渐登上国际舞台，对于技术写作人才的需求也在逐年增加。以中国服贸会为例，众多语言服务提供商，如上文提到的捷通华声，都重点介绍了自己的相关语言服务。由此可以看出，技术写作获得了一定发展，但是相关的理论体系仍不完善，主要表现在以下三个方面：

第一，不同于机器翻译，基于技术写作的市场需求研究仍任重而道远。技术写作在美国诞生时，就是出于市场对"会写说明书的工程师"的需要，是完全市场化的产物。目前我国学者在此方面的研究还不完善，未能充分研究各行各业对技术写作的需求。

第二，相关研究文献中期刊论文占多数，硕士、博士论文占少数，需要鼓励更多的硕士研究生、博士研究生参与此类研究，加快培育相关人才。

第三，中国科技飞速发展，AI、"互联网 +"等概念层出不穷，而少有文章专门研究技术写作与新兴科技的结合，只有少量论文选择研究 CAT、机器翻译软件与技术写作的共同发展，如《OmegaT 技术写作项目管理报告》。

四、结语

随着国际贸易的发展，国际市场对翻译服务的需求也逐渐增加，同时，新时代已经形成了以机器翻译为主、译后编辑为辅的模式。为了更好地提供翻译服务，我们有必要也有条件去研究机器翻译在翻译服务中发挥的角色，不断精进机器翻译的策略与模型，研究该行业的动态与发展趋势，更好地回归"服务市场"的初衷。而作为国际翻译服务的重要组成部分，技术写作也应得到学者们的重视，在研究如何写作的基础上更进一步，将其与新兴技术相结合，依照市场对写作类型进行细分，更加全面地进行研究，为翻译工作者更好地进行实践提供理论指导。

参考文献

［1］毕浩桐，邝文君，毕长泉.云计算、大数据带来的翻译机遇［J］.唐山师范学院学报，2021，43（3）：87-89.

［2］包艾雯，肖飞.技术传播视角下"为翻译而写作"机制对技术写作的指导：以 iPhone user guide 中英双语版为例［J］.英语广场，2021（35）：32-34.

［3］蔡佳立，喻旭东.基于机器翻译的译后编辑能力研究［J］.常州工学院学报（社科版），2021，39（2）：104-107.

［4］崔启亮.人工智能在语言服务企业的应用研究［J］.外国语文，2021，37（1）：26-32，73.

［5］崔启亮.论机器翻译的译后编辑［J］.中国翻译，2014，35（6）：68-73.

［6］陈涅奥.中国语言服务企业机器翻译与译后编辑使用情况调研报告［D］.广东外语外贸大学，2020.

［7］费乐阳，周乐乐."互联网＋"与人工智能下人工翻译前景研究［J］.文化创新比较研究，2019，3（12）：55-56.

［8］冯全功，崔启亮.译后编辑研究：焦点透析与发展趋势［J］.上海翻译，2016（6）：67-74+89+94.

［9］韩林涛.语言产业视阈下翻译技术商业伦理的基本原则［J］.上海翻译，2019（5）：52-57.

［10］洪逸倩.平行文本和技术写作对专业翻译实践的作用［D］.上海外国语大学，2012.

［11］李双燕.技术写作：历史、概念与实质［C］.中国科学技术协会、陕西省人民政府.第十八届中国科协年会：分4技术传播与本地化服务国际研讨会论文集.中国科学技术协会，陕西省人民政府，中国科学技术协会学会学术部，2016：18-22.

［12］刘莉，王怡，邵波.机器翻译在图书馆中的研究现状及应用趋势分析［J］.图书馆学研究，2021（24）：2-8，41.

［13］刘满芸.翻译技术时代翻译模式的裂变与重构［J］.中国科技翻译，2016，29（4）：17-20.

［14］刘馨蔚.中国语言服务企业频频"出海"机器翻译成亮点［J］.中国对外贸易，2016（8）：24-25.

［15］孙乃玲，王钰培.近十年语言服务研究综述：基于外语类CSSCI期刊文献的考察［J］.榆林学院学报，2020，30（3）：114-119.

［16］汤丽拿.基于"人工智能+"的语言服务行业创新技术研究［J］.科技与创新，2020（20）：125-126.

［17］王传英，王斌，张雅雯.技术写作规范研究［J］.上海翻译，2016（2）：64-70.

［18］王传英，王丹.技术写作与职业翻译人才培养［J］.解放军外国语学院学报，2011，34（2）：69-73，128.

［19］王华树，陈涅奥.中国语言服务企业机器翻译与译后编辑应用调查研究［J］.北京第二外国语学院学报，2021，43（5）：23-37.

［20］王华树，王鑫.人工智能时代的翻译技术研究：应用场景、现存问题与趋势展望［J］.外国语文，2021，37（1）：9-17.

［21］王怡，刘世英.语言服务视角下高校创新型信息技术翻译人才培养［J］.高教学刊，2020（32）：37-40.

［22］谢丹丹.译云：掀起翻译领域的变革战［J］.中外管理，2015（7）：104-10.

［23］杨密芬，封琮.人工智能时代译员应具备的素养［J］.海外英语，2021（11）：214-215.

［24］杨菁.技术写作规范对技术翻译的作用［D］.上海外国语大学，2014.

［25］朱明海.译创研究十年（2011—2020）回顾与展望［J］.广东开放大学学报，2021，30（6）：90-96.

［26］张馨元，李霞.应急语言服务的理论与实践［J］.天津外国语大学学报，2021，28（4）：32-48+158.

［27］张亚北.AI 时代，再议翻译［J］.长江丛刊，2020（6）：47-48.

近十年企业语言服务人才需求分析及启示

王怡姣

（首都经济贸易大学　北京　100070）

摘要： 随着中国企业"走出去"步伐加快，企业语言服务问题日益提上日程。本文选取近十年关于企业语言服务人才需求的文献，分析企业需要的语言服务人才类别、服务领域及其能力需求。结合当今企业语言服务人才需求的实践，探索高等院校如何帮助语言专业学生完善自身知识结构和能力素养。

关键词： 企业；语言服务人才；需求分析

一、引言

随着中国改革开放的深入，大量跨国企业进入中国开展业务，跨国公司带来的本地化作业流程构成了最稳定、最直接的语言服务市场需求。随着改革的深化，中国实施"走出去"战略，有越来越多的中国企业也作为跨国企业走出国门；但因为语言文化的差异，中国企业在海外发展受到很大限制。因此，为了更好地适应海外发展，加强不同文化之间的沟通，企业语言服务人才必不可少。

我国语言服务企业集中在外商投资密集的东部沿海地区，北京、上海、广东、江苏四省市占到全国总量的 69.8%，其中仅北京、上海两市就占 55.6%（中国译协，2012）。

中国对外投资的增加意味着中国企业在海外市场的本地化服务需求也会相应扩大。与此同时，经济地位的不断攀升势必催生国家"软实力"建设，中国语言、文化在海外传播，越来越多的文化产品、科技成果走向世界，都为语言服务业的发展注入新的活力（王传英，2014）。

近十年，企业招聘语言服务人才从少到多，随着企业规模的扩大，语言服务需求不断增加。本文根据近十年的相关文献分析，探索中国企业语言服务发展的脉络，以及语言服务人才如何提升自身能力并适应国际环境的发展需要。

二、语言服务人才需求分析

（一）总体需求

随着时代的发展，需求也在不断变化。以往企业需要语言服务时，会选用公司项目负责人员，而不是专职语言服务人员。而现在，企业为体现其专业性，会更多招聘专业语言服务人员。调研显示，2011 年 38% 的小型企业计划聘用语言服务人员，并且以专职翻译为主，人数在 1~5 人；88% 的中型企业有语言服务人员招聘计划，也以专职翻译为主，拟聘人数在 1~5 人的企业占企业总数的 59%；86% 的大型企业计划聘用语言服务人员，拟聘人数在 11 人以上，但专职翻译仅是其人才需求的一部分（王传英，2012）。非语言服务类企业招聘的语言服务人员数量并不多，且招聘语言服务人才的非语言服务企业也不多。企业语言服务人才需求数量与企业规模和语言服务含量密切相关。

（二）企业人才需求类别

企业人才需求的总体方向基本一致，翻译项目经理、高级译审、高级翻译等岗位成为几乎所有企业的急需人才；与本地化服务有关的技术写作人员、技术经理、文档排版员、多媒体工程师有望成为语言服务的新生力量；莱博智、传神、海辉、外研社、华为等大型企业对各类语言服务人才的需求远大于其他企业，大企业作为市场主要职位提供者的地位难以动摇。除上述职位外，莱博智还希望招聘与多语项目质量管理相关的专业人士，这说明随着国际化的不断深入，语言服务分工多样化、精细化趋势日渐明显（王传英，2012）。

（三）服务领域

2013 年之前，传统的笔译和现场口译业务是语言服务业最重要的业务领域。近年来，一些与本地化服务有关的业务领域，如网站国际化、多媒体本地化、软件本地化、国际化服务、创译、国际化测试、机器翻译译后编辑等保持了相对稳定的发展态势。笔译、网站国际化、软件本地化、现场口译、多媒体本地化是增长最快的业务领域。

在世界范围内，传统的笔译、口译仍旧是大多数语言服务企业的主营业务，真正能够提供本地化服务及包括电话口译、视频口译、影视翻译等新兴业务企业的数量非常有限。语言服务增幅最快的六大业务领域依次为创译、笔译技术工具、机器翻译译后编辑、多媒体本地化、国际化测试、网站国际化。由此可见，本地化服务已经成为相当一部分语言服务企业实现经营转型和产业升级的主要路径（王传英，2014）。

但随着新冠肺炎疫情的暴发，视频口译、机器翻译、译后编辑等语言服务的数量逐渐呈上升趋势。对于不同规模的企业，技术文档翻译、公司网站与联机帮助翻译、软件本地化、文档手册排版、技术文档写作等逐步成为重要的业务领域，不过不同企业间各有侧重。与此同时，大型企业提供语言服务的综合能力明显优于中小企业。

（四）语言服务能力要求

针对语言服务岗位的条件及要求，不同规模企业关注度最高的前三位因素完全相同，分别是翻译技术与工具的熟练度、持续学习能力和个人诚信，只是排序略有不同。与此相反，企业对语言服务从业人员的学位、学历及所获翻译资格证书的关注度普遍较低。另外，不少企业还特别强调翻译实践经验的重要性。

语言服务和非语言服务类企业在招聘时都非常青睐具备多学科背景的跨专业人才，其次是英语和理工科专业背景，同时计算机背景的重要性也不容小觑。

三、中国企业"走出去"所需要的语言服务

跨国并购已经成为中国企业"走出去"的重要方式之一。了解企业跨国并购需要哪些方面的翻译服务，是满足企业语言服务的前提。

首先，应该根据未来一段时期内中国企业"走出去"的发展目标确定企业语言服务的需求；其次，要了解企业跨国经营所在的国别地区对语言服务的需要；最后，针对产业门类齐全的企业，需要匹配与国际接轨的语言服务。

语言服务不仅是语言翻译，还有深刻的文化背景和内涵。语言服务需创新服务方式。服务贸易有很多种业态，语言服务有其自身规律，目前的翻译

服务要集服务和培训于一体（邢厚媛，2014）。

（一）国有企业语言服务需求

企业所需语言服务的语种及类型与企业的业务密切相关。崔启亮（2016）在调查分析中指出，英语、法语、俄语是被调查的国有企业需求最大的目标语言，构成了一级语言市场；日语、西班牙语、德语构成二级语言市场。

笔译、口译、文案写作是企业最大的语言服务需求类型。大部分企业没有集中管理语言服务的组织，近一半的公司没有专职译员。视译质量和行业经验成为选择语言服务公司的主要参考条件，熟人推荐和招标是选择供应商的主要方式。语言服务公司缺乏专业知识是企业选择语言服务供应商的最大障碍。

金融行业由于其行业特点，未涉及软件、网站本地化、字幕和配音、测试等技术类需求，仍以传统口笔译服务为主，但文案写作的需求较多，说明该行业的文档内容较多（崔启亮、刘佳鑫，2016）。

（二）外派人员语言服务管理

语言服务通过提升海外员工自身语言能力来优化员工构成，更好地实现海外管理。员工是企业声誉大使，海外员工的外语水平及翻译能力会影响员工形象和外部利益相关者对企业的评价，从而影响企业海外声誉。外包临时提供语言服务的人员多是非专职语言服务人员，未必了解企业自身发展状况，对企业海外发展中的持续性沟通有很大影响。所以，海外企业应当注重外派员工自身语言能力的培养，从而提高内部沟通管理职能的附加值。通过语言服务培训，提高员工中拥有专业外语能力证书人员的比例，扩大后期语言服务受训人员在全体海外员工中的占比（邵珊珊，2017：18）。

（三）语言服务与计算机结合

机器翻译和计算机辅助翻译都可以促进语言服务的创新，可以充分利用互联网和各种移动 App 终端，构建语言服务和咨询平台。对于在国外发展的中国企业来说，本地化至关重要。本地化服务与翻译息息相关，各类专业人才协同工作，运用最新语言技术软件，进行软件本地化、多语种网站建设、游戏本地化等主体业务，产值巨大，在语言服务行业中占有重要地位。经济全球化使中国公司走向全球经营，其全球化的产品开发分为国际化和本地化两个流程，翻译是本地化流程的一个环节。本地化翻译区别于文学、典籍翻译等传统的翻译实践，整体特征为经济驱动和技术至上，体现在发起者、文本、译者、质量标准 4 个方面（刘明，2013）。

四、反思及启示

（一）反思

从以上文献分析可以看出，目前研究更多聚集于语言服务企业，并没有太多关注非语言服务企业的语言服务需求，并且研究重点聚焦于传统的口、笔译，忽视了由科学技术衍生的机器翻译、人工智能等。

此外，谈起语言服务人才，众多研究目光更多放在语言类高校，如北京外国语大学、上海外国语大学、北京语言大学等。虽然语言类高校开设了更多的语种，但小语种并不如英语普及。很多非语言类院校也开设了英语、翻译等专业，当前研究却没有对此类院校的语言服务人才培养给予应有的关注。对于翻译专业硕士（MTI）的教学和人才培养，目前大多仍然集中在单一笔译或口译，没有开设其他语言服务相关的方向。

（二）启示

随着市场经济的发展和企业规模的扩大，企业所招聘的语言服务人才也越来越多。但语言服务不仅指翻译一项工作，还包含本地化服务、技术文档写作服务、翻译技术服务、语言咨询服务、内容写作、测试与质量、排版与出版、语言战略咨询、语言服务供应商管理等。

通过近十年语言服务人才需求分析，可以看出语言专业学生更需要完善自身的知识结构，提高职业素养和不断学习的能力。语言作为一种重要的实践交际功能，学历固然是一个重要的指标和参照，但在实际招聘中，应用能力亦是重点。出于未来就业需要，在学习语言获取知识和能力的同时，也应该注意考取相应的专业资格证书来体现能力。在学校，学生应多参加语言类志愿活动，通过实习实践积累经验，锻炼和提升自己的语言能力。

开设语言类专业的院校应参照企业实际的招聘工作类别开设相关的语言服务类课程，以帮助学生适应未来的职业发展。随着计算机技术的快速发展，语言服务也与其结合，产生了机器辅助翻译、人工智能等产业。顺应时代发展，高校也应开设计算机辅助翻译以及本地化课程，帮助学生更好地了解工具的使用及其操作流程，掌握该领域的前沿知识和职业要求。此外，高校还应结合自身的校本特色优势，进行人才培养设计和课程设置，避免语言服务人才培养趋同化，目标明确地培养特色化语言服务人才。

参考文献

［1］崔启亮，刘佳鑫.国有企业语言服务需求调查分析及启示［J］.中国翻译，2016，37（4）：70–76.

［2］刘明.信息经济学视角下的本地化翻译研究［D］.南开大学，2013.

［3］邵珊珊.中国企业海外声誉管理中的语言服务评价指标体系建构［J］.中国外语，2017，14（1）：15–21.

［4］王传英.2011年企业语言服务人才需求分析及启示［J］.中国翻译，2012，33（1）：67–70.

［5］王传英.语言服务业发展与启示［J］.中国翻译，2014，35（2）：78–82.

［6］邢厚媛.中国企业走出去的现状和对语言服务的需求［J］.中国翻译，2014，35（1）：12–17.

中国自由贸易试验区语言服务研究

李　潇　高乐高

（首都经济贸易大学　北京　100070）

摘要：本文主要从中国自由贸易试验区（自贸区）建设的整体发展布局、语言服务现状、语言服务分类等方面进行研究，探讨自贸区发展中如何更好地发挥语言服务功能、优化自贸区语言服务、建立满足自贸区语言服务的高校人才培养模式，并就提高自贸区语言服务水平提出建议。

关键词：自贸区；语言服务；人才培养模式

一、研究背景及意义

（一）研究背景

随着我国对外开放格局不断扩大，自贸区的规划和建设被纳入国家层面的战略性布局，自贸区发展是对外开放程度不断深入的结果。中国经济的新发展新布局，需要形成语言对经济的强大支撑能力，需要制定语言与经济协调发展规划（李宇明，2021）。自贸区语言环境多边、多维和多效，良好的语言沟通和现代化翻译技术是对外贸易顺利进行和效率提高的保证，语言服务由此为对外贸易各个业务领域所需要，懂语言、懂国际贸易、懂技术的语言服务人才成为自贸区人才需求增长点，同时也对语言服务人才提出了更高的要求。为了顺应自贸区的发展契机和满足语言服务业的发展需求，高校需要优化和改革人才培养模式，培养兼具专业技能和行业管理素质的高层次专业人才，为自贸区提供充足的人才储备。

（二）研究意义

语言服务业作为一个新兴产业，市场份额逐年增加，在国民经济和国家发展战略中发挥着越来越重要的作用，并越来越受到业界和学界的关注和重视（仲伟合、许勉君，2016）。随着语言服务业的快速崛起，翻译的职业化道路已经凸显。为适应全球经济一体化及提高国家国际竞争力的需要，适应国家社会、经济、文化建设需要，培养胜任语言服务业主要相关岗位工作的高层次、应用型、专业性和职业化的语言服务人才势在必行（穆雷，2014）。自贸区语言服务产业作为语言服务业的一个分支，其研究对语言服务发展有重要意义。本文通过对自贸区及自贸区语言服务发展现状、研究现状、语言服务人才需求等方面进行分析梳理，为业内学者提供更多的研究思路，进而为高校的人才培养模式提供参考或借鉴。

二、自贸区概况

（一）自贸区的概念界定

自由贸易区，简称自贸区，有国家间和国家内两种。

自由贸易区（Free Trade Area）是指签订自由贸易协定的成员国相互彻底取消商品贸易中的关税和数量限制，使得商品在各成员国之间可以自由流动。但是，各成员国仍保持自己对来自非成员国进口商品的限制政策。有的自由贸易区只对部分商品实行自由贸易，如"欧洲自由贸易联盟"内的自由贸易商品只限于工业品，而不包括农产品。这种自由贸易区被称为"工业自由贸易区"。有的自由贸易区对全部商品实行自由贸易，如"拉丁美洲自由贸易协会"和"北美自由贸易区"，对区内所有的工农业产品的贸易往来都免除关税和数量限制。

我国的自由贸易试验区主要是深化完善以负面清单管理为核心的投资管理制度、以贸易便利化为重点的贸易监管制度、以资本项目可兑换和金融服务业开放为目标的金融创新制度、以政府职能转变为核心的事中事后监管制度，形成与国际投资贸易通行规则相衔接的制度创新体系，充分发挥金融贸易、先进制造、科技创新等重点功能承载区的辐射带动作用，力争建设成为开放度最高的投资贸易便利、货币兑换自由、监管高效便捷、法制环境规范的自由贸易园区。

（二）我国自贸区发展现状

2013年7月3日，《中国（上海）自由贸易试验区总体方案》原则通过。8月22日，正式设立中国（上海）自由贸易试验区。

2014年12月12日，设立中国（广东）自由贸易试验区、中国（天津）自由贸易试验区、中国（福建）自由贸易试验区等3个自贸区；12月28日，扩展中国（上海）自由贸易试验区区域范围。

2016 年 8 月 31 日，设立中国（辽宁）自由贸易试验区、中国（浙江）自由贸易试验区、中国（河南）自由贸易试验区、中国（湖北）自由贸易试验区、中国（重庆）自由贸易试验区、中国（四川）自由贸易试验区、中国（陕西）自由贸易试验区等 7 个自贸区。

2018 年 10 月 16 日，《国务院关于同意设立中国（海南）自由贸易试验区的批复》发布，实施范围为海南岛全岛。2020 年 6 月 1 日，《海南自由贸易港建设总体方案》发布，海南开始了自由贸易港建设；按照规划，到 2050 年，要建成特色鲜明、世界著名的现代化自由贸易港，形成高度自由化、法治化、国际化、现代化的制度体系，成为中国实现社会主义现代化的标杆和范例。

2019 年 8 月 2 日，设立中国（山东）自由贸易试验区、中国（江苏）自由贸易试验区、中国（广西）自由贸易试验区、中国（河北）自由贸易试验区、中国（云南）自由贸易试验区、中国（黑龙江）自由贸易试验区等 6 个自贸区。

2020 年 9 月 21 日，《国务院关于印发北京、湖南、安徽自由贸易试验区总体方案及浙江自由贸易试验区扩展区域方案的通知》发布，我国自贸区又新增 3 个，自贸区港总数已增至 21 个。原 18 个自贸试验区中，11 个所在的省份靠海，7 个属于内陆地区。3 个新设自贸试验区，实现京津冀、长三角的全范围覆盖，加之国家对中部地区发展的战略支持，自贸区对于国家的发展也有着重要的意义。自贸区开设情况及地域分布如图 1、图 2 所示（资料来源：经济观察网）。

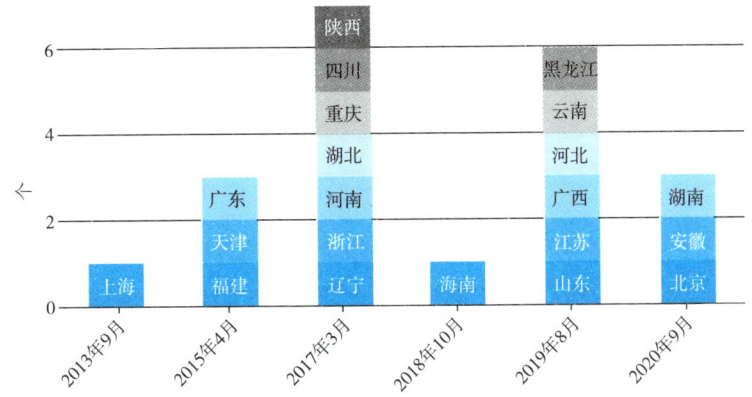

图 1　中国自贸区开设情况

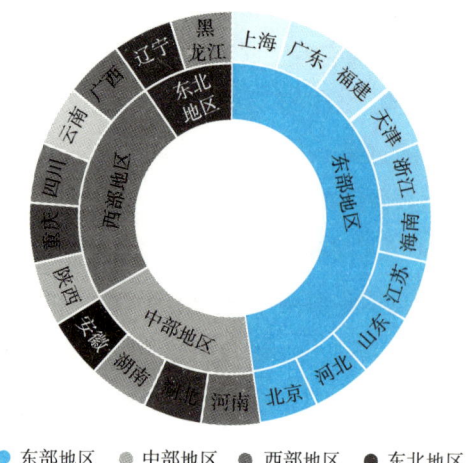

图 2　中国自贸区地域分布情况

三、自贸区语言服务现状

（一）行业从业人员现状

目前，我国自贸区语言服务体系不够完善，语言环境国际化程度低，一些企业不够重视所提供的语言服务质量和水平，缺乏专门的语言服务人才，临时聘请的翻译人员对行业不够了解，服务质量良莠不齐。一些语言服务人员服务质量也相对薄弱，专门的语言服务人才少，相关的行业、企业、机构提供的在职人员培训机会少，技术更新慢。就提供语言服务的个人而言，很多具有外语专业背景的人员开始从事外语相关工作并同时担任兼职翻译，但由于缺乏行业知识和相关技术水平，产品推介文案翻译不到位、单证材料不合格、同一名词不同译文不一致现象时有发生，可能会给企业带来经济风险甚至法律风险。

（二）高校翻译人才培养现状

1. 人才培养与社会需求脱节。现阶段我国高校外语教育体系中，在本科阶段，很多院校设置翻译专业或方向，但课程设置和教学内容注重文学或基础翻译，学生毕业后从事文学翻译和教学工作的占比不大，大多数毕业生进入事业或企业等实业界，而课程内容能够和实业对接的应用型翻译较少，翻译项目管理和行业知识等欠缺。在研究生阶段，目前翻译硕士培养与语言服务人才契合度最高，一些院校开设了计算机辅助翻译和本地化课程，但专业化、职业化人才培养方向还未确立，技术型师资、软硬件教学资源、实践基地和协同育人等方面还有很大的提升空间。此外，翻译硕士专业背景多样，本科阶段无论是否具有外语专业背景都可以报考，这有利于实现外语知识的专业化转向和满足行业专业化需求，但其外语专业素养欠缺，语言基本功薄弱，即使通过语言等级考试，所具备的语言能力与行业、企业实践任务要求仍有一定差距。

崔启亮（2019）从语言需求角度把脉英语专业教育，认为"当前绝大部分语言服务企业重视语言能力与专业能力的结合，需要应用型、实践型、专业化人才，并不是理论研究的人才"。而当前高校培养的外语专业人才和翻译人才在招聘阶段可能会被直接淘汰，即便进入企业也需要一定的磨合期，高校培养和市场、社会需求之间的矛盾显而易见。

2. 语言服务人才培养的发展及研究。十多年来，语言服务行业标准、资格认证正在逐步确立和完善，语言服务人才培养在行业发展的带动下也逐步起步。上海外国语大学、北京外国语大学、北京大学、北京语言大学、河北农业大学等都对翻译专业和外语专业人才培养进行了改革，尝试了学科交叉，增设了语言服务类课程，构建了相应的培育体系，开展了语言服务人才培养实践。2015年，对外经济贸易大学国际语言服务与管理研究所成立，这是将语言服务研究作为主要研究对象的科研机构；2019年，北京语言大学率先向教育部申报开设"语言服务"专业，计划开设标准化语言、语言本地化、语言技术、国际会展语言、法律语言等服务方向。这些尝试实现了外语专业与计算机技术、其他学科专业的结合，人才培养具备了一定的职业化和行业化特征，语言服务人才培养模式初具形态，但专门的国际贸易类语言服务人才培养还未有涉及。

近几年，针对特定区域经济环境中英语口译人才培养模式的国内研究快速增加，吕双、常丽坤（2021）从教学目标、教学内容、教学方法等角度阐述了自贸区商务口译人才培养的内容与主要途径，探讨了东盟自贸区背景下，广西高校如何借鉴"广外/厦大模式"培养具有本地特色的英语口译人才；杨雅恬、程海东（2020）基于目前海南语言服务市场的现状和需求，提出海南在语言服务，特别是国际语言服务上存在供需不对称、产业链缺失等实际问题，亟须探索基于语言服务利益相关者的多方协同的语言服务生态系统。

四、自贸区语言服务分类

语言服务的核心是服务内容，从服务内容着眼，可以更清晰地把握语言服务的内涵及特征，而基于服务内容可以将语言服务分为语言应用服务、语言技术服务和语言工具服务。

（一）语言应用服务

语言应用服务即为服务对象提供语言基本应用方面的帮助，具有代表性的是语言翻译服务，通过专业的翻译人才，为服务对象提供语言翻译服务。常见的语言服务主体如表1所示。

表 1　语言服务主体的类型

口笔译专业翻译人才	专门从事口笔译的自由职业者
翻译团队	具有完整组织架构的翻译共同体
专业翻译公司	翻译公司根据创始人及创办目的可分为互联网公司、校办企业、政府批准的翻译机构。例如：甲骨易（北京）翻译股份有限公司（简称"甲骨易"）是经国家批准成立的、政府认可的专业翻译机构；Transn传神翻译公司，则是互联网翻译公司；北大366翻译社有限公司，属于北大校办企业

（二）语言技术服务

语言技术一般指自然语言的处理技术，语言应用和语言加工处理的办法、手段等都属于语言技术的范畴。本文认为，为他人提供语音合成技术、语言文字识别技术、字库词库技术、语言文字鉴定 / 侦破技术、检索技术、文本转换技术、语言文字排印技术、文字雕刻制作技术等，都属于语言技术服务范畴。

（三）语言工具服务

语言工具服务即为服务对象提供语言应用工具性产品。所谓语言工具，大体指用来处理、视听、录制、展示、储存语言文字的各种产品，如掌上翻译器、网络在线翻译、语言文字编辑软件、多语言服务智能系统、语言播放器、文字阅读器、字词卡片等。处理语言文字的工具如表2所示。

表 2　常见的语言工具

类型	常见的工具
处理语言文字的工具	讯飞听见
计算机辅助翻译工具	Trados，Memoq，OmegaT
机器翻译工具	百度翻译，有道翻译，DeepL翻译，Google翻译等

五、高校语言服务人才培养

语言服务专业旨在培养具有家国情怀和国际视野，掌握语言、翻译、文化、技术、管理等专业知识，具备翻译能力、跨文化能力、技术能力、创新能力、沟通能力、管理能力和相关业务素质，了解语言服务业的发展趋势、业务内容、工作流程、海外市场和国际化战略，能胜任各类中外机构或企事业单位语言服务相关岗位工作的专业化人才。

从英语专业、翻译专业和语言服务专业的培养目标中可以看出，语言人才与语言服务人才的要求不同，在素质、知识和能力上均存在较大差异。当前，我国高校 MTI 专业学位培养仍然依托翻译学理论，未能以语言服务学作为学理基础，培养的毕业生往往在技术性、专业性和综合性方面都还未能达到语言服务人才的要求和标准。语言人才和语言服务人才最大的区别在于前者是面向专业定位的培养，后者则是面向岗位定位的培养。要实现语言服务人才的培养目标，就必须按照语言服务人才培养的规格和规律，采取政产学研的模式和校企联合的办法，加大实训和实践教学，不仅教师要到行业中去实践，而且要请行业导师到院校中授课，采取模拟实战和案例教学的方法，在真做中学知识，在实干中练技能，从而逐渐从语言人才培养模式转向语言服务人才培养模式。

当前，全球范围内自由贸易区的数量不断增加，自由贸易区谈判涵盖议题快速拓展，因此对双语、多语人才或人员的需求日益增大。这些需求的人才大致可分为五类，如图 3 所示。

针对自贸区的人才需求，各高校开始有针对性地建立了独具特色的人才培养模式，诸如谈判人才等复合型人才、翻译人才及外语服务人员的培养模式，如表 3 所示。

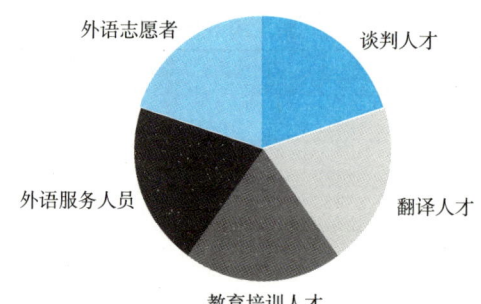

图 3　人才需求类型

表 3 人才培养模式类型

复合型人才的跨学科培养模式	翻译人才培养模式	外语服务人员培养模式
1.以行业需求引领培养目标； 2.以语言支撑跨学科融合； 3.以实践提高培育效能； 4.以协同创新培养路径	1.优化课程设置，强化专业知识渗透； 2.内外兼修，加强师资队伍建设； 3.增强学生口笔译实践能力； 4.甄选地方化教学资源，运用多媒体信息技术辅助教学	1.调整现有课程设置，突出培养特色； 2.改进教学方法，注重提高学生实践能力； 3.加强师资队伍建设，完善师资结构； 4.构建国际交流合作平台，扩大学生国际视野

　　通过分析总结各高校人才培养模式，可以发现其大同小异。无论是面向培养复合型人才还是翻译人才，都要在学校、社会以及政府的合作下开展，各高校的人才培养特色构建要有一定的预见性和超前性，以统筹外部需求为出发点，完善课程设置，加强师资力量的培养，与地方政府或企业紧密联系，给学生提供实习的机会，提高学生的实践能力。政府可以给予高校相关支持，与高校协同培养语言服务人才。

六、总结

　　综上所述，自贸区的蓬勃发展为语言服务提供了无限广泛的多语言实践空间，越来越多元化的语言服务也进一步推动了自由贸易区的建设。语言服务影响了自由贸易区战略实施的深度和广度，也是其重要的基础条件和保障（王少凯、孙琳小，2019）。由于自贸区语言服务存在外语服务系统不完善、语言服务人才紧缺等问题，自贸区的发展受到了限制。提高自贸区语言服务水平，关键在于高校，各高校要分析自贸区的人才需求，从课程设置上优化改革。让学生根据兴趣选择相应的专项科目，与主修的专业课程协调发展，培养综合型人才。同时，增加实践机会，加强校企合作，提高学生的实践能力。此外，作为语言服务的最大提供者，政府有义务提供语言服务政策、国家的语言标准、语言信息和政府应该承担的资金（李宇明，2014），地方政府部门也要制定语言服务战略，结合当地特色，培养优质人才。

参考文献

［1］崔启亮.语言服务需求视角下的英语专业教育杂谈［J］.当代外语研究，2019（2）：8–12.

［2］郭晓勇.中国语言服务行业发展状况、问题及对策：在 2010 中国国际语言服务行业大会上的主旨发言［J］.中国翻译，2010（6）：34–37.

［3］柯佳音.基于自贸区需求的福建高校英语口译人才培养研究［J］.兰州教育学院学报，2018（12）：131–133.

［4］吕双，常丽坤.自贸区背景下高校语言服务人才跨学科培养模式研究［J］.太原城市职业技术学院学报，2021（11）：73–75.

［5］李宇明.语言服务与语言消费［J］.教育导刊，2014（7）：93–94.

［6］李宇明.认识语言的经济属性，支持区域经济和自贸区（港）发展［J］.语言产业研究，2021（3）：15–19.

［7］屈哨兵.语言服务研究论纲［J］.江汉大学学报（人文科学版），2007（6）：56–62.

［8］吴娟娟.中国—东盟自贸区背景下广西高校英语专业口译教学探析［J］.新西部，2019（15）：43–44.

［9］王少凯，孙琳小.自贸区背景下沈阳市语言服务发展策略研究［J］.文学教育（下），2019（7）：179.

［10］王小萍.自贸区发展与国际语言环境优化［J］.广东行政学院学报，2016（4）：89–92.

［11］王艳艳.面向上海自贸区建设的地方高校人才培养模式构建［J］.教育发展研究，2013（21）：69–72.

［12］王立非.从语言服务大国迈向语言服务强国：再论语言服务、语言

服务学科、语言服务人才［J］.北京第二外国语学院学报，2021（1）：3-11.

　　［13］杨东东，杨柳.上海自贸区语言文字应用信息化平台建设［J］.科教文汇（上旬刊），2016（12）：169-170.

　　［14］闫晶，刘志峰.自贸区背景下黑河俄语语言服务的发展策略［J］.黑河学院学报，2021（10）：81-82.

　　［15］杨雅恬，程海东.海南自贸区（港）语言服务产业生态系统建构初探［J］.海南热带海洋学院学报，2020（01）：72-77.

　　［16］杨玥.自由贸易区的建立对现代服务业人才需求的影响［J］.天津商务职业学院学报，2016（2）：5-8.

　　［17］姚亚芝，司显柱.基于大数据的语言服务行业人才需求分析［J］.中国翻译，2018（3）：80-86.

　　［18］张国建.陕西自贸区语言服务现状探析［J］.环渤海经济瞭望，2021（2）：81-82.

　　［19］仲伟合，许勉君.国内语言服务研究的现状、问题和未来［J］.上海翻译，2016（6）：1-6.

　　［20］赵世举.从服务内容看语言服务的界定和类型［J］.北华大学学报（社会科学版），2012（3）：4-6.

　　［21］周秀敏.基于区域经济发展需求的商务英语人才培养研究［J］.河南教育学院学报（哲学社会科学版），2018（6）：71-74.

对外文化贸易视域下的语言服务建设研究

刘 瑜

（首都经济贸易大学 北京 100070）

摘要： 语言服务建设是城市语言建设的重中之重，目前语言服务建设相关研究大多涉及语言服务与城市语言建设、语言服务与国际环境建设以及对外文化贸易中的语言服务，部分研究加以实证调查。本文从对外文化贸易领域着手，选取近十年语言服务建设相关文献，分析文化贸易领域中语言服务行业的发展现状，总结探究语言服务建设面临的挑战、存在的问题以及建设方向。

关键词： 语言服务建设；对外文化贸易；现状；对策与建议

一、引言

对外文化贸易是国民经济的重要组成部分，在推动经济增长、增加税收、创造就业等方面发挥着重要作用。中国文化"走出去"战略的实施和"一带一路"倡议的提出，对于对外文化贸易提出了更高的要求。语言作为文化传播和对外贸易开展的核心工具和载体，其重要性愈加凸显。以"贸易＋语言服务"为核心词，在中国知网上检索，共有25篇相关文献，主要针对语言服务在对外贸易中的地位、存在的问题以及发展现状等方面进行研讨。以"文化＋语言服务"为核心词进行检索，共有30篇相关文献，其中15篇针对语言服务产业促进文化贸易发展。分析总结2011年以来语言服务环境面临的挑战，探讨语言服务建设的思路和措施，有助于加快推进和促进对外文化贸易发展。

二、语言服务对对外文化贸易的影响

《切实重视文化贸易中的语言服务》（谢天振，2013）、《发展语言服

务业 促进贸易全球化》（贺潇潇，2014）、《用语言服务搭建全球桥梁》（张岩，2014）以及《我国语言服务产业发展与对外贸易相关关系的实证研究》（罗慧芳，2018）等文献均说明了语言服务的特殊地位及发展语言服务对对外文化贸易的重要性。通过以上文献分析发现，适合的语言服务，能够为贸易交往的具体内容以及背后所包含的文化传递提供有力的支持。

发展语言服务业是适应贸易全球化、增强综合国力的客观需求。首先，语言服务业已成为贸易全球化的基础性支撑行业。在第三届京交会中，中国翻译协会第一常务副会长郭晓勇（2014）指出，语言服务已经远远超出单纯的口译、笔译范畴，逐步拓展为一个包括翻译服务、本地化服务、语言技术与工具研发、语言资产管理、全球化与本地化咨询服务以及相关教育培训服务在内的新型服务业，初步形成了自己的产业链并在贸易全球化中日益体现出重要的基础性支撑作用。其次，发展语言服务业是大国崛起的必由之路。发展语言服务业，有利于加快经济发展方式转变，实现有就业、更环保、可持续的经济增长；有利于增强国家文化传播能力和信息利用能力，大幅提升国家软实力；有利于提高贸易和投资便利化水平。最后，发展语言服务业还是增强海外投资不可或缺的环节。我国是吸引外商投资的大国。《发展语言服务业 促进贸易全球化——第三届京交会语言服务与全球化论坛综述》（贺潇潇，2014）中指出，2003—2013 年，中国对外投资从 28.5 亿美元增至 901 亿美元。可见，中国十年前就已成为全球最重要的对外投资大国之一。语言服务可以帮助中国对外投资企业在语言上与其东道国和贸易投资伙伴更好地交流，在文化上相互理解、相互尊重，从而使中国"走出去"的企业与东道国真正实现互利共赢。

徐珺、自正权（2016）在《语言对中国对外贸易影响之实证研究：基于 17 国数据的考察》中提出，语言对中国对外贸易的影响主要表现在以下两个方面：一方面，中国与其他国家的语言障碍直接影响双方的对外贸易沟通；另一方面，双方语言和文化的差异影响沟通交流，贸易双方信息可能出现错误或不对称的情况，交易成本也必然会提高。以上两个方面都会导致双方贸易成本的提高和贸易流量的降低。因此，语言对中国对外贸易的影响深远，需要大量贸易数据来进行验证，深入研究对外贸易中语言的作用具有重要的理论意义和现实意义。《基于语言服务视角下的宁德市茶叶出口贸易策略》

（张凌、林志萍，2020）中探讨了宁德市茶叶出口贸易策略，文中指出，宁德茶叶出口贸易中还存在诸多语言障碍，而专业语言服务能真正有效地解决茶叶产品交易过程中所存在的具体语言问题，给出口地消费者传递正确信息，使其了解茶叶产品具体特点、茶文化内涵、企业价值理念乃至中华文化，从而建立良好的茶叶贸易，实现茶叶价值的最大化。由此可见，通过语言服务解决产品出口的对外宣传和沟通问题，不仅是产业发展的需求，也是有力促进经济发展的重要因素。

三、对外文化贸易中语言服务现状分析

语言服务产业是一类新兴行业，没有统一的概念定义。结合国内外机构和学者的相关研究，一般认为，语言服务产业包括翻译服务、语言技能、本地化服务、语言咨询、语言教学与培训等。有 11 篇文献总结了对外贸易视域下我国的语言服务现状。通过文献发现，在中国"一带一路"倡议深入开展和"走出去"战略方针进一步实施的背景下，中国语言服务行业呈现多元化、多领域的发展现状。汪杨果儿（2017）在《全球化背景下多领域语言服务行业发展现状及其对我国对外文化贸易的影响》一文中提到，随着全球化和中国国际经济地位的提升，与中国建立贸易往来关系的国家无论是在国家类别还是交易量上都有了较大幅度的提升。中国与各个小语种国家间的合作越发紧密。语言技术研发蓬勃发展，并广泛应用。机器翻译技术、语音识别、互联网翻译协作平台等技术在近几年得到快速发展。基于大型语言资源和关系数据库的协作平台建设得到快速发展。语言服务资源共享、充分协作将成为新的发展方向和主流趋势。

但随着全球贸易与多国文化的深入交流发展，语言服务产业在迎来稳步发展的同时，也面临着转型，存在着制约进一步发展的诸多问题。通过对文献的分析，发现其对语言服务现状的分析主要集中在语言服务市场现状和语言服务行业现状。

（一）语言服务需求趋向多元化

在《对外贸易视域下的语言服务现状分析》一文中，作者通过问卷调查和访谈，基于调查数据，对对外文化贸易中的语言服务市场现状进行了分析，将其总结为：语言服务需求趋向多元化，非通用语种的市场需求增加；新形

式语言服务需求扩大，企业在未来对外文化贸易过程中，将大量使用本地化服务（如表 1 所示），以此推动文化产品"走进"国外市场，获得目标客户的认可和接受（邵张旻子、孙海琴、柴明颎，2017）。

表 1　企业未来对各语言服务类型的使用频率

语言服务类型预期使用频率	口译	笔译	本地化	语言与文化培训	语言软件开发	语言相关咨询业务
非常低	3.13%	6.25%	12.5%	31.25%	25%	31.25%
低	15.63%	15.63%	25%	31.25%	34.38%	25%
一般	18.75%	12.5%	25%	15.63%	18.75%	21.88%
高	21.885	46.88%	21.88%	12.5%	12.5%	12.5%
非常高	40.63%	18.75%	15.63%	9.38%	9.385	9.38%

（二）高层次语言服务人才缺乏

《2019 中国语言服务行业发展报告》指出，67.3% 的语言服务提供方受访企业表示"急需大量的非通用语种翻译人才"，85.7% 的受访企业表示"招聘所需的非通用语种人才比较困难"。由于产业地位不高但行业标准严格，高素质人才队伍流失严重。另外，高校外语人才培养与用人单位、人才市场需求不相匹配，外语人才运用外语的沟通交流、跨文化交流能力较弱。语言教学重视语言技能的掌握，不重视语言文化教学，强调目的语文化输入，欠缺中国文化输入，导致学生出现中国文化失语症。

（三）语言服务意识淡薄

语言服务渗透在不同类型的文化贸易服务之中，如市场调研、产品选定、产品研发、价格谈判、离岸报价等，也许正是由于语言服务的这种依附性，所以才导致了它在文化贸易的研究和实践中被忽视的地位。

语言并不只是文化贸易某一个或某几个环节的一项辅助工具，其外延和内涵已得到极大的扩展和延伸。2016 年 12 月在昆明召开的"翻译的最新发展和翻译的未来高层论坛"上，黄友义先生指出，中国重大政策不仅仅在发布之前邀请外国专家参与翻译工作，在一开始的政策制定阶段就会请外国专家介入，从源头上避免出现外国人看不懂的词汇。事实上，文化贸易中的语言服务也是如此，它已渗透至对外文化贸易的所有环节和产业链。

韩倩兰（2015）在《中国—东盟自由贸易区背景下国际经贸语言服务专业人才的培养模式探索》中提到，大多数语言服务人员，甚至一些企业在语言服务意识方面还不够重视，整体服务意识比较薄弱，对语言服务人员所提供的语言服务质量把关不严，甚至直接忽视"语言"的重要地位，认为只要会英语就可以做翻译，所以时常会出现一些因为说明书译写不合格，或因认证材料不合格而使产品被扣押，列入黑名单，甚至销毁的情况，这样不仅会给企业带来巨大的经济损失，有时甚至还要承担法律责任。

（四）企业规模小，缺乏多种语言服务投入

在经济文化全球化背景下，许多语言服务企业走出国门，其中涉及多语种和多文化接触碰撞，我国语言服务企业亟须熟悉非通用外语的语言人才。截至2019年8月底，在与"一带一路"沿线国家签订的合作文件中，各国官方语言及通用语言总计已超过111种。当前现状为，虽然语言服务企业逐渐走出国门，但其不能很好地适应服务需求方本地的文化和法律语言环境，且企业规模不大。王丽洋（2021）在《文化语言学视角下语言服务产业"走出去"路径分析》中提到，我国相关政府部门根据国际经济发展的趋势，制定了诸多让企业"走出去"的策略，然而在"文化接触"的过程中，企业却因为自身的体量和规模问题，难以拓宽语言服务业务，致使企业在经济发展与对外开放的过程中，难以获得充足发展。譬如，俄语服务行业在中俄外贸交流、医疗服务、文案撰写、项目管理、远程口译等层面都存在短板，不少企业只能覆盖特定领域、特定范畴。如此，企业及员工就会因无法深入了解服务需求方的文化、语言、社会生活等而欠缺跨文化沟通和交流能力，最终可能会导致贸易中断。

四、文化贸易视角下语言服务产业"走出去"路径探究

语言服务对经济增长和文化产出有着重要贡献，在语言服务产业"走出去"过程中，会遇到除语言交流外的文化交流障碍。若要满足语言服务用户需求，提高语言服务质量，助力文化贸易"走出去"，并帮助语言服务市场稳健发展，就需采取一定措施。《对外文化贸易视域下的语言服务现状分析》（邵张旻子、孙海琴、柴明颖，2017）、《文化语言学视角下语言服务产业"走出去"

路径探究》（李美倩、印海廷，2020）、《文化语言学视角下语言服务产业"走出去"路径分析》（王丽洋，2021）、《发展语言服务业 促进贸易全球化——第三届京交会语言服务与全球化论坛综述》（贺潇潇，2014）等十几篇文献中均研究了语言服务产业需改进之处及促进措施。针对对外文化贸易下的语言服务产业现状，本文做了以下路径探究。

（一）注重企业品牌建设，提高企业专业实力

《中国企业"走出去"语言服务蓝皮书》调查数据揭示了目前企业在"走出去"过程中的语言服务需求日趋多样化，已经从以往的口、笔译为主向文案写作、文档排版、本地化、字幕与配音多元发展。因此，语言服务企业需要分析了解自身企业的人资财务现状，提升人才质量，精准企业发展目标并了解服务企业的产品及企业文化，还要熟悉目的国语言、文化及行业标准，以此打造行业品牌。精准的市场定位、有效的技术支持及双向沟通能让语言服务企业助推中国企业"走出去"的同时，也为自身企业建立起品牌信誉。比如我国的传神语联网网络科技股份有限公司，作为全球领先的多语信息处理及服务提供商，其语言服务能力位居亚洲第 3、全球第 19 位，公司的精准定位为企业提供语言解决方案和语联网。

（二）建立质量管理体系并统一行业标准

美国卡门森顾问有限公司首席战略师和创建人唐纳德·A. 德帕尔玛（Donald A.DePalma）发布的《翻译价格与质量调查报告》显示，语言服务行业价格与质量之间并非是正比关系，关键是客户与服务供应方之间对于质量和价格要有合理的预期。美国 Rockant 培训咨询公司总裁安德鲁·劳利斯（Andrew Lawless）指出：语言服企业不应打价格战，事实上，能够保证质量的高价企业更有可能赢得客户的尊重，因为优质的语言服务会在整体上帮助客户使其产品更加美观，易于被用户接受，总体帮助客户降低成本。Interverbum Technology 公司总裁班格特·舒格仁认为，整个语言服务行业当前面临的一项非常重要而紧迫的任务就是实现语言服务行业的标准化，从而提高大中小型企业整合的开放性。

（三）加强多元化、多语种语言服务人才培养，加快建设语言服务学科

高校作为语言服务产业的人才输出方，是语言服务业人才的重要来源。高校有充足的师资力量和丰富的学术科研成果，对多元化外语人才的培养起

着至关重要的作用。

首先，高等院校需改革当前的外语人才培养模式，根据新形势修订人才培养方案，加快建设语言服务学科，转变观念，抢抓机遇，乘势而上，以国家重大需求和社会经济发展为导向，提高人才培养适切性，培育外语学科新文科的增长点。

其次，高校可以和语言服务企业合作，建立实习实训基地，使其成为学生的实践课堂，让学生了解该行业的工作环境和理论知识的实际运用。

再次，要提升学生中国文化素养，正如学者张大良（2010）所言，我国的高等教育人才培养要强调素质教育、能力培养和个性发展，而文化素质教育是高等教育素质教育中的重要组成部分。

五、总结

对外文化贸易离不开语言服务。语言服务不仅促进科技、文化、教育的发展，还关乎国家的语言能力、大众的生活质量，并有巨大的经济效益。语言服务企业"走出去"战略是一个漫长的过程，需要国家、经济、文化、技术、整个语言服务行业、语言服务方和语言人才培养方多个方面的共同努力。语言服务行业的现状不容忽视，重视并提高语言服务质量，帮助行业健康成长并形成成熟稳定的发展局面，应当成为文化贸易企业、语言服务工作者、语言服务人才培养院校以及国家政策部门等共同关注和思考的问题。此外，一些工作，例如提高企业对语言服务的重视，语言服务从业者提高业务水平，院校改革教学模式，加快建设语言服务学科，培养适应市场需求的语言服务人才，国家增加对语言服务的政策扶持，加强行业之间、机构之间的沟通，也都迫在眉睫。

参考文献

［1］贺潇潇. 发展语言服务业 促进贸易全球化：第三届京交会语言服务与全球化论坛综述［J］. 对外传播，2014（6）：35-36.

［2］韩倩兰. 中国—东盟自由贸易区背景下国际经贸语言服务专业人才的培养模式探索［J］. 职业教育（下旬刊），2015（9）：12-14+18.

［3］李美倩，印海廷. 文化语言学视角下语言服务产业"走出去"路径

探究［J］.桂林航天工业学院学报，2020（1）.

　　［4］邵张旻子，孙海琴，柴明颎.对外文化贸易视域下的语言服务现状分析［J］.中国翻译，2017，38（3）：62-68.

　　［5］王立非.从语言服务大国迈向语言服务强国：再论语言服务、语言服务学科、语言服务人才［J］.北京第二外国语学院学报，2021，43（1）：3-1.

　　［6］王丽洋.文化语言学视角下语言服务产业"走出去"路径分析［J］.佳木斯职业学院学报，2021，37（8）：91-92.

　　［7］汪杨果儿.全球化背景下多领域语言服务行业发展现状及其对我国对外文化贸易的影响［J］.经贸实践，2017（22）：114.

　　［8］谢天振.切实重视文化贸易中的语言服务［J］.东方翻译，2013（2）：4-9.

　　［9］徐珺，自正权.语言对中国对外贸易影响之实证研究：基于17国数据的考察［J］.外语电化教学，2016（4）：73-78，84.

　　［10］余桂兰.浅析语言服务企业的综合能力建设：基于《中国企业"走出去"语言服务蓝皮书》［J］.科教导刊（上旬刊），2017（22）：140-141.

　　［11］张大良.坚持不懈 大力推进高校文化素质教育工作［J］.中国高校研究，2010（7）：5-8.

　　［12］张凌，林志萍.基于语言服务视角下的宁德市茶叶出口贸易策略［J］.普洱学院学报，2020，36（4）：25-27.

中国国际服务贸易交易会语言服务研究

房　佳　张昱煊

（首都经济贸易大学　北京　100070）

摘要： 中国国际服务贸易交易会（简称"服贸会"）是由国家商务部和北京市人民政府共同主办，全球服务贸易领域规模最大的综合性展会，也是中国对外开放重大展会平台。本文通过搜索中国知网关于服贸会的相关文献资料并结合实地调研，进行了相关总结与整理，了解现阶段针对服贸会在语言服务方面所开展的研究情况，包括服贸会语言服务的界定、发展特点、产业前景、存在问题等，形成关于服贸会语言服务研究的概况。

关键词： 服贸会；语言服务

服贸会的语言服务得到了社会各界的支持，具有良好的工作基础，但同时也面临着一些困难和挑战。确保日常口笔译工作的质量、规范服贸会的语言使用，对提升服贸会语言服务、实现各参展商无障碍沟通具有重要的意义。本文通过分析服贸会语言服务的情况，梳理了服贸会语言服务研究方面的成果及当前存在的问题，希望为打造服贸会语言服务的深度研究奠定基础。

一、语言服务概况

语言服务是一个新的研究领域，最近十年引起学界的广泛关注。本文将从中国知网（CNKI）上的发文情况、文章内容、研究方法和视角、主要发现等方面探讨国内语言服务研究现状。

（一）发文量总体呈上升趋势

国内以"语言服务"为核心内容的行业尚未确定统一的名称，大致有语言服务业、语言服务行业、语言服务产业、语言产业、翻译产业、翻译行业、翻译服务产业、翻译服务行业等不同术语表述。本文仅以"语言服务"作为检索项，搜索 CNKI 上篇名含"语言服务"的文献。

从检索结果看，国内最早提及"语言服务"的文章分别是《外语界》1983 年第 4 期的《英国专家语言服务公司》（封梅芳，1983）和《世界博览》1991 年第 12 期的《联合国语言服务》（辛文，1991）。这两篇文章只是一些简单的业务介绍，不是语言服务研究。1992 年至 2003 年 CNKI 没有以"语言服务"为主题的文章。但据李宇明（2016）介绍，语言服务一直是中国政府所倡导的，早在 1986 年，全国语言工作会议就提出了语言及语言工作者要为社会做好咨询和服务工作。2004 年张伟和郑中原发表《国际化城市的语言服务环境建设思路》一文，探讨国际化城市的语言服务环境，并对语言服务的业务范围作了初步界定，是国内较早涉及语言服务领域的作者。2005 年 9 月，屈哨兵在上海举行的世界博览会语言建设国际论坛上对语言服务进行了阐述（李宇明，2016）。2007 年屈哨兵发表了《语言服务研究论纲》，对语言服务的内涵和外延进行了探讨，是国内较早研究语言服务的学者。2008 年北京举办奥运会，成立了多语言服务中心联合工作组，这是第一个带有政府性质的语言服务工作机构（李宇明，2016）。2008 年关于语言服务的文章数量大幅增加，共发表了 20 篇相关文章，其中绝大部分是关于奥运会多语言服务的新闻报道。2009 年篇名涉及语言服务的文章仅 1 篇，2010 年 8 篇，2011 年 7 篇，2012 年 22 篇，2013 年 11 篇，2014 年 41 篇，2015 年 21 篇，文献数量总体呈上升趋势。

（二）文章涉及范围广，内容相对零散

语言服务的文章大致可以分为两类：一类是特定领域或行业的语言服务或语言服务业某一方面的研究，涉及领域包括语言服务环境建设、语言服务人才培养、企业"走出去"、体育赛事的语言服务、汉字普及和汉语国际推广、少数民族语言服务、专业协会在语言服务专业化进程中的角色、产品说明书、翻译管理、司法领域的语言服务、国别语言产业介绍、翻译质量评估、MTI 教学实践、MTI 技术课程体系构建、英语高考改革、媒体新词运用、"一带一路"、语言服务技术、出租车语言服务、多语种网站建设等 20 个话题；另一类是理论建构文章，涉及国家层面的语言服务、语言服务业的界定、语言服务现状和问题等。

（三）语言服务研究的既有成果

首先，笔者尝试界定语言服务研究的学科门类。国内语言服务研究大致

分为两大流派，一派是广义的语言服务研究学者，认为语言服务研究是语言学的一个分支，属于应用语言学或语用学等，他们探讨的是广义的语言服务，包括国家语言政策的制定、多民族多语言地区的语言政策、各行业的特定语言服务等。这一派的代表学者有屈哨兵（2007，2010，2012）、邵敬敏（2012）、赵世举（2012）、郭龙生（2012）和李宇明（2014，2016）等，他们从宏观角度界定语言服务，如"语言服务就是利用语言（包括文字）、语言知识、语言艺术、语言技术、语言标准、语言数据、语言产品等，来满足政府、社会、家庭、个人的需求"（李宇明，2014）。李宇明还区分了无偿语言服务和有偿语言服务，他将无偿语言服务称为"语言福利"，如中小学生享受的语言教育、规模性的有偿语言服务等（李宇明，2016）。

另一派是狭义的语言服务研究学者和语言服务从业人员，认为语言服务是中国翻译行业的全新定位（袁军，2012），语言服务研究是独立于语言学的一个新兴学科，语言服务包括传统的翻译、公司和网站本地化、翻译的软硬件开发、语言咨询和培训等。郭晓勇（2010，2011）认为语言服务业已经远远超出传统意义上的翻译行业，包括翻译与本地化服务、语言技术工具开发、语言教学与培训、语言相关咨询业务等，已成为全球化产业链的一个重要组成部分。王明新等（2013）除了对语言服务内容进行界定，还将语言服务业分为核心层、相关层和支持层。陈鹏（2014）则区分了专业语言服务和行业语言服务，前者指提供语言产品的服务，如语言培训、语言出版、语言翻译、语音信息产业等；后者指伴随、渗透在各个行业过程中的语言服务，其最终产品不是语言产品本身，而是具体的行业产品。袁军（2014）从操作层面详细界定语言服务："语言服务以帮助人们解决语际信息交流中出现的语言障碍为宗旨，通过提供直接的语言信息转换服务及产品，或有助于转换语言信息的技术、工具、知识、技能等，协助人们完成语言信息的转换处理。"

2010年中国翻译协会在北京举办了第一届中国国际语言服务行业大会，参照国际惯例和我国具体情况，首次对语言服务的范围进行了界定：广义的语言服务业包括所有从事多语言转换及关联服务的机构，既包括面向市场的翻译和本地化服务企业，也包括国家机关和企事业单位内部的翻译和外事部门；既包括出版和影视翻译等文化产业的内容，也包括翻译辅助工具和翻译研发等信息技术产业的内容；既包括人才培养方，也包括人才使用方（《中国翻译服务业分析报告2014》）。

需要指出的是，李宇明和中国翻译协会界定的广义语言服务并不相同，前者是真正意义上的广义语言服务，涉及与语言相关的方方面面和各行各业，而中国翻译协会的语言服务是以多语言转换及关联服务为基础的。由此看出，学界对语言服务的认识尚待进一步统一，但也已达成共识，即普遍认为语言翻译是语言服务很重要的一部分，但不是全部；语言服务是一个全新产业，涵盖的内容比翻译丰富得多。

随着研究的扩展，许多学者也开始关注语言服务业的整体发展。如郭晓勇（2010）阐述了语言服务业的五大发展特点，指出语言服务业存在的问题并对语言服务业的未来发展提出了五点对策建议。郭晓勇对整个语言服务业的行业发展现状、存在问题和未来发展认识深刻、把握准确，其观点具有较强的指导意义。李德鹏等（2015：63-68）回顾了国内一些代表性学者对语言服务的界定，提出语言服务的外延包括政治服务、经济服务和文化服务；认为目前语言服务研究主要存在两方面的脱节现象，即提出建议与制定政策脱节，制定政策与执行政策脱节；同时提出三方面解决措施，即政策建议要针对明确的政府部门，把政策制定程序纳入语言学理论研究范畴，关注行政执法的处罚措施等。他们主要探讨国家层面的语言服务、语言规划和语言政策，而不是通常意义的语言服务。韦忠和（2012）从业内人士的角度指出语言服务业的十大未来发展趋势。刘浩（2014）分析了我国语言服务业存在的问题，具体包括：政府部门对语言服务业管理缺失，相关产业政策不健全，导致我国语言服务业宏观指导缺位；语言服务业秩序比较混乱，没有建立起通用的语言服务产业标准；语言服务产业的发展良莠不齐，甚至存在恶性竞争，严重影响语言服务业的健康发展。

二、服贸会语言服务基本内容

服贸会语言服务包括许多方面，比如现场同传、交替传译、陪同口译、笔译以及志愿者辅助翻译。服贸会组织和管理机构应为参展商提供优质的语言服务，实现沟通无障碍。

首先，服贸会期间将举行新闻发布会、论坛及研讨会等多场大型会议，这都需要提供同传、交传等口译服务。比如服贸会开闭幕式，新闻中心的播报，以及新闻发布会所涉及的交替传译，都是服贸期间必要的语言服务项目。此外还有为各参展商提供的陪同口译，包括引导、参观、访问、接送，进行商务谈判以及接受一些媒体采访等。

其次就是园区内涉及最大范围的笔译服务。在服贸会举办之前，进行的官方出版物的翻译工作，比如一些宣传手册和宣传标语，以及园区内的指示牌、指示标语和参展商的 PPT 展播等，都属于笔译的范畴。

最后是志愿者辅助翻译。语言志愿服务主要为各参展商提供辅助翻译工作，例如陪同翻译、资料翻译等，以促进服贸会的顺利进行。

三、服贸会语言服务的特点

（一）涉及行业多，专业性强

服贸会涉及行业广泛，每一个行业领域又具有不同的细分，而各个领域的发展也都十分迅速，很多新的词汇和概念应运而生，因此要求译员不但要了解行业涉及的专业术语、固定表达形式以及缩略语，还应了解该行业的最新动态和近期的发展趋势，提高自己更新专业知识结构和专业术语词汇的能力。

（二）交流形式多样化

语言服务往往需要使用多种方式与听众进行互动，包括现场的沟通交流、为与会人员介绍服务项目与产品，还可以利用丰富的宣传手册介绍自己的产品，使介绍形式更加具体化、形象化。当然，除了传统的一对一摊位口语交流，参展方还可以使用多媒体进行交流，有时为了生动沟通，也会使用实物进行介绍，使得现场互动活动形式更加多样。

（三）目标定位清晰的听众群体

服贸会的参展方通常是按照清晰的分类被安排在展区的不同位置，所以客户的针对性很强。"凡事预则立，不预则废。"译员在参会之前会根据不同的领域，提前准备相应的参会材料，因为我们知道好的口译从准备开始，前期准备得越充足，真正参会时压力越小，翻译工作也会越轻松。为了更好地服务于广大听众群体，我们需要针对所服务的听众群体准备材料，包括活动概况、项目简介、产品信息、品牌介绍、沟通手册等。如果需要进行商务谈判，还要准备商务或合同谈判的材料、谈判要点、谈判方介绍、合同和协议草案等。

（四）译员现场压力大

国际性的会展会吸引来自世界各地的参展商和客户参与其中，各类商品不仅各具文化背景和地方特色，极具竞争力和吸引力，同时也会配以多模态的宣传形式和多样化的促销手段。随着国际化特征而来的就是各地口音，这给译员现场信息输入带来极大困难；而且会场内人员来往自由，没有太多的隔音设施和较为封闭的空间，这就给译员营造了一个嘈杂的翻译环境。现场压力是对译员的一大挑战。所以，译员不仅需要扎实地掌握翻译方法和策略，还要具有良好的心理素质、商务职业素养和跨文化交际意识。

四、服贸会语言服务建设优势

（一）社会各界广泛支持

服贸会是由商务部和北京市共同主办的国家级、国际性、综合性展会，涵盖世界贸易组织认定的 12 大服务贸易领域，在丰富产品服务供给、挖掘城市内涵、构建良好的城市旅游形象方面发挥着重要作用。在 2020 年服贸会的开幕式致辞中，习近平总书记提出："为更好发挥北京在中国服务业开放中的引领作用，我们将支持北京打造国家服务业扩大开放综合示范区，加大先行先试力度，探索更多可复制可推广经验；设立以科技创新、服务业开放、数字经济为主要特征的自由贸易试验区，构建京津冀协同发展的高水平开放平台，带动形成更高层次改革开放新格局。"服贸会的进一步发展和规模的持续扩大，不仅有利于助推北京国际化形象和目的地品牌影响力，也能够带动形成更高层次的改革开放新格局。

（二）外语人才储备充足

从 2022 年北京冬奥会到如今服贸会人才储备情况来看，国内优秀外语人才储备充足。国内十分注重拓宽选人、用人视野，遴选优秀人才参与冬奥会筹办工作。冬奥组委工作人员既包括授薪人员，也包括国内外专家顾问、国内技术官员、志愿者和实习生、合同商方面的参与者等，人才队伍专业化、国际化程度高。各部门和中心领导班子外语能力较好，专业素质和国际化水平较高。在语言服务工作中，针对专业程度要求非常高的工作任务，志愿者是服贸会语言服务的重要力量。各志愿者来自各大高校，除具备通用基本素质和特定岗位能力外，还具备较好的外语交流水平。语言服务业务领域专业志愿者对语言水平要求更高，需要具备交替传译的能力，这部分专业志愿者主要来自外语类院校的高级翻译学院。

（三）管理机制科学高效

服贸会工作组建立了高效的语言服务工作管理机制，包括挑选专业的语言服务供应商，并对语言服务商的服务质量进行持续监督和跟踪；制定合理的语言服务政策；制定严格的翻译工作流程和《语言服务管理规定》，确保语言服务领域工作高效运转；制定科学合理的人员计划和经费预算，确保语言服务工作得到合理的人员和经费支持。

（四）城市国际语言环境建设逐步推进

北京市高度重视城市国际语言环境建设。2019 年 5 月 8 日，北京市人大常委会召开"公共服务领域外语标识使用与管理监督工作启动暨培训会"，会议围绕推进国际交往中心建设和服务保障北京冬奥会、冬残奥会，就服务冬奥筹办、优化营商环境、城市基本运行保障等 7 个主题的工作进行了部署。市外办负责同志表示将从健全体制机制、完善业务流程、推进法制建设以及动员社会参与等方面推进公共服务领域外语标识使用和管理的规范化与法治化，全面提升城市国际语言环境。一系列举措为城市国际语言环境建设营造良好氛围。市政府外办还鼓励和支持各区、各行业、各重点单位以"外语学习兴趣小组""外语角"等形式组织员工有计划地学习外语，并结合自身实际开展外语培训。

五、服贸会语言服务面临的挑战

（一）服贸会语料库仍在建设中

根据笔者在 CNKI 搜集的信息来看，现阶段关于服贸会语料库资料的研究少之又少，几近空白，几乎搜不到与之相关的研究资料，所以只能搜索与之相关的上海进博会、广州广交会等资料进行对比分析，从中得出结论。因此，现阶段学界和实业界需要整合各方面的力量，进行服贸会语料库的建设。服贸会语料库建设的深入开展和深化研究，将为服贸会语言服务质量提升提供坚强的后盾和极大的便利。

（二）科技支撑力度尚弱

笔者也曾与对接语言服务企业的志愿者交流，调研业内语言服务科技企业，了解语言服务科技企业前沿动态。得知目前已经面世的手持智能翻译机、会议翻译和速记系统等产品在精确性和针对性方面还有待提升。因此，还需要整合语言科技企业力量，联合技术攻关，开发适用于服贸会的语言服务软件。

六、服贸会语言服务对策思考

针对服贸会语言服务的特点、现状与所面临的挑战，本文提出以下对策和思考。

（一）服贸会语言服务体系建设

作为北京自贸区语言服务研究的核心内容之一，服贸会语言服务建设是首都经济贸易大学外国语学院近期计划实施的一项重要工程和任务。为了完成该计划，学院组织有意向的师生加入自贸区、服贸会语言服务的建设中，分成了4个小组，从四个方面搜集自贸区、服贸会建设的相关内容，具体为：

第一，整理北京商务局官网，查找有关语言服务的内容。

第二，查找中国知网以及其他学术文献平台，搜索、整理有关语言服务研究的资料，归纳当前研究的前沿成果及薄弱之处，形成结论。具体包括对语言服务的定义及概念进行界定，语言服务建设存在的问题，国内语言服务及企业语言服务，语言服务政策的难点，相关研究的不足之处，服贸会语言服务的现状、问题及解决策略。

第三，以邮件、微信、面谈等形式调研在京的财经类高校的人才培养方案及专业教师教学计划，了解语言服务人才培养及就业问题。

第四，以邮件、微信等形式从各个方面调查服贸会语言服务的情况，并基于以上研究搭建自贸区特别是服贸会语言服务建设体系。

（二）服贸会与北京各高校对接人才培养

服贸会需与北京地区各个高校合作，形成完善的服贸会人才培养合作机制。北京各大高校都具有各自不同的优势和特点，充分发挥各学校优势，通过"点对点"专项培养，可为服贸会各领域培养精专人才。同时，各高校可开设服贸会专业语言服务人才培训班，不仅为服贸会输送语言人才，而且让学生充分了解服贸会，致力于语言服务行业。各高校还可增设多个关于服贸会或语言服务的讲座，培养学生对这一领域的浓厚兴趣。当然，还可将此类培训作为传统传承下去，不断积累语言资产、人才资产等，完善北京服贸会语言服务机制，提高服务水平，打造更好的服贸会。

除此之外，各高校科研人才也可致力于服贸会语言服务相关研究，填补研究空白，为服贸会提供理论支持。

（三）服贸会与其他各项会展及会议相辅相成

北京召开的多类盛会间可互相支持，相辅相成。例如，2022 北京冬奥会已圆满结束，其输送的语言服务人才及相关语言资产等，都可作为服贸会借鉴或利用的重要资产。同时，服贸会也可支持其他盛会举办，以此形成北京地区专业语言服务模范产业链，供其他地区学习借鉴。通过此种方式，使语言服务在全国形成良好发展模式，各地相互促进、互相学习。

总而言之，随着经济的发展，各国联系日益加深，为各国合作带来了前所未有的机会，也推动了贸易的往来。服贸会为促进多边贸易搭建了良好的平台。服贸会的语言服务成为各参展商进行沟通交流必不可少的平台，所以，做好服贸会的语言服务至关重要。目前关于服贸会语料库的学术研究基本空白，业内学者应着眼长远，加大该方面的研究，发挥优势，弥补不足，进一步提升服贸会语言服务质量和成效。

参考文献

［1］李艳.北京 2022 年冬奥会语言服务对策思考［J］.语言文字应用，2019（3）：48–57.

［2］李宇明.语言服务与语言产业［J］.中国翻译，2014（1）：4–8.

［3］芦阳.广交会会展口译实践报告：以第 117 届广交会为例［D］.河北：河北师范大学，2016.

［4］屈哨兵.语言服务研究论纲［J］.江汉学术，2007（6）：56–62.

［5］王传英.语言服务业发展与启示［J］.中国翻译，2014（2）：78–82.

［6］王少凯，孙琳小.自贸区背景下沈阳市语言服务发展策略研究［J］.文学教育，2019（7）：179.

［7］袁军.语言服务的概念界定［J］.中国翻译，2014（1）：18–22.

［8］张国建 . 陕西自贸区语言服务现状探析［J］. 区域经济，2021（2）：81–82.

［9］仲伟合，许勉君 . 国内语言服务研究的现状、问题和未来［J］. 上海翻译，2016（6）：1–6.

典型行业与特殊领域语言服务文献分析

王 晨

（首都经济贸易大学　北京　100070）

摘要： 本文选取科技、体育、商贸三个典型行业和应急、"一带一路"两个特殊领域为研究对象，采用文献研究法，梳理中国知网近十年的研究文献，总结相关的语言服务研究特征，为语言服务研究发展提供借鉴、指明方向。

关键词： 语言服务；文献研究；典型行业；特殊领域

一、引言

时代的发展对语言服务业提出新要求，本文针对科技、体育、商贸三个典型行业和应急、"一带一路"两个特殊领域的语言服务研究成果进行概览分析，总结各行业及领域语言服务的主要特征。科技行业语言服务具有精细化、专业化特征，体育行业语言服务有专业性、普遍性、全球性等特征，商贸行业语言服务具有专业性、技术结合性等特征，应急领域语言服务具有多样化、层次化、紧迫化等特征，"一带一路"领域语言服务具有时新性、专业性特征。总体来讲，语言服务业一要结合技术发展，打造技术支撑语言服务新态系；二要突出专业性，培养语言服务专业化人才，以期更好地推进语言服务业发展。

二、科技行业的语言服务特征

（一）科技行业语言服务文献综述

新时代下，计算机发展掀起信息技术革命浪潮，人工智能加速了语言服务行业的全球化发展。笔者以"语言服务"为关键词，选取特定主题"科技""人工智能"进行检索，查阅出科技行业中，特别是人工智能主题下具有实质性内容的语言服务部分文章，如表 1 所示。

表 1　科技行业部分语言服务文献

文献名称	作者	发表时间
《人工智能时代语言服务业发展对策研究》	王宗华	2021
《人工智能在语言服务企业的应用研究》	崔启亮	2021
《基于"人工智能+"的语言服务行业创新技术研究》	汤丽拿	2019
《人工智能背景下冬奥语言服务领域体育翻译人才培养研究》	刘迪	2109
《新译人工智能语言服务平台》	田亮等	2017
《语言服务行业翻译技术发展现状及前瞻》	王华树等	2021
《论翻译技术驱动的复合型语言服务人才培养》	陶李春等	2020
《翻译项目管理和翻译技术并重的语言服务人才培养研究》	凌立佳等	2020

检索发现，计算机发展不断与翻译相结合，翻译技术、翻译项目管理在传统的语言服务中崭露头角，为语言服务增添色彩、提升效率。

（二）科技行业语言服务主要文献简析

崔启亮（2021）对人工智能作了简要概述，着重阐述了语言服务与人工智能的结合发展，强调了人工智能下的机器口译技术已成为国际语言服务的新需求，并已经应用于商业发展。同时，机器翻译的译后编辑已经成为越来越多企业青睐的翻译方式。新时代下，人工智能技术正推陈出新，改变着翻译行业体系，同时也对翻译对象、翻译角色、翻译能力、翻译策略、翻译方式、翻译流程、翻译标准、翻译环境、翻译教育及翻译研究等方面做出新规划。

王华树等（2021）通过 SWOT 模型来分析语言服务行业发展中翻译技术的运用，探究语言服务行业翻译技术的发展现状及未来发展趋势。如今，翻译技术的发展大大提升了翻译效率，降低了翻译成本且提供了更为便捷的翻译服务，然而新事物的出现也伴有生命迭代周期快、工具同质化严重、应用场景受限、存在多种安全风险等劣势。为了更好地适应时代发展需求，作者强调要辩证看待翻译技术，加强翻译技术在国家翻译能力中的作用。

除此以外，人工智能技术已在语言服务企业中得到广泛应用，特别是在自然语言处理和机器学习方面。同时，机器翻译、图像识别、语音识别等精细化技术也在语言服务行业中不断发挥作用。

（三）科技行业语言服务特征

王宗华（2021）指出："语言服务是智慧和知识密集型的专业化服务，语言服务从业人员需要具备一定的职业能力，才能从事相关的语言服务业务，才能保障服务质量和效率。"语言服务的规范化必须以专业化为支撑，实现国内语言服务业的稳步提升需要专业化语言服务人才的不断努力。崔启亮（2021）强调将人工智能技术应用在语言服务企业产品的重要性，不断推出更智能、更敏捷、更专业的信息服务。

汤丽拿（2019）强调机器学习、语音识别、语义识别、图像识别技术等不同形态的语言产品将不同程度地融入新的智能技术平台，未来语言服务业的发展无疑会进入"语言智能＋"的时代。语言智能的目标是实现自然语言与机器语言的连续交互，迈入人工智能的高级阶段，在未来人工智能的应用上发挥重要作用。作者反复提及技术与语言服务结合的必要性和迫切性，提出语言服务乘技术发展之东风，将技术性与规范性应用于语言服务的美好愿景。

陶李春等（2020）指出，为满足和适应不同目标市场的需求，应对产品或服务进行一定的改造和调整，特别是在语言与文化方面。语言服务行业中出现了内容策略倾向，帮助企业或个人更好地了解当地市场和主流营销，进行跨语言语义和市场分析，以更好地服务于不同语种的消费者和商业卖家。这也说明随着技术的不断发展，语言服务也应实现从泛化到个性化精细提升。

综上可知，技术发展催生语言服务提升新方向，精细化、专业化、技术化和规范化等语言服务特征符合未来科技行业语言服务发展的新方向。因此，取其精华去其糟粕，不断将翻译技术创新应用于语言服务行业是大势所趋。

三、体育行业的语言服务特征

（一）体育行业语言服务文献综述

语言是人类沟通的重要桥梁，国际体育赛事语言服务是赛事成功举办的重要因素之一。北京冬奥会和冬残奥会完美落幕，各国运动健儿齐聚"双奥之城"北京，以奥林匹克精神彰显体育之美。整个赛事过程中，语言服务者提供全流程语言服务，促进国际体育赛事语言服务发展。本文以"语言服务"为关键词，对"体育学科"等主题进行检索，整理体育行业部分文献，如表2所示。

表2　体育行业部分语言服务文献

文献名称	作者	发表时间
《语言服务视角下的瑜伽体式名称研究》	肖清三	2022
《建设体育强国：语言服务先行》	柴如瑾	2021
《国际冰雪体育赛事语言服务人才培养策略》	梁红	2021
《体育外交视角下国际体育赛事语言服务的研究》	冯好	2021
《冬奥会语言服务在行动》	杨尔弘	2021
《科技冬奥背景下冰雪赛事语言服务领域翻译人才培养研究》	刘迪	2021
《马拉松赛事语言服务促进城市形象塑造的研究》	麦泳愉等	2021
《北京建设冬奥会语言服务环境》	王栋等	2020
《人工智能背景下冬奥语言服务领域体育翻译人才培养研究》	刘迪	2019
《浅析人工智能翻译在国际体育赛事中的应用》	杜雪	2019
《国际体育赛事语言服务中的文化植入研究》	魏欣雅	2019
《大型体育赛事语言服务的特点》	姜晓红等	2018
《成立"天津市国际体育交流语言服务中心"的可行性研究》	孙乃康等	2014
《2014年南宁体操世锦赛语言服务规划构想》	陈颖	2014
《大型体育赛事志愿者语言服务研究》	李梦楚	2014
《北京奥运会的语言服务》	张莺凡	2012
《北京奥运会语言服务刍议》	王会寨等	2008

（二）体育行业语言服务主要文献简析

依托于冬奥会语言服务，柴如瑾（2021）对语言服务在体育行业尤其是体育赛事中的应用做了简要介绍。高质量赛事成功举办的前提是有高质量的语言服务基础，同时这也彰显主办国家、主办城市国际形象和国际竞争力。此次冬奥会语言服务组织人员全面部署，建立语言服务团队，建设专有术语库及术语平台，并结合互联网使用机器翻译平台。冬奥会期间所产出的语言服务信息不仅在国际多语术语建设领域填补了空白，也将作为语言遗产继续服务于奥运会。

姜晓红、郭峥（2018）从服务人员、工作范围、工作内容、服务效果4个方面分析了大型体育赛事语言服务的特点。在人才方面，语言服务人员在选拔标准上要有所界定，实践证明，具备专业背景和实践经验的语言服务者能更加符合赛事要求，提供专业服务。在工作范围方面，目前语言服务工作语种以英语为主，小语种为辅。在工作内容方面，目前大型赛事语言服务的笔译工作内容以赛事新闻报道为主导，口译工作以陪同翻译、同声翻译、生活服务、热线服务等为主。在服务效果方面，以赛事传播、构建城市形象、促进体育经济发展为目的。可以说，一场成功的体育赛事离不开语言服务的全面助攻，同时语言服务也能在全球范围内实现社会综合价值力的全方位传播。

（三）体育行业语言服务特征

梁红（2021）论述了两大体育行业语言服务特征——专业化和国际化，强调了"提升冰雪体育赛事国际化的语言服务能力的核心问题是建立专业的语言服务团队，这就需要国际化专业语言服务人才。国家实力和语言国际化程度密切相关，语言国际化是国际化的标志，因此提供国际化的语言服务是承办国际体育赛事的必要保障条件"。由此可见，语言服务是国家间沟通的桥梁，专业化、国际化的语言服务是举办体育赛事的基础和前提。

孙乃康等（2014）认为，专业体育语言服务可以避免一些不必要的因为语言或风俗习惯引起的麻烦。信息时代的不断发展促使国际惯例不断完善，作为国际语言交流服务中心，国内语言服务人员必须与世界接轨并与各国际体育组织建立联系，以保证服务水平的不断提升。

实践证明，大型体育赛事语言服务要具有专业性、普遍性、全球性等专业特征，以此服务于全球不同语言使用者。

四、商贸行业的语言服务特征

（一）商贸行业语言服务文献综述

经济乃一国之根基。近年来，国际化步伐的不断加快促使商贸行业语言服务更深入、更专业。对商贸行业"语言服务"主题的检索结果表明，商贸行业的语言服务大多集中于经济贸易方面，如表3所示。

表 3　商贸行业部分语言服务文献

文献名称	作者	发表时间
《双循环新发展格局下跨境电商语言服务人才培养路径研究》	杨妍等	2022
《黑龙江省自贸区语言服务助力对外经济发展问题与策略研究》	韩士媛等	2022
《基于商务语言服务的英语口译教学改革与课程设计》	贯丽丽	2021
《陕西跨境电商发展语言服务人才培养对策分析》	李奥华	2020
《海南自贸区（港）语言服务产业生态系统建构初探》	杨雅恬	2020
《语言服务推动下重庆跨境电商产业发展研究》	吴敏	2019
《面向上合经贸示范区的语言服务策略分析》	丁肇阳等	2018
《让语言服务成为跨境电子商务的助推器》	白秀敏	2018

（二）商贸行业语言服务主要文献简析

丁肇阳、丛玥（2018）阐述了目前语言服务业人才需求与本地化人才培养策略，分析了当前语言技术和语言服务产业的发展趋势。以更好建设服务示范区为目标，作者将重点放在对"示范区"语言服务策略分析上，建议培养具备熟练语言沟通技能、具有良好的跨文化交际沟通能力、综合素质高的人才。同时作者指出，语言服务与信息技术的结合发展也不容小觑，要密切关注语言服务产业生产力，向智能化、可视化、网络协作化的语言服务业不断前进。

白秀敏（2018）站在电商发展角度，以期将语言服务的积极推动作用与电商相结合，打造跨境电子商务和语言服务健康稳定可持续发展的双赢局面。事实证明，跨境电子商务需要全方位、多语种、专业化的语言服务，因此完善机器翻译技术、检索技术、文本转换技术和语言文字排印技术等与跨境电子商务紧密结合的技术是大势所趋。同时，依托于语言服务业庞大的语料库资源、先进的机器辅助翻译技术和专业化的翻译人员以及译后编辑人员，语言服务业人才要不断适应跨境电子商务的全面需求。

（三）商贸行业语言服务特征

韩士媛（2022）认为，黑龙江省自贸区的成立带来了巨大的语言服务需求，专业的语言服务是黑龙江省对外经济发展的保障之一，语言服务水平也必须与自贸区建设和发展相适应。与商贸行业配套的语言服务是打通本区经贸发展的重要一环，其中以专业性和国际性为主要特征的语言服务是重点培养方向。

李奥华（2020）从"语言＋专业"角度提出商贸行业的语言服务应具备技术结合性特点，指出应该将复合型语言人才作为培养目标，即语言和技能相结合，培养出复合型高素质人才。吴敏（2019）基于重庆跨境电商发展趋势分析，明确提出建设专业化的语言服务人才。

通过对商贸行业语言服务文献的整理检索，笔者总结出商贸行业语言服务人才的专业性、技术结合性等行业特征。在新形势下打造语言专业服务人才并与技术发展不断融合，才能适应时代发展需求，助力商业语言服务业态发展。

五、应急领域的语言服务特征

（一）应急领域语言服务文献综述

应急语言服务在国内一直受到广泛关注，通过对主题"应急语言服务"的检索，中国知网近十年收录关于应急语言服务主题的论文达25篇，部分论文如表4所示。

表 4　应急领域部分语言服务文献

文献名称	作者	发表时间
《应急语言服务的基本概念及要素分析》	郑泽芝等	2020
《应急语言服务：研究课题与研究范式》	滕延江	2020
《应急语言服务的概念、研究现状与机制体制建设》	王立非等	2020
《应急语言服务与应急语言教学探索》	蔡基刚	2020
《加强应急语言服务建设提升突发事件应对能力》	党兰玲	2020
《论应急语言服务规划》	滕延江	2020
《应急语言能力建设刍论》	李宇明等	2020
《应急语言服务人才培养体系建构探究》	李迎迎等	2021
《应急语言服务者胜任力与应急语言人才评价》	滕延江	2021
《应急外语服务和减贫外语服务》	方小兵等	2020
《应急语言服务领域的语资源建设与应用——以〈疫情防控外语通〉研发为例》	刘晓海	2020
《新冠疫情下的日本应急语言服务》	包联群	2020
《应急语言服务视角下的新冠肺炎医学英语专题术语表开发》	李龙兴等	2021
《新冠疫情下民间志愿团体应急语言服务效率与质量研究》	张可心	2021
《应急语言服务视角下疫情用语英译研究》	王煜冲等	2021
《国家治理视域下海南应急语言服务策略研究》	梁云云	2021
《涉外应急语言服务分析与思考——以西北师范大学为例》	张梦娇等	2022
《"3·11"东日本大震灾应急语言服务》	包联群	2020
《需求导向下的应急语言服务体系刍议》	殷志平	2020
《试论粤港澳大湾区的应急语言服务需求》	王海兰等	2021
《基于需求层次理论的中国应急语言服务需求分析》	陈练文	2021
《听障人群应急语言服务需求调研：基于访谈文本的质性分析》	郑璇	2021

（二）应急语言服务文献简析

王立非等（2020）阐明了目前国内的应急语言服务现状，对应急管理体系提出了"一案三制"的架构。目前国内外应急语言服务业尚未建立完善的语言服务发展标准，严重影响应急救援的效率和质量。针对此情况，文章提出了五点措施：一是加强疫情应急语言服务基础设施建设；二是加紧制定疫情应急语言服务规划；三是大力提升疫情应急语言服务能力；四是及时编制出台应急语言服务相关标准；五是建立应急语言服务人才培养体系。

殷志平（2020）借用管理学的顾客识别模型，建立了涵盖"服务对象—服务需求细分—服务对象期望值—赈灾响应者语言能力（调节）—服务需求清单"的应急语言服务需求识别模型。基于此模型，作者对新冠肺炎疫情中的语言服务实践展开分析，并提出开展应急语言服务需求和语言水平人口统计学调查的必要性。

李迎迎、潘晓彤（2021）对国内外应急语言服务及外语人才培养体系相关方案进行梳理、评析，从应急语言人才目标、培养模式、课程建构、实训实践四个方面探索应急语言人才培养体系之路，提出应急语言人才培养的可行性方案，以期为国内应急服务语言人才助力。

（三）应急语言服务特征

党兰玲（2020）认为，应急语言作为国家语言能力的重要组成部分，需要全社会参与才能构建一个体系。学界对应急语言规范进行研究，政界发布应急语言要求，媒体和教育界面向大众和学生广为宣传教育，各行业领域自觉学习践行，全社会通力合作，才能形成应急语言服务自觉。全社会各界人士共同参与、普遍关注才能推动应急语言服务行业高效率提升。

李宇明等（2020）总结出应急语言服务的层级化特征，提出应急语言服务应在事前、事中和事后各有所侧重。

应急语言服务本身就具有工作压力大、要求高、流动性强以及服务主体复杂性等属性，这也就要求应急语言服务必须具备多样化、层次化、紧迫化的实际特征。目前国内应急语言服务体系建设现状对培养系统性、阶段性以及差异性的人才培养认识不够，因此建构全方位、立体化、复合型应急语言人才培养模式尚需时日。国家、企业、学校三个层面要通力合作，培养高质量语言服务人才，完善国家应急语言服务体系，助力中国应急语言服务行业发展。

六、"一带一路"领域的语言服务特征

（一）"一带一路"语言服务文献综述

为助力国家发展和民族复兴，近年来，中国不断提出与时俱进的、符合中国国情的新举措，其中"一带一路"倡议成效显著。"一带一路"倡议提出了政策沟通、设施联通、贸易畅通、资金融通和民心相通的"五通"工程，语言相通是基础保障与先导工程，因此语言的配套完善服务势在必行。在中国知网通过检索"语言服务""一带一路"，查阅到一些相关文献，如表5所示。

表5 "一带一路"领域部分语言服务文献

文献名称	作者	发表时间
《"一带一路"倡议下语言服务助力精准扶贫》	蒲红英	2021
《"一带一路"背景下广西多元化语言服务体系的构建》	莫昱荧	2021
《"一带一路"背景下实现新疆经济社会发展的"互联网+"语言服务融合发展》	黄威	2021
《"一带一路"倡议下广西面向东盟语言服务产业的态势分析与其发展对策》	韦恋娟等	2021
《面向"一带一路"的语言服务人才培养与能力建设对策研究》	许明	2018
《"一带一路"背景下的中国语言服务行业：环境分析与对策建议》	张慧玉	2018
《陕西自贸区外语能力标准研究——以商务英语能力量表为例》	张国建	2020
《"一带一路"战略下的语言服务研究》	穆雷等	2017

（二）"一带一路"倡议下语言服务主要文献简析

张慧玉（2018）运用经济学中的 PEST 环境分析框架，剖析"一带一路"沿线国家和区域政治、经济、社会文化、技术等主要宏观环境因素带给语言服务行业的机遇与挑战，进而提出对策建议。中国语言服务行业发展迅速，呈现出一系列显著的行业特征。一是规模扩大。中国语言服务行业规模近年来随着国际化步伐的不断推进而持续扩大。二是动力不足。虽然中国语言服务商众多，但大多经营规模较小，缺乏持续成长优势，国际竞争力堪忧。三是新兴化步伐慢。翻译业务虽为翻译主营业务类别的核心业务，但新兴面发

展不足。四是小语种服务量小。中国语言服务行业中英语为主覆盖面，小语种服务严重匮乏。五是技术含量低。目前语言服务技术的开发力度不够，且实际应用不足。针对上述宏观分析情况，作者提出中国语言服务商应制定响应国家倡议、符合行业发展趋势、推动企业长远发展的服务战略。同时也要具备敏锐的风险意识，全面评估环境综合风险，积极推广新兴业务，强调自主研发，结合区域经济、技术环境推广应用技术。

张国建（2020）指出，陕西自贸区是"一带一路"倡议经济合作和人文交流的平台。其核心任务为制度改革与创新，这决定了相应的语言服务需求，尤其是外贸人才需求。自贸区建设发展目的性要求语言服务人才懂外语且具备外语知识及外语综合应用能力，要懂外贸专业知识，了解"一带一路"沿线国家和地区的政治历史、文化风俗和法律法规。新时代自贸区内的语言服务人才应具备复合型专业背景，适应多元化形势发展。

（三）"一带一路"领域的语言服务特征

莫昱荧（2021）对广西多元化语言服务体系的构建做出规划，提炼出"一带一路"倡议下语言服务人才应具有专业性的特征。我国应加大力度实施"专业＋外语"和"外语＋专业"的语言服务人才培养模式，培养更多在经济、法律、外贸、旅游、军事、国防、安全等多方面的高水平复合型专业人才。

黄威（2021）指出，"一带一路"背景下新疆经济社会发展的"互联网＋"语言服务融合式发展是未来几年语言服务行业发展的必然趋势，是实现丝路话语的战略规划。"互联网＋"语言服务融合式发展不仅能促进科技、文化和教育的发展，而且也关乎国家的语言能力、世界话语权，具有重大的意义。"一带一路"领域的语言服务行业要突出融合性特征，与时代接轨，把握语言服务发展正确方向。

为推动"一带一路"倡议的实施，语言服务人才要讲究专业性，紧跟政府政策要求，不断促进外语和专业的融合性发展。同时，要与时俱进，根据时代发展要求不断完善专业知识结构，针对特定发展需求，作"个性化"提升。

七、结语

语言是中国"走出去"战略的必经桥梁，发展好语言服务业能够促进中国发展。语言服务任重而道远，依据不同行业和领域的语言服务特征，语言服务人才要增强自身能力，助力中国发展。

参考文献

［1］白秀敏．让语言服务成为跨境电子商务的助推器［J］．北方经贸，2018（3）：18-20.

［2］柴如瑾．建设体育强国：语言服务先行［N］．光明日报，2021-11-28（005）.

［3］崔启亮．人工智能在语言服务企业的应用研究［J］．外国语文，2021，37（1）：26-32，73.

［4］党兰玲．加强应急语言服务建设 提升突发事件应对能力［J］．华北水利水电大学学报（社会科学版），2020，36（2）：10-13.

［5］丁肇阳，丛玥．面向上合经贸示范区的语言服务策略分析［J］．智库时代，2018（43）：42+48.

［6］冯好．体育外交视角下国际体育赛事语言服务的研究［D］．成都：成都体育学院，2021.

［7］韩士媛，郭丽莉．黑龙江省自贸区语言服务助力对外经济发展问题与策略研究［J］．商业经济，2022（2）：5-7.

［8］黄威．"一带一路"背景下实现新疆经济社会发展的"互联网＋"语言服务融合发展［J］．产业与科技论坛，2021，20（17）：63-64.

［9］姜晓红，郭峥．大型体育赛事语言服务的特点［J］．体育成人教育学刊，2018，34（4）：74-76.

［10］李奥华．陕西跨境电商发展语言服务人才培养对策分析［J］．新西部，2020（10）：65-66.

［11］李迎迎，潘晓彤．应急语言服务人才培养体系建构探究［J］．天津外国语大学学报，2021，28（4）：1.

［12］李宇明，饶高琦．应急语言能力建设刍论［J］．天津外国语大学学报，2020，27（3）：2-13+156.

［13］梁红．国际冰雪体育赛事语言服务人才培养策略［J］．高教学刊，2021，7（15）：1-5.

［14］梁云云．国家治理视域下海南应急语言服务策略研究［J］．海南

师范大学学报（社会科学版），2021，34（1）：101–108.

　　［15］刘晓海，田列朋.应急语言服务领域的语言资源建设与应用：以"疫情防控外语通"研发为例［J］.云南师范大学学报（对外汉语教学与研究版），2020，18（4）：17–25.

　　［16］莫旻荧."一带一路"背景下广西多元化语言服务体系的构建［J］.社会科学家，2021（12）：155–159.

　　［17］蒲红英."一带一路"倡议下语言服务助力精准扶贫［J］.乌鲁木齐职业大学学报，2021，30（4）：27–30.

　　［18］汤丽拿.基于"人工智能+"的语言服务行业创新技术研究［J］.科技与创新，2020（20）：125–126.

　　［19］孙乃康.成立"天津市国际体育交流语言服务中心"的可行性研究［J］.当代体育科技，2014，4（33）：159–160.

　　［20］滕延江.论应急语言服务规划［J］.语言战略研究，2020，5（6）：88–96.

　　［21］滕延江.应急语言服务：研究课题与研究范式［J］.北京第二外国语学院学报，2020，42（1）：31–44.

　　［22］滕延江.应急语言服务者胜任力与应急语言人才评价［J］.天津外国语大学学报，2021，28（4）：20–31+157–158.

　　［23］吴敏.语言服务推动下重庆跨境电商产业发展研究［J］.现代经济信息，2019（18）：316.

　　［24］王海兰，李宇明.试论粤港澳大湾区的应急语言服务需求［J］.语言政策与规划研究，2021（2）：4–16+121.

　　［25］王华树，马世臣，杨绍龙.语言服务行业翻译技术发展现状及前瞻［J］.河南工业大学学报（社会科学版），2021，37（4）：1–6.

　　［26］王立非.应急语言服务的概念、研究现状与机制体制建设［J］.北京第二外国语学院学报，2020，42（1）：21–30.

　　［27］王宗华.人工智能时代语言服务业发展对策研究［J］.齐齐哈尔大学学报（哲学社会科学版），2021（6）：131–134.

　　［28］殷志平.需求导向下的应急语言服务体系刍议［J］.语言战略研究，2020，5（3）：12–22.

〔29〕张国建. 陕西自贸区外语能力标准研究：以商务英语能力量表为例〔J〕. 南方农机，2020，51（11）：138–140.

〔30〕张慧玉. "一带一路"背景下的中国语言服务行业：环境分析与对策建议〔J〕. 外语界，2018（5）：19–26.

语言服务语料库建设研究

冯　敏

（首都经济贸易大学　北京　100070）

摘要：中国语言服务研究越来越受学界和业界关注，取得了一定成就，但仍存在一些问题，如对语言服务的界定众说纷纭、文献数量不多、研究广度和深度有限、理论视角不够开阔、研究内容和结论相对零散、尚未形成完整的学科体系等。本文以国内语言服务语料库为切入点，注重语言服务自身的发展，关注人才培养，以期达到提高我国语言服务水平的目的。

关键词：语言服务；语料库

一、引言

党的十八大提出要加强文化强国建设，提升中国文化的国际影响力。以语言转换为核心的语言服务是增强中华文化国际影响力的一个关键环节，语言服务能力与语言服务从业状况直接影响中国文化走向世界的广度和深度。我国的语言服务业已经开始从文化强国战略中受益。

郭龙生（2012）从国家语言服务的角度出发，认为"语言服务就是主体因为语言、为了语言或通过语言而为客体工作"。袁军（2008）从翻译的三要素即语言信息、翻译者和翻译技术入手，认为"语言服务以帮助人们解决语际信息交流中出现的语言障碍为宗旨，通过提供直接的语言信息转换服务及产品，或者是提供有助于转换语言信息的技术、工具、知识、技能等，协助人们完成语言信息的转换处理"。李德鹏（2008）认为"语言服务是行为主体以语言文字为内容或手段为他人或社会提供帮助的行为和活动"。

二、语言服务的相关概念

（一）语言服务的含义

语言服务具有广义和狭义之分。狭义的语言服务最早是指语言翻译服务，当前除了翻译之外，还有与此相关的本地化服务等；广义的语言服务是以语言及语言产品满足他人或社会需求的活动行为。广义的语言服务有专业语言服务和行业语言服务之分。其中，专业语言服务是提供语言产品的服务，包括语言翻译、语言培训、语言技术、语言支持等方面的服务；行业语言服务主要是依附在各个行业领域、以语言作为工具或手段的语言服务。此外，从服务的层次上看，宏观层面的语言服务有国际语言服务、国家语言服务，微观层面的语言服务有方言社群、家庭层面语言服务等。

（二）当前语言服务行业状况分析

1.语言服务的对象和形式单一。目前中国语言服务的主要形式是从宏观上普及英语，以学校为主阵地，通过双语教学的开展提高通用语水平。学校的双语教学主要针对的是年轻人群，而目前除学生外，社会上各行各业的工作人员、外来人员、社会高龄群体和特殊人群等，他们正肩负着建设祖国的重任，更加迫切需要在语言能力方面得到迅速提高，而这类人群的语言使用状况与现实要求差距较大。

2.语言服务的语种较少，多语人才匮乏。语言人才的培养和储备是语言服务的基础，但从目前中国的外语课程开设来看，绝大多数中小学校的外语只有英语一门，大部分高校外语专业也仅开设俄语、阿拉伯语、日语和法语等几种常见的语言，而与中国有密切经贸文化往来的周边国家所使用的小语种语言，如哈萨克语、吉尔吉斯语、乌兹别克语、塔吉克语、土库曼语、乌克兰语等，开设的学校不多，无法满足经济贸易发展所需要的多语种人才。简言之，中国语言服务行业中英语独大、小语种服务匮乏的问题非常突出。

3.针对语言服务的语料库建设有待加强。中国语言服务商众多，但大多经营规模较小，缺乏持续成长优势，国际竞争力堪忧。从主营业务类别来看，翻译业务为核心，新兴业务发展不足。大多数企业未能提供本地化、译后编辑、技术写作、翻译技术研发等业务，即便有所涉及的企业也多将此类业务边缘化。

语言服务技术的重要性日益凸显，但技术开发力度不够、实际应用不足等问题越发需要关注。语料库的应用及语料库技术的开发对于解决当前语言服务面临的问题，提升语言服务质量，具有重要的作用。因此，本文旨在探讨通过语料库建设以促进我国语言服务的发展。

三、语料库的相关概念

（一）语料库的建设

1.语料的搜集。现代计算机技术和网络资源使得语料库语料的获得变得方便而容易。传统的语料库建设，语料输入工作极为浩繁，基本上靠手工键盘输入和扫描输入，费时费力，且容易出现错误，需要校对。如今大量的在线语料资源、光盘资料、互联网资源，包括新闻、邮件列表、电子邮件等，使语料库的建设和扩充变得快捷方便。当然，用于不同研究目的的语料库对其语料来源可能要求不同，会影响到语料的采集。

2.语料的抽样。语料库在语料抽样范围方面都要尽可能取得平衡，要考虑每一文类、体裁、语域、主题类型等的抽样比例。目前，计算机语料库可以通过控制抽样过程和语料比例关系来缩小偏差，增强语料的代表性。一般采用随机抽样方法。

3.语料库的加工。文本输入计算机后，一般需要进行一些加工，主要包括语料的标识和语料的赋码。

4.语料库的引擎。通常意义上的计算机语料库一般包括语料库本体（即语料库电子文本）和语料库引擎（即语料库索引程序）两个部分。索引工具的基本功能包括词频统计、词表生成、语篇统计、关键词索引、排序、搭配词统计、词语类型统计、主题词提取、词丛统计、词图统计等。

（二）语料库的应用

受国外语料库语言学研究和发展的影响，加之近年来我国对英语的重视程度越来越高，多数国内语料库的建设仍以英语为主，这是语料库在我国发展的不足之处。此外，国内语料库建设越来越呈现出普遍性的特点。由于计算机科学的飞速发展以及计算机技术在语言研究领域的迅速普及和应用，受国外影响而建立大型综合语料库之风日益减缓，取而代之的是大批小型、专门语料库的兴起。比如解放军外语学院建设的军事英语语料库、河南师范大学建设的中国英语语料库就是典型的例子。而在语言服务领域，语料库的建设就略显不足，以自贸区语言服务为例，可以服务于北京自贸区语言服务的语料库资源十分缺乏，这也导致我国自贸区建设缺少人才和专业的支撑。

另外，国内近年来建设的语料库中，生语料库居多，经过标注或者多重加工的语料库少之又少；而且由于缺乏统一的管理和标准，各家所建的语料库之间难以进行综合或者共享，结果往往是自建自用，重复建设，导致语言服务领域较难实现资源共享。同时，语料库建设较为单一，以平行语料库为例，所建平行语料库几乎都为英汉平行语料库，而以英汉双语语料库或者双语语料库命名的仅有 5 家。

（三）语言服务语料库研究现状

语料库作为一种新型的学习资源，能有效地满足不同人群的学习需求，为学者提供极大的便利，有助于进一步提升效率。目前，我国语言服务语料库发展仍存在以下问题：一是对语言服务语料库的研究和应用整体上呈上升趋势，但目前还处在起步阶段。二是关于此方面的研究主要集中在上海、广东、河南和湖北等经济和教育较发达的地区，西部等欠发达的地区研究的较少。三是利用语言服务语料库进行外语教学研究的较多，而从研究中得出相关结论指导教学，并把它和实际具体结合的研究较弱。

综上所述，语言服务的重要性日益凸显，语料库也已经成为当代语言学理论研究、应用研究及语言工程不可或缺的基础资源。将二者结合起来，建设语言服务语料库对于完善的语料库开发和研究规范以及提升我国语言服务质量都尤为重要。

我国在借鉴国外经验的基础上，结合我国国情及实际情况，对语言服务语料库建设开展了广泛的研究，并取得了丰硕成果。今后的语言服务语料库建设中，需要更多关注以下几点：一是特别注重语言服务语料库研究过程中的跨学科融合，将传统语言学、计算语言学、计算机科学、词典学等学科紧密结合，突出语料库研究的跨学科性；二是制定统一的语言服务语料库建设规范，促进语料库资源的共建共享，提高语言服务语料库使用效率，避免重复建设带来的资源浪费；三是将更多的精力投入到多模态语料库研究上，在语料处理的过程中更多关注文本以外的非语言因素，从词汇、句法、篇章、非言语交际、伴语言特征（如音响度、声调、语调、语速等）、身体特征（手势、表情、动作、移动）及非身体特征（周围环境）等多个标注维度构建语料库；四是更多地开发语言服务语料库的智能化动态监控功能，使语料库具备自动监控和及时更新的能力，能自动发现新知识，主动报告新知识，自动更新语料。

四、总结

语言服务是翻译与行业结合后服务属性外化的体现，这种服务不仅限于笔译和口译服务，还包括与语言有关的其他业务形式。例如，本地化服务和国际化服务，语言服务人才比翻译人才的服务属性和职业属性更突出，这就要求语言服务人才掌握相关的行业知识和具备一定的职业素养。与此同时，建设完善的语言服务语料库也是提高我国语言服务水平的重要方式。以自贸区为例，作为对外贸易的窗口，高质量的语言环境和服务水平是吸引外资和提高我国企业竞争力的重要因素之一。建设自贸区语言服务语料库，提高语言服务人才专业水平、职业能力和技术素养，是促进区域经济发展和我国对外贸易的重要途径。因此，加快我国语言服务语料库建设尤为重要。

参考文献

［1］陈鹏.行业语言服务的几个基本理论问题［J］.语言文字应用，2014（3）：117–124.

［2］郭龙生.论国家语言服务［J］.北华大学学报（社会科学版），2012（2）：12–19.

［3］李德鹏，肖自辉.语言资源论纲［J］.南京社会科学，2008（4）.

［4］王世凯，李海宏.语言资源观再议：语言资源的结构、开发和语言资源观的价值［J］.浙江传媒学院学报，2008（1）：10.

［5］袁军.语言资源观及中国语言普查［J］.郑州大学学报（哲学社会科学版），2008（5）：5–6.

［6］赵世举.从服务内容看语言服务的界定和类型［J］.北华大学学报

（社会科学版），2012（3）：4-6.

　　［7］周庆生.国外语言政策与语言规划进程［M］.北京：语文出版社，

2001.

基于 CNKI 检索的 2012—2021 年中国"语言服务"文献研究

刘重霄　李云霞　王雯悦

（首都经济贸易大学　北京　100070）

摘要： 本文以语言服务为主题，对中国知网（CNKI）期刊数据库中检索的 2012—2021 年的文献进行了数量分析和内容归类。总体来看，论文数量逐年增加，且增幅较大；内容具有经典型、时代性和中国特色等特征。对刊载该类论文的期刊进行分析，发现以语言类期刊（辑刊）为主，其中高校学报的占比较高。本文对其中的原因及期刊发文的总体情况进行了分析，指出了语言服务未来研究的方向。

关键词： 语言服务文献；数量；期刊

一、引言

2021 年 8 月 20 日，教育部学位管理与研究生教育司公布了学位授予单位自主设置二级学科和交叉学科名单，其中"国际语言服务"获准依托外国语言文学一级学科成为自主增设的二级学科。2022 年 4 月 28 日，北京语言大学等 29 家单位在教育部和国家语委的支持下成立国家应急语言服务团，为国家各类突发公共事件应急处置以及其他领域工作中亟待克服的语言障碍提供服务。由此看来，语言服务已经成为国家战略和人们日常生活中越来越重要的一个行业，有关语言服务的研究也成为学术界和实业界关注度较高的热点话题。

二、"语言服务"相关研究的论文数量及主题分类

以"语言服务"为主题词，在中国知网上进行文献检索，检索到大约

1 375 篇文章，具体年度发文情况如表 1 所示。文章类型主要为期刊类、辑刊类论文，此外是学位论文、会议论文、报纸文章、新闻报道类文章，但所占比重较小。

由表 1 可知，"语言服务"主题发文量 10 年间增长 5 倍，从形式单纯的期刊论文、学位论文到多种类型的论文，从几本期刊到百余本期刊，由此说明"语言服务"相关主题研究的宽度在不断拓展；研究主题从一般性的翻译到"一带一路"语言服务、人工智能及语言数字化建设等国家战略，"语言服务"相关主题研究的深度在不断延展，研究的前沿性、时效性与特色化更加明显。鉴于论文数量、期刊种类和研究主题的增加，有必要清晰展现哪些期刊在关注"语言服务"这一主题，这一主题涵盖的话题有哪些。

表 1　中国知网"语言服务"主题发文情况

年份	2021年	2020年	2019年	2018年	2017年	2016年	2015年	2014年	2013年	2012年
篇数	253	259	215	196	138	102	64	67	43	42

本文根据 CNKI 2012—2021 年语言服务相关文章的题目、摘要、关键词及内容，利用词云图分析技术，查找核心概念和关键词。词云图，也叫文字云，是对文本中出现频率较高的"关键词"予以视觉化展现，词云图过滤掉大量低频低质的文本信息，使得浏览者只要一眼扫过文本就可以领略文本的主旨。词云图是数据可视化的一种常见形式，特别适合于文本数据的处理和分析。在词云图中，检索词出现频率越高，越会在图中占据中心位置，相应的字号越大，线条也会越粗。

从 2017 年至 2019 年的主题词云图（见图 1 至图 5）可以看出，此时有关语言服务的研究主要围绕"一带一路"、地域、翻译展开，其次是内涵、教育、技术等方面。这与"一带一路"建设中庞大的语言服务人才需求相吻合，大量研究就此展开。而翻译作为语言服务的核心产业，自语言服务这一概念提出，就一直备受关注。从词云图中还可以看出，从 2020 年开始"应急"二字就在云图中占据显眼位置。随着 2020 年初新冠肺炎疫情的暴发，"应急语言服务"引起了学界和社会的广泛关注，成为语言服务研究中的一个重要板块。而"人才培养"始终在各年词云图中占据"二把手"的地位，因此，语言服务人才培养始终是各界需要关注、改进、发展的一方面。

图 1　2017 年主题词云图

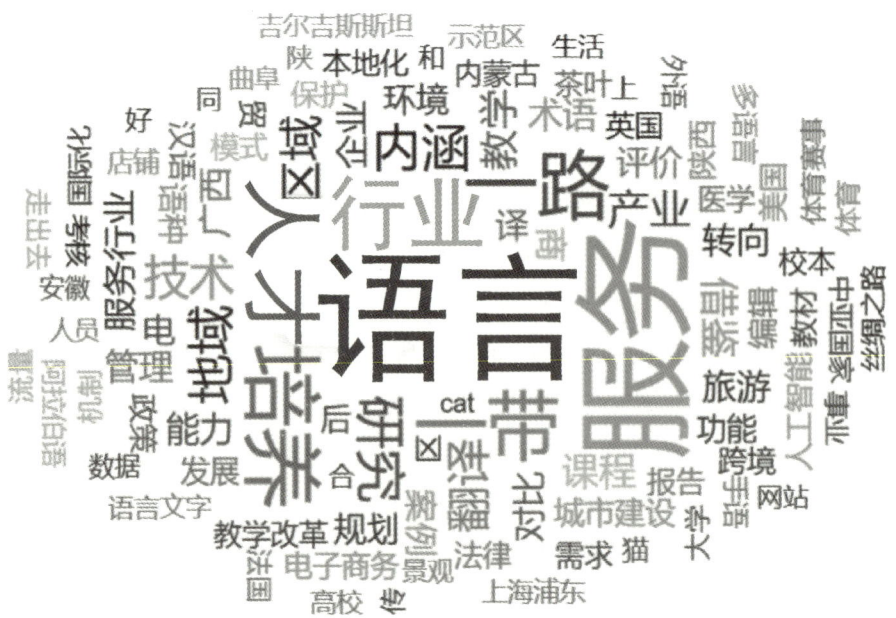

图 2　2018 年主题词云图

图 3　2019 年主题词云图

图 4　2020 年主题词云图

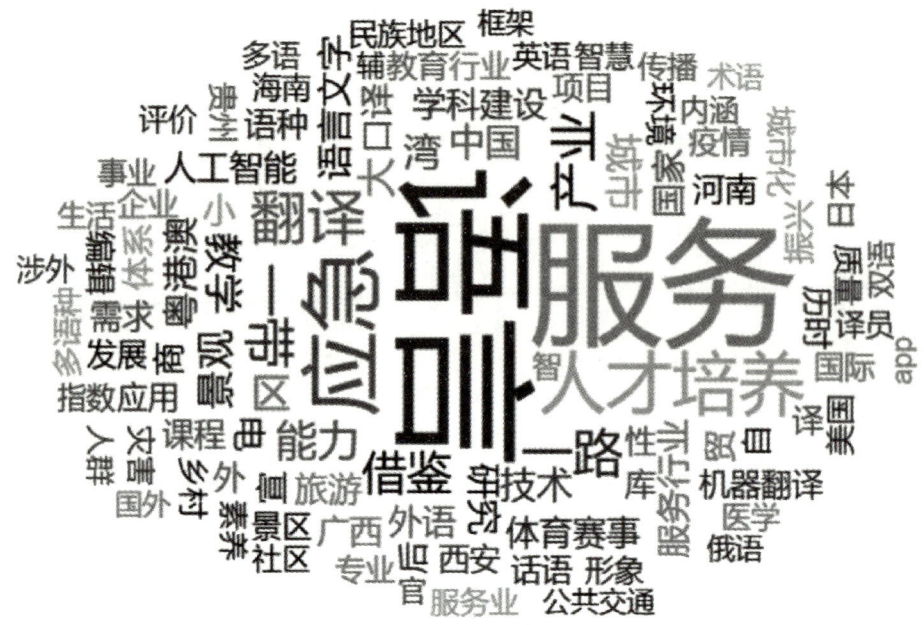

图 5　2021 年主题词云图

　　以词云图为基础，提炼出每篇文章的主题词，然后对这些主题词进行归类分析。表 2 摘录了 2012—2021 年所出现的部分主题词及其在该年度出现的频次（本文收录的全部主题见本文文后附件 1；收录的作者、文章题目、摘要、关键词见本文文后附件 2）。

表 2　2012—2021 年部分主题词及其频次

年份	2021	2020	2019	2018	2017	2016	2015	2014	2013	2012
地域性语言服务	22	15	9	15	15	10	4	2	1	3
语言服务行业相关领域	20	22	16	44	21	18	9	10	6	6
"一带一路"	16	21	23	20	18	9	2			
应急语言服务	16	19		1						
国外语言服务经验借鉴	13	8	4	9	3		3	1	1	
人才培养	10	20	14	19	8	3	4	3	2	
粤港澳大湾区	7	4	1							
城市化	6			4						
翻译技术	12	16	8	9	7	7	2	1	2	1
体育赛事	5	4	5	2				1	1	1

续表

年份	2021	2020	2019	2018	2017	2016	2015	2014	2013	2012
乡村振兴	5		1							
学科发展与建设	5	5	2		2	2	1	1		
翻译报告		8				1				
翻译教学	7	6	9	9	7	3	3	1	2	1
自贸区			1	2						

注：表中空白处表示该年度未出现该主题词。

在每个主题词所体现的主题中，有可以细化为不同类别的次主题，以 2021 年 CNKI 的语言服务主题检索为例，以"一带一路"这一主题为切入点，其涵盖的内容包括多语种服务、人才培养、语言政策等。"国外语言服务经验借鉴"这一主题涉及的国家和地区包括德国、法国、英国、美国、韩国、日本、俄罗斯、泰国、土耳其、智利、外高加索等。2020 年的 CNKI 的语言服务主题检索，"一带一路"主题包括地域性语言服务、语言服务架构、人才需求及培养、建筑行业、出版行业、旅游行业、文化输出等。语言服务相关行业或领域研究中，涵盖语言服务行业及企业特色、语言服务需求、语言服务能力、语言服务协同、语言服务工作坊等，具体涉及电商、贸易、金融、医学、军事、法律、旅游、农业、运输等行业。

根据数据统计得知，地域性语言服务、语言服务行业相关领域、翻译技术、翻译教学 4 个主题是 2012—2021 年这 10 年间一直都持续讨论的问题，其中语言服务行业相关领域主题的发文量占比较大。地域性语言服务专注研究某个地区、省份、城市，甚至座落于其中的高校、企业、政府机构或事业单位的语言服务需求、特色等，研究内容多结合相关的行业内容或环境，研究方式多为案例性分析或经验性介绍；语言服务相关行业领域因其涉及的领域多、范围广，除了上述的主要行业外，也将语言服务的内涵研究、方言研究等纳入其中，是传统经典与创新时尚的一个有机融合；机器翻译与人工翻译优劣之争是近些年翻译学界、业界争论最为激烈的问题之一，随着翻译向语言服务行业转向并最终融于其中，语音识别、人工智能、计算机辅助翻译等前沿技术因素在语言服务实践以及语言服务教育教学中的作用和价值越来越受到关注和重视；翻译教学是进行国际化语言服务能力提升、全球语言服务意识培育、语言服务人才培养的基本途径，也是翻译技术进行尝试和验证的载体，更是广大教学工作者、语言研究人员实践个人学术观点的主要平台，因此该主题近 10 年在学术期刊持续得到较高关注。

语言服务的人才培养也得到较高关注。人才培养是学校的主要功能之一，也是学术界特别是教育界重点关注的领域。人才是语言服务的基础条件，语言服务质量的好坏取决于从事语言服务的人员这一能动性因素。人才培养的主要影响因素在于需求方（社会）和供给方（学校与教师）。供给方需要了解社会需求情况、被培养的人才本身的情况以及培养人才的软硬件环境、培养自身的客观规律和各种主观要素、培养的环节和过程、培养的效果及检验。需求方需要向供给方及时提出自己的具体需求内容、条件，为供给方提供人才培养所需要的实践机会，并对人才培养效果给予及时的反馈，完善人才培养方案。供需双方协同进行人才培养是当前人才培养的主要模式。对于以上情况，检索文献都曾对进行的调研、分析、交流、探讨情况有过描述和呈现，以便达到人才培养的最佳效果。

国外语言服务经验借鉴也是一个关注度较高的话题。语言服务是一个新事物，与其相关的理论研究和专业实践在国内起步较晚，特别是在教育理念及技术应用等方面。他山之石，可以攻玉。借鉴他国成熟的做法和研究成果具有三个作用：一是对于解决中国的语言服务问题提供可能的参考与借鉴；二是有助于实现语言服务理论研究与实践的中国化，形成中国本土化理论，为语言服务全球研究提供中国方略与路径；三是推动不同文化背景下学术研究的交流与融合，拓展人类命运共同体的内涵与外延。文献梳理发现，在有关日本的语言服务研究中，国内学界聚焦于该国的应急语言服务，这说明日本已经建立了较为完善的应急语言服务体系、机制和制度，这与日本自然灾害频发不无关系。

当前语言服务行业的人才主要来自翻译本科（BTI）和翻译专业硕士（MTI），这也促进了 BTI 与 MTI 的发展，特别是近期 MTI 无论在生源数量还是人才培养质量上，都呈现出突飞猛进态势，使得 BTI 和 MTI 建设相对来说已经比较成熟，翻译学科的整体发展以及未来翻译博士（DTI）学位点的建设逐渐被提上日程，成为教育决策机构和学界高端专家一直关注的问题。学科建设是龙头，翻译作为语言服务产业的核心业务，其学科建设对于语言服务的发展极为重要，决定了语言服务发展的布局、趋势和未来走向。

自 2015 年以来，"一带一路"语言服务成为官方、学术界和实业界持续关注的热点，这与国家战略定位对行业发展的带动作用密切相关。"一带一路"倡议提出了"五通"，其中语言相通是一项基础性工程。中国实施"走出去"战略，中国企业走出国门、中国文化融入世界，都需要语言沟通，搭建桥梁，于是对语言服务人才特别是小语种语言服务人才产生了较大需求，进而催生了"一带一路"沿线国家和地区语言文化、风土人情、法律制度以及思维习惯的研究与分析。

自新冠肺炎疫情暴发以来，不同地区的医疗与物资援助、疫苗研发、国际医疗研讨与合作等方面工作的开展，暴露出不同语言之间、同一种语言的官方语言与地方方言之间的不协调与冲突，影响了抗疫工作的开展，由此，应急语言服务引发了各界的广泛关注。在人才培养中，如何培养专业人才的语言能力，增加语言人才的专业知识，以及在实际操作过程中，如何积累、建设、应用规范的专业术语库，都需要进行系统的研究。

因特殊性、政策性事件或新兴产业而产生的语言服务需求，如与冬奥会、自由贸易区、服务贸易交易会、粤港澳大湾区、京津冀一体化、扶贫脱贫、城市化等，也得到了不同层面的关注。

三、刊载"语言服务"相关论文的期刊分类情况

检索到的文章以期刊（或辑刊）类论文为主，占比达 90% 以上。期刊（或辑刊）中以语言类期刊（或辑刊）和高校学报为主。近两年辑刊类论文增加比例较大，说明研究的群体性特征越发明显，研究的主题也更为聚焦。

硕博论文数量有逐年增加的趋势（如表 3 所示），这在一定程度上说明青年学者对该主题的关注程度。横向比较而言，"语言服务"这一主题的硕博论文总量占比不高，高层次的学术性学位论文（博士论文）较少，大部分集中在翻译专业硕士的翻译实践报告、调研报告。统计数据表明，虽然硕博论文的数量随着论文总体数量的增加而增加，但基本保持在 8% 左右。随着语言服务方向学科的设立和发展，语言服务研究主体必将扩大，预期发文量及比例均会增加。

表3 "语言服务"相关主题 2012—2021 年硕博论文数量

年份	2021	2020	2019	2018	2017	2016	2015	2014	2013	2012
硕博论文	21	24	20	24	14	6	6	5	5	3

本文对发表语言服务类文章的语言类期刊和高校学报进行了整理和归纳，部分期刊发文情况如图6所示。

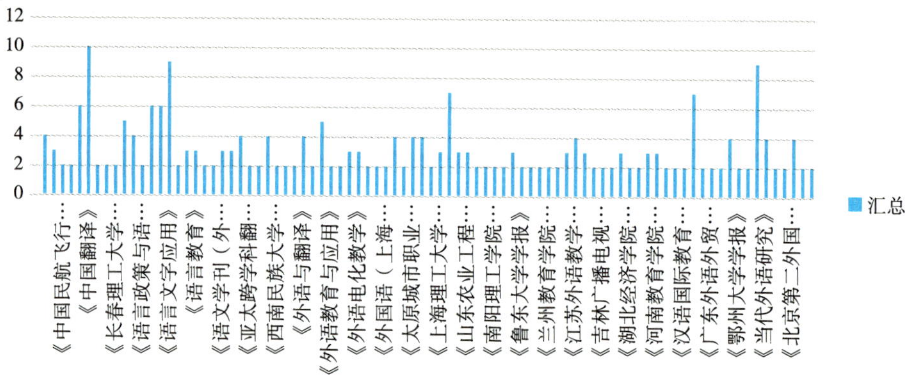

图6 部分期刊发文情况

在 2012—2021 年这 10 年间，本研究检索到语言类期刊（或辑刊）和高校学报类期刊207部，以出现的年度频次（以 2012—2021 年 10 年为时间区间），一年出现一次的频次为 1，一年出现两次的频次为 2，以此类推并进行统计。总频次超过 2 的期刊（或辑刊）有 85 部。其中语言学类期刊（或辑刊）中，《中国翻译》出现的频次最高，年度频次为 10，总发文量为 62。《东方翻译》《语言文字应用》《上海翻译》年度频次均为 9，总发文量分别为 54、54、42。《海外英语》年度频次为 7，总发文量为 32。《语言政策与规划研究》《语言战略研究》《中国科技翻译》年度频次均为 6，总发文量分别为 6、7、26。《外语界》《当代外语研究》《江苏外语教学研究》年度频次均为 5，总发文量分别为 7、12、6。《中国语言战略》《外语与翻译》《翻译论坛》《译苑新谭》《亚太跨学科翻译研究》年度频次均为 4，总发文量分别为 8、7、8、4、4。《中国社会语言学》《外语电化教学》《语言科学》《语言教育》《语文学刊（外语教育教学）》《英语广场》《山东外语教学》《民族翻译》年度频次均为 3，总发文量分别为 3、11、3、4、3、6、5、4。综上可以看出，以翻译类、语言类、教学类期刊（辑刊）为主，且多为业界知名期刊，说明语言服务相关研究及论文发表具有坚实的支撑。

在高校学报中，《云南师范大学学报》年度频次为 9，总发文量为 18。其中《云南师范大学学报（哲学社会科学版）》年度频次为 5，总发文量为 11；《云南师范大学学报（对外汉语教学与研究版）》年度频次为 4，总发文量为 7。《太原城市职业技术学院学报》年度频次为 5，总发文量为 6。《北京第二外国语学院学报》《天津外国语大学学报》《宿州学院学报》《新疆师范大学学报（哲学社会科学版）》年度频次均为 4，总发文量分别为 17、16、4、4。《上海理工大学学报（社会科学版）》《山东农业工程学院学报》《喀什大学学报》《佳木斯职业学院学报》《湖北开放职业学院学报》《黑河学院学报》《河南教育学院学报（哲学社会科学版）》年度频次均为 3，总发文量分别为 3、3、3、5、4、4、3。《北华大学学报（社会科学版）》等 33 部学报年度频次为 2，其中包括《西安外国语大学学报》《外国语（上海外国语大学学报）》《广东外语外贸大学学报》等知名语言类高校的学报。综上可以看出，《云南师范大学学报》《新疆师范大学学报（哲学社会科学版）》《喀什大学学报》等学报年度频次较高，此类大学在"一带一路"沿线，少数民族较多，语言情况复杂，受"一带一路"倡议的影响，语言服务发展和建设必将成为社会关注的重点。《北京第二外国语学院学报》《天津外国语大学学报》两家语言类高校的学报年度频次也较高，符合高校学报社会功能和特色定位。

在总频次超过 2 的 85 部期刊（辑刊）中，高校学报为 45 部，占比 53%。之所以具有较高比例高校学报关注语言服务研究与实践，本文将其归纳为以下两方面的原因：第一，从事语言服务研究及实践的主体是高校教师与学生，该群体人数总量较大，对该领域学术研究的追求致使其寻求发文空间，而高校学报无疑是一个更为便捷的平台；第二，语言服务相关的教学改革、人才培养、课程建设是高校学报类论文的主体内容，这也符合高校研究者的专长和兴趣点。高校是人才培养的核心，高校教师对语言服务的关注和研究有利于推动语言服务的发展，但对于语言服务这个主题，高校学报发文也存在一定的提升空间。从职业类高校（高职）学报发表的论文可以看出，当前语言服务研究与实践仍然停留在较低的层次，文章多为经验性的叙述与描写，深层次的量化研究较为欠缺；虽然技术类元素在语言服务内容中的比重在逐渐增大，但其重心仍然在教育教学方面。

就期刊总体而言，权威性较强、影响力较大的专业性学术期刊发文的频次及总体数量略有不足，非语言专业性期刊占比较大，且期刊种类庞杂、权威性不高，说明语言服务这一主题在学术界引发的关注度仍需提高；期刊总体发文量不大，高级别专家撰文数量较小，说明目前该主题讨论产生和创造的价值需进一步挖掘。

四、结语

文献归纳分析可以看出，国内的"语言服务"研究已经取得了一定的发展和进步，但在百年未有之大变局的背景下，随着新形势、新产业、新问题的出现，语言服务将面临新的机遇和挑战，语言服务研究的内容、范畴、体系也将需要进行不断地拓展和完善。

附件 1　主题统计

2012年	
对某地的语言服务状况进行案例式调查研究	翻译技术、翻译教学
对某行业的语言服务状况进行案例式调查研究	语言服务因素及相关问题研究
语言服务产业、行业综述性研究	语言服务产业、行业中的语言消费研究
语言政策研究	语言服务的概念性、基础性研究
少数民族语言服务	语言环境研究
语言服务行业：体育	
2013年	
语言服务内涵研究：形式与内容	语言服务产业、人才培养
翻译技术与教学	语言服务产业研究
翻译教学与人才培养	语言技术与教学
语言服务会议评述	少数民族语言、行业
语言环境研究	语言服务行业内涵：网站
行业的语言服务：体育、人才培养	某地域、行业语言服务：西安、旅游
国外经验借鉴、语言政策研究	

续表

2014年	
"走出去"企业语言服务需求研究	人才培养：技术
人才培养模式	人才培养：模式
语言服务行业基础性研究	某区域、某行业语言服务：沈阳、出租车
语言服务的基础性研究	某行业语言服务：司法
语言环境研究	翻译教学
语言服务行业、产业综述性研究	语言产业综述性研究
语言服务行业：化妆品	学科建设与发展
语言服务质量评估	评价标准研究
语言服务本体研究	语言服务企业研究
国外语言服务教育：韩国	语言政策、战略规划研究
语言服务行业研究：军事	行业语言服务：体育
某区域语言服务状况：南京，消费	行业语言服务：矿业
2015年	
翻译人才培养	翻译技术
语言服务内涵外延本体研究	语言环境（青海）
行业语言服务：医疗	语言环境（中原）
语言政策与规划（"一带一路"）	语言生活状况报告
语言服务综述性研究	语言监测
行业语言：旅游导游	少数民族语言：维吾尔语
语言服务管理：技术	学科发展
语言政策与规划	区域性语言服务：辽宁、日语
国外借鉴：加拿大	翻译教学
"走出去"企业语言服务研究	翻译教学与人才培养
人才培养案例	语言服务质量
语言服务内涵研究	专硕论文：翻译实践报告
语言服务企业建设研究（硕士论文）	教学：课程建设
区域、语言环境：大庆	国外经验借鉴：澳大利亚
人才培养模式	借鉴：服务标准；语言服务内涵
语言环境	

续表

2016年	
人才培养	"一带一路"
学科发展	语言服务研究
专业语言服务：海事	语言服务培训
译后编辑	翻译技术与翻译教学
语言服务企业；翻译技术	校企合作
语言综述性研究	行业性语言服务：检察监督
语料库	语言产业
某区域语言服务：郑州航空港经济综合实验区	语言服务内涵研究
翻译技术	区域性语言服务：西安
行业语言服务：国有企业	"一带一路"区域语言服务：甘肃
"一带一路"语言服务	语言技术人才培养
"一带一路"人才培养	人才培养模式
学科建设	语言能力研究
语言产业	语言服务行业
语言服务行业；人才培养	区域性语言服务：东盟
"一带一路"；翻译技术	技术：翻译项目管理
区域性语言服务：云南	行业语言服务：体育
翻译市场	区域性语言服务：保定
国际语言服务	行业语言服务：银行
区域性语言服务：北京望京和上海古北	区域性语言服务：义乌
语言服务产业	行业语言服务：医学
语言服务战略	行业语言服务：舆情
"一带一路"；区域性语言服务：中亚国家	"一带一路"区域性语言服务：中亚五国
2017年	
语言服务人才培养	行业语言服务：跨境电商网络平台
"一带一路"语言服务：基础设施	"一带一路"；地区语言服务：辽宁
"一带一路"语言服务	"一带一路"；地区语言服务：广西；语言服务产业
语言服务行业立法	行业语言服务：语言服务企业英文网站
语言服务行业：对外文化贸易	地区语言服务：河南
语言服务评价	行业语言服务：海事语言服务；学科建设

续表

2017年	
地区语言服务：丝路核心区	"一带一路"；行业：外宣语言
行业语言服务：酒店	地域语言服务：海南；翻译标准
行业语言服务：语言康复	地域语言服务：武陵山片区；行业：扶贫攻坚英语
语言服务内涵研究	教育教学：课程体系
"一带一路"语言服务：山西	地域语言服务：西安市；对象：外国籍留学生
"一带一路"语言服务：旅游景区	行业：跨境电商；人才培养
教育教学；语言服务技术	行业：亚欧博览会；人才培养
"一带一路"语言服务：常州	地域语言服务：金华市；对象：语言环境
行业语言服务：图书馆	地域语言服务：廊坊；对象：人才培养
"一带一路"：行业:能源：人才培养	对比与借鉴：中欧；人才培养
行业建设：语言服务企业	行业：法律
"走出去"：人才培养	行业：农业企业；人才培养
"一带一路"：语言服务规划	语言服务评估标准
对比与借鉴：中日	语言服务内涵：伦理
教育教学：MTI翻译实践体系；案例分析：重庆邮电大学	地域：杭州；语言服务产业
语言服务技术	语言服务内涵：语言消费
人才培养	行业：文化贸易
"一带一路"：人才培养	行业：亚欧博览会
教育教学：语言服务技术	地域：海南；语言服务产业
语言服务对比与借鉴：中美	地域：珠海；行业：公共交通
"一带一路"：语言服务	行业：语言残障人士
"走出去"：语言服务	地域：海南；行业：旅游产业
行业：出租车；地域：大连	"一带一路"；人才培养
语言服务技术	行业：农业企业；人才培养
地域语言服务：承德	"一带一路"；辽宁
地域语言服务：皖江城市带	地域：义乌；行业：小商品市场
教育教学：实践模式；案例分析：贺州学院	教育教学：语言服务技术；翻译项目管理
学科建设对比与借鉴：中美	教育教学：语言服务技术；本地化
地域语言服务：哈长城市群	"一带一路"；甘肃

续表

2017年	
地域：成都；行业：涉外酒店	内涵研究：口译员
行业：商业广告	行业：社区语言服务；口译；
内涵研究：语言服务提供商	语言服务技术：本地化
地域：河南	"一带一路"：语言规划
地域：澳大利亚；语言政策，对比与借鉴	

2018年	
"一带一路"；语言服务行业研究：环境	区域：广西：语言服务
语言服务行业研究：人才需求	区域：江苏；语言产业
对比与借鉴：美国；语言服务体系	行业：电子商务茶叶
语言服务内涵研究	教学改革
"一带一路"；人才培养	人工智能；机器翻译
语言服务产业研究	语言服务发展报告
"一带一路"；语言服务评价	教学与课程：翻译项目管理
"一带一路"；语言规划	教学与课程：译后编辑
语言服务产业研究；术语管理	行业：旅游；区域：丹东
行业：城市公共语言服务；语言服务评价	行业：军事
"一带一路"；语言服务	人才培养的校本化研究
MTI教育	行业：语言服务业发展
行业：体育语言服务	教学与课程：翻译技术
区域：广西；人才培养	区域：古丝绸之路河西走廊
人才培养	对比与借鉴：俄罗斯；行业：老残人员
对比与借鉴：英国；语言服务产业	人才培养需求
语言服务能力评价	教学与课程：术语管理
翻译技术；校本案例	"一带一路"；语言服务产业
语言服务能力评价	行业：跨境电商
行业：法律语言服务	对比与借鉴：英国；行业：语言产业
课程教学；人才培养	区域：河南；人才培养
企业"走出去"语言服务：法国	语言安全
对比与借鉴：香港；人才培养	"一带一路"；外宣术语

续表

2018年	
人才培养模式	"一带一路"；内蒙古；人才培养
语言服务：汉语国际化	吉尔吉斯斯坦；留学生；语言服务
"一带一路"；陕西；语言服务供需	语言功能与城市建设；安徽
自贸区：人才培养机制	行业语言服务：体育赛事
区域：京津冀；行业：法律	语言服务产业
人才培养模式	语言环境；柳州
语言服务：茶叶	对外汉语教师培训
语言服务研究	语言服务内涵：技术转向
"一带一路"；广西；语言服务竞争力	行业：税收语言服务；小语种
区域：衡阳；行业：旅游；人才培养	语言服务内涵：技术转向
"一带一路"，语言政策与规划	"一带一路"，人才培养，陕西自贸区
行业：网站	行业：旅游；技术
语言功能：城市建设	语言保护
少数民族地区政务语言服务	黑龙江，人才培养
人工智能与语言服务	人才培养；技术
"一带一路"；跨境电商；人才培养	语言服务内涵：技术转向
本科语言服务人才培养	语言服务教材；技术转向
"一带一路"；地域：广西	行业：电子商务；语言服务
语言服务行业研究：本地化与传统翻译	地域：内蒙古；语言服务内涵：技术转向
语言服务行业内涵研究	行业：医学；人才培养
借鉴：美国；紧急语言服务	地域：海南；语言服务产业
信息技术与语言服务	行业：旅游；对外语言服务
语言服务人才培养；高校案例	"一带一路"；语言服务行业；环境
语言资源保护：语言内涵研究	借鉴：渥太华大学；人才培养
语言服务能力考核；医学翻译	地域：上海浦东；语言生活调查
教学改革：翻译技术教学	语言服务企业术语管理
译后编辑能力	地域：中亚国家语言服务需求
"一带一路"；小语种：阿拉伯语；区域：陕、甘、宁	行业：手语
"一带一路"；语言数据版权	地域：上合经贸示范区；语言服务

续表

2018年	
行业：旅游；地域：曲阜	译后编辑实践
"一带一路"；语言规划	行业：电商；案例：天猫翻译店铺
语言服务企业：好博译翻译公司	城镇化；国家语言能力
多语言环境	"一带一路"；政府外语服务
地域：南宁；语言服务调研	行业：出版；翻译
行业：餐饮业	行业：电商；案例：速卖通；小语种，俄语
行业：医疗；地域：郑州和西安	翻译教材
地域：五岳；语言景观	语言服务功能；贸易流量
地域：广西；汉语；人才培养	本地化
特殊语言：耳语同传	语言文字事业发展报告
语言服务企业；术语管理	语言政策研究报告
教学；CAT课程	
2019年	
语言服务行业发展历时性研究	冬奥会语言服务
语言服务行业人才培养	"一带一路"；政府外宣网站；江苏
语言服务内涵研究	扶贫；语言服务
语言服务行业发展史研究	翻译教学历时性研究
冬奥会语言服务研究	地域：南阳；语言服务人才的需求
"一带一路"；江苏；旅游外宣	"一带一路"；连云港；语言需求
人才培养	行业：电商；语言营销
冬奥会语言服务	跨境企业的语言服务；阿里巴巴
语言服务产业	"一带一路"；广西
特殊语言服务：老年人语言服务	塔吉克斯坦；对外汉语教学
语言服务企业；技术	人才培养；黑龙江大学
地域：粤港澳大湾区；语言服务	教学改革；翻译项目管理
冬奥会语言服务	语言服务；乡村振兴
语言服务地域现象研究	"一带一路"；翻译人才
行业：公共服务；语言服务	"一带一路"；语言战略

续表

2019年	
教学改革；项目管理	学科发展
机器翻译；人工翻译	"一带一路"；人才培养；陕西
翻译质量评估	MTI教育模式研究
语言产业	人工智能；翻译能力
"一带一路"；人才培养	"一带一路"；国家语情
"一带一路"；翻译行业；翻译教育；井冈山大学	自贸区；沈阳；语言服务
"一带一路"；粤港澳大湾区；语言消费	跨国企业；语言管理
地域：西安；行业：医疗；语言服务	粤港澳大湾区；政府门户网站；语言服务
"一带一路"；中医；旅游	广西；外语教育服务产业
高校语言服务能力；小语种；云南	江苏；乡镇语言状况
"一带一路"；广西；语言消费及供给	语言景观；旅游景点
地域：秦皇岛；语言环境	亚欧博览会；留学生语言服务
多语言服务；校园就餐	中欧班列；经贸语言服务人才
地域：山东；翻译平台	福建；"一带一路"；语言需求
地域：廊坊；语言文化发展	体育赛事；语言服务
语言服务行业；计算机辅助翻译	桂林阳朔；语言景观
民众语言生活	借鉴：澳大利亚；国家语言政策
高校转型；语言服务策略	"一带一路"；陕西；语言消费
口译服务标准与规范	"一带一路"；连云港；语言需求
人工智能；人工翻译	技术；专利；翻译
翻译场景；术语管理	语言服务水平
语言服务业并购重组	产业科技；语言服务
语言资源历时性研究	机译历时性研究
地域：长三角经济圈；人才培养	"一带一路"；国家语言能力
人才培养；校企合作	语言政策
地域：黑龙江；人才培养	本地化翻译
"一带一路"；新疆；语言服务内涵	语言经济产业
对比研究：中美翻译协会	语料库
"一带一路"；人才培养	湖南；企业英文网站本地化

续表

2019年	
借鉴：澳大利亚；人才培养	生活语言皮书
"一带一路"；蒙古；人才需求与培养	冬奥语言服务；人才培养
翻译教学；专业学位论文写作	人工智能；翻译；体育赛事
语言产业	译者能力
教学；翻译技术课程	铁路；语言服务
翻译实践；翻译质量	校企合作；翻译项目管理
"一带一路"；语言传播	语言中介及其能力等级
机器翻译；人工翻译	学科发展
"一带一路"；同声传译	语言政策历时性研究
借鉴：美国；留学生语言服务	"一带一路"；话语体系
语言服务市场	西安；语言服务；文化译介
语言生活状况；福建	翻译教学
上海；语言生活治理	语言服务行业；人才需求；小语种
广东；自贸区；语言景观	语言服务人才的能力
语言服务消费	借鉴：欧盟；语言战略；语言服务机构
翻译质量管理	河南；MTI毕业生就业
体育赛事；语言服务	人才培养；西安航空学院
广州；语言景观；语言服务	"一带一路"；甘肃；语言服务外部性
口译市场需求	
2020年	
借鉴：日本，应急语言服务	应急语言服务；区域
应急语言服务综述	语言服务；人才培养
特殊语言服务：手语	语言服务协同；众包翻译
"一带一路"；语言服务架构	借鉴：日本，应急语言服务，地震
应急语言服务案例	借鉴：日本，应急语言服务，综述
应急语言服务；人才培养	应急语言服务规划
应急语言服务；行业	粤港澳大湾区；语言建设
应急语言服务；分析	学科建设

续表

2020年	
"一带一路",河南;语言服务;人才需求	河北;语言服务;人才培养
民族地区;法制;语言需求;语言服务	借鉴:欧洲翻译硕士能力框架
中小企业;对外贸易;语言服务	语言服务行业
翻译证书考试	空乘;职业口语教学
应用翻译历时性研究	专利;语言服务
翻译技术;知识	外国工作人员;语言服务
语言产业	"互联网+";休闲式语言学习
黑龙江;"一带一路";语言服务	社区,语言公共服务;成都
翻译技术;可视化	民族文化传播;语言人才培养
海南自贸区(港);语言服务产业	跨文化语言服务;人才培养;案例
"互联网+";语言服务	冬奥会;语言服务;GDP
"一带一路";翻译人才质量	少数民族地区;普通话推广;经济发展;南疆
扬州;公交系统;双语服务	翻译教学;课程形态
众包;翻译教学实践平台	语言服务能力
翻译教学	"一带一路";河南语言文化
"一带一路";广西;语言服务;人才培养	军事翻译
人工智能翻译;案例	语言服务需求;广东;人才培养
语言服务行业;翻译项目管理	跨境电商;人才培养
"一带一路";语言研究	语言服务产业
机器翻译;译后编辑	联合国语言服务;翻译专业素养
苏中三市;乡村语言;语言生态;语言服务	湖北方言
冬奥会;语言交流能力	借鉴;明朝四夷馆;MTI人才培养
学科建设:翻译硕士专业学位	医疗;语言服务;人才培养
学科建设:翻译学科与翻译专业历时性研究	城市语言管理;城市语言文明
语言;产业经济学	语言服务历时性研究
翻译技术;教学	抗疫语言服务
人工智能;翻译技术	陕西;跨境电商;语言服务;人才培养
旅游景点;语言服务;案例	语言的经济价值
重庆;博物馆翻译;语言服务	民国时期;档案馆翻译项目

续表

2020年	
翻译方法研究	人工智能，翻译
"一带一路"；语言发展战略	"一带一路"；人才培养
疫情语言服务	日语；应急语言能力
术语管理	语言生活皮书
借鉴：日本，灾害应急语言服务	宁波；语言服务人才
河南；外宣语言服务	"一带一路"；语言服务修辞
疫情语言服务	"一带一路"；语言服务；出版
海南自贸区（港）；语言服务	"一带一路"；国际汉语教育
英语类专业就业状况	语言服务能力；浙江苏宁易购
突发公共卫生事件；语言治理能力	"一带一路"；贸易；语言服务
冬奥会；外语培训	语言应用能力
译员职业道德	"一带一路"；人才培养
区域经济；语言能力	语言服务；宁德；茶叶出口贸易
翻译质量标准	"一带一路"；文献外译
翻译项目管理	应急外语服务
本地化；翻译人才培养	"一带一路"；留学生；语言服务；人才培养
旅游；目的地形象；消费	旅游；语料库
四川；茶文化旅游景区；语言景观	术语管理
翻译硕士培养	"一带一路"；语言服务，泉州
疫情语言服务；技术	"人工智能+"；语言服务行业
湖北方言	应急外语服务规划
人才培养	语言文字发展
"一带一路"；中国文化译介	语言服务发展报告
医疗；翻译	语言政策研究报告
"一带一路"；建筑工程；平行语料库	吉林；语言服务；人才培养
"一带一路"；语言服务；大连	译者职业能力
翻译实践教学	旅游行业；语言服务
应急语言服务	公共场所；英语服务
"一带一路"；江苏；对外人文交流	语言减灾

续表

2020年	
应急外语服务；减贫外语服务	语言服务；口译人才认知发展
翻译技术；人才培养	进博会；语言服务
信息技术；人才培养	粤港澳大湾区；企业客服电话；语言服务
课程体系	冬奥会，语言服务环境
技术；语言学习	借鉴：智利；听障人士；语言服务
翻译教学；翻译技术	借鉴：日本；语言服务
学科建设：翻译博士专业学位	广东；语言研究
"一带一路"；语言互通	特殊群体；语言服务
"互联网+"；语言服务，人才培养	语言服务的实践
"一带一路"；语言互动	中国语言服务
语言产业	粤港澳大湾区；会展官方网站；语言服务
语言经济学	新疆；语言服务
"一带一路"；语言研究	翻译服务行业；发展报告
语言服务工作坊	医疗；语言服务
借鉴：德国；外语言服务人才	语言服务年度热词
语言安全；警务执法；语言能力	国家应急语言服务
应急语言机制	译者能力
语言服务类课程	翻译行业规范及其对翻译立法
机器翻译；译后编辑	上海；语言战略规划
语言类图书出版	课程建设
翻译调研报告：机器翻译与译后编辑	应急语言教学
翻译实习报告：翻译记忆库和术语库	上海；手语服务
翻译调研报告：语言服务企业	技术；翻译人才培养
翻译实习报告：翻译质量控制	湘西；传统文化外宣
语言服务概述	中医药；对外传播；语言服务
翻译调研报告：景区外语使用	长沙；外文化贸易语言服务；案例

续表

2021年	
粤港澳大湾区；应急语言服务需求	城市公共服务语
听障人群；应急语言服务需求	语言智库
中国应急语言服务需求	专利翻译教学
应急语言产业战略规划	辽宁；电商；语言服务
借鉴：土耳其灾害应急语言项目	应用翻译
语言生活；语言服务	"一带一路"；语言慕课；国际比较
河南；语言产业；人才培养	学科建设
语言服务产业	"一带一路"；广西，语言服务
学科发展	人才培养
人工智能；语言服务企业	语言服务行业；翻译质量
语言服务行业；京津冀	国家外语能力；高校外语教育
城市语言规划	翻译市场
技术；语言服务	人才培养；翻译人才核心素养
教学；电商；语言服务项目	应急语言服务；医学
应急语言服务	中国语言文字
语言服务行业；翻译技术	"一带一路"；人才培养；评价
智慧城市；语言服务	技术，语言文字产业
语言服务行业；本地化	陕西，自贸区；语言服务
海南；应急语言服务	"一带一路"；郑州；多语种；智能经贸翻译平台
语言服务；商务英语写作	"一带一路"；人才培养
人工智能；翻译技术	"一带一路"；语言服务产业体系；广州
体育赛事；语言服务；城市形象	机辅翻译；人才培养；长春理工大学
"一带一路"；西安；多语种语言服务	大湾区；人才培养
译员的自我修养	"一带一路"；河南，语言产业
人才培养；晋中学院	军事法庭；口译
外宣翻译；人才培养	语言服务（翻译岗位）需求
景区语言服务	语言服务内涵（概念及框架）
民族地区；语言应急服务；凉山彝族自治州	城市化；语言研究
旅游语言景观	智慧城市；语言服务
电商；语言翻译服务	城市化；语言规划
翻译技术教学历时性研究	粤港澳大湾区；民航；语言服务

续表

2021年	
广西；东盟；语言服务产业	中国语言服务业
商务翻译；跨境电商	机器翻译；译后编辑
学科建设：师资与课程	"一带一路"；新疆；语言服务
人才培养；南京邮电大学	双语术语库
数字经济；语言产业	贵州；旅游；语言景观
河北；语言服务产业	涉外语言服务；人才培养
大数据；河南；语言服务产业	应急外语服务；翻译课程
语言服务；学术话语	互联网；语言服务；人才培养
语言服务内涵（标准化）	语言服务；人才培养
行业：电机电器；语言服务	行业：化工材料；语言服务
体育赛事；语言服务；人才培养	国家语言能力（指数体系）
教学；课程；"翻译概论"	语言生活
海南；国际语言环境	协同育人
西安；公共交通；服务研究	语言服务企业（融资方式）
借鉴：苏格兰；沟通障碍人群；语言服务	神经机器翻译；语言服务
山西；语言服务业；人才培养	中医药；语言服务
人工智能；人才培养（译员素养）	"一带一路"；人才培养
教学；翻译技术	黑龙江；语言服务教育
"一带一路"；外语智库	中国特色应用；语言服务
应急语言服务；疫情用语英译	学科建设
乡村振兴；民族地区语言；贵州	灾害；应急语言服务
"一带一路"；文化产业；外宣翻译	语言文字事业，语言生活状况
语言服务产业；"走出去"	教学；课程：《口译项目管理》
农业院校；英语教师专业能力	语言环境；语言服务产业
人工智能；语言服务产业	语言服务（口译）
应急语言翻译；人才培养	服务研究；中国语言服务发展
应急语言服务；社区外籍公民	语言服务产业；英语文化；翻译
应急语言策略	"一带一路"；安徽；人才培养
应急语言服务；人才培养（胜任力，评价）	医学；语言应用
应急语言服务；理论与实践	人才培养（职业能力）

续表

2021年	
国家语言能力	语言服务市场调查
自贸区；语言服务；人才培养	苏州园林；语言服务
非遗外宣；语言服务	疫情防控；语言生态
乡村振兴；南疆；农村语言服务	体育赛事；语言服务
青岛；国际语言环境	哈尔滨；城市语言景观
人才培养	应急对外汉语
教学；翻译技术	内蒙古；城市语言景观
法庭；口译；历时性研究	借鉴：美国；语言服务政策；多语社会的语言治理
借鉴：外高加索；"一带一路"；语言教育服务	应急语言服务（效率与质量）
应急语言服务；人才培养，公共卫生	电竞；口译
导游；语言服务	粤港澳大湾区；语言建设
地域：西安；轨道交通；语言服务	社群语言服务
福建；形象传播	粤港澳大湾区；通关系统；语言服务
"一带一路"；主流媒体；语言服务	冬奥会；语言服务
语料库；笔译教学	借鉴：韩国；新冠疫情；语言服务
方言：粤语；案例：佛山祖庙博物馆	借鉴：日本；应急语言服务
自贸区；黑河；小语种（俄语）；语言服务	借鉴：德国；应急救援语言服务
社区；语言服务	借鉴：俄罗斯；应急语言服务
合肥：景区语言服务	借鉴：法国；应急语言服务
借鉴：泰国；语言+专业	借鉴：美国；应急语言服务
对外应急语言能力	借鉴：智利；应急语言服务
语言服务行业；学科建设	抗疫；应急语言服务
应急话语体系	借鉴国外；应急语言服务
海南自贸港；语言服务	粤港澳大湾区；医院门户网站；语言服务
承德；语言服务；教学	粤港澳大湾区；旅游官网；语言文字
应急外宣翻译	粤港澳大湾区；共享单车；App及小程序语言文字
河南；形象传播话语体系	人工智能；国家语言安全
语言服务企业	应急语言能力
戏曲翻译	体育赛事；语言服务
乡村振兴；义乌；语言景观	"一带一路"；小语种；人才培养

续表

2021年	
对比与借鉴：中美日；国家应急语言服务	应急语言产业
中国应急语言服务	语言服务产业；项目化教学
旅游景区；语言景观；天津	旅游；小语种；人才培养
语言景观	脱贫人口；语言能力提升
中越边境口岸城市；语言景观	潍坊；"一带一路"；语言障碍指数
日本语言景观	语言服务；课程体系
中国应急语言能力	人才培养；联合模式
食品行业；日语语言景观	雄安新区；语言服务
语言产品与服务	"一带一路"；广西；人才培养
特殊行业：手语	"一带一路"；广西；语言服务体系
网络空间；多语服务	城市外语能力
中国应急语言服务	译后编辑能力
小语种；人才培养	语言文字事业
涉外法治；人才培养	翻译发展历时性研究

附件 2

1. 2020 年文献的作者、题目、摘要、关键词

作者	题目	摘要	关键词
包联群	新冠疫情下的日本应急语言服务	本文探讨新冠肺炎疫情期间日本的应急语言服务，包括运行机制、服务内容、形式特征及相关启示	应急语言服务；多语言；简明日语；新冠肺炎；非政府组织；非营利团体；多文化共生社会
王立非等	应急语言服务的概念、研究现状与机制体制建设	从应急语言服务基础设施、政策规划、应急能力、应急标准、应急语言人才培养五个方面提出建议	应急语言服务；研究现状；机制体制；语言服务
滕延江	论应急语言服务规划	主张做好机制体制规划、语种（方言）规划、人才规划、技术规划、行业规划以及公众（社区）教育规划	应急语言服务；应急语言规划；应急语言能力；语言服务

续表

作者	题目	摘要	关键词
滕延江	应急语言服务：研究课题与研究范式	围绕应急语言服务的学科属性、研究课题、研究范式进行论述，提出应急语言服务研究的十大研究课题与三个研究范式	应急语言服务；应急语言服务学；应急管理；新冠肺炎；突发公共事件
穆雷、刘馨媛	重视并建设国家应急语言服务人才培养体系	从国家语言能力和国家语言服务的概念入手，定义国家应急语言服务及其研究范围，以本次抗疫过程的一些实例说明其重要意义，进而提出国家应急语言服务人才培养体系的概念	国家应急语言服务；应急语言人才；人才培养体系
郑泽芝、徐铂	应急语言服务的基本概念及要素分析	作为体系的应急语言服务是一个包含应急语言服务产品（需求）、技术、管理（制度）、资源（人力资源、基础设施）等要素的有机整体	应急语言服务；机制体制；语言服务；语言规划；国际话语权
殷志平	需求导向下的应急语言服务体系刍议	借鉴管理学的顾客识别模型，建立了"服务对象—服务需求细分—服务对象期望值—赈灾响应者语言能力（调节）—服务需求清单"的应急语言服务需求识别模型；提出开展应急语言服务需求和语言水平人口统计学调查，建设应急语言服务学以及在不同层面建立适应需求的语言服务体系等建议	应急语言服务；需求识别模型；语言服务体系
韩林涛、刘和平	语言服务本科人才培养："翻译+技术"模式探索	基于北京语言大学翻译专业在过去四年的跨学科语言服务本科人才培养经验，从培养目标、契合点、培养内容和手段等不同角度探索"翻译+技术"人才培养模式	语言服务；翻译+技术；本地化

续表

作者	题目	摘要	关键词
王立非等	全球抗疫中应急语言服务响应与人才准备的多维思考	围绕应急语言服务能力与外语人才培养这个主题，从多视角探讨语言服务能力提升的重要性和迫切性	应急语言服务；人才培养
蔡基刚	应急语言服务与应急语言教学探索	应急语言服务的应用范围应包括海事、航空、军事、外交等领域的突发事件，应急语言服务的基础是非应急时的常态化基础训练和教学	应急语言服务；应急语言教学；机制与人才培养；专门用途语言；语言学跨学科；英语专业
陈林俊	当代日本灾害应急语言服务研究	日本灾害应急语言服务紧扣社会现实需求，参与主体呈多元化，充分利用现代信息技术，结合语言本体规划，立足平时培养社会语言减灾能力	灾害应急；语言服务；灾害社会学
王辉	我国突发公共事件应急语言服务实践及建议	从应急语言服务的政策与规划、法律法规、服务主体、技术应用及产品等方面总结了此次新冠肺炎公共卫生事件中我国应急语言服务实践及其特点	中国；突发公共事件；应急语言服务；实践；建议
包联群	"3·11"东日本大震灾应急语言服务	本研究以"3·11"东日本大震灾为个案分析日本针对突发灾害的多语言服务情况	"3·11"东日本大震灾；应急语言服务；语言；简明日语；方言；应急多语言服务体系
李现乐、刘逸凡、张沥文	乡村振兴背景下的语言生态建设与语言服务研究——基于苏中三市的乡村语言调查	当前乡村语言生态状况总体良好，推普工作成果显著，普通话在乡村社会经济发展中发挥了积极作用，方言仍有其交际空间和应用价值；公共领域语言文字使用较为规范，中英双语景观较为常见	乡村振兴；语言生态；语言服务；语言经济

续表

作者	题目	摘要	关键词
王铭玉、康喆文	由语言应急引出的语言服务问题	提出与语言服务有关的八个问题，对建立和完善应急语言服务机制提出相应对策	语言应急；语言服务；应急语言服务机制
倪兰、张日培	上海市手语服务的理论与实践	以上海市手语服务为案例，探讨如何建立手语服务体系来积极应对特殊人群的语言服务需求	语言服务；语言权利；聋人；手语
王立非、孙疆卫	疫情引发的应急语言术语称名与英译	存在以应急语言和语言应急为核心概念的五组不同术语称名；根据术语称名的属种关系、语义场、理据性与构词法四项原则，根据国外文献应急语言术语的调查结果和术语翻译原则，提供了应急语言术语集的英文译名	应急语言；术语；称名；翻译；语言服务；疫情
王立非、崔璨	"一带一路"对外贸易中的语言服务便利度测量实证研究	本文测量了中国与"一带一路"沿线国家的语言服务便利度及其对双边贸易的影响	语言服务；便利度指数；"一带一路"；对外贸易
顾晶姝	日本灾害应急语言服务的实践与启示	日本的应急语言服务体系由国家行政主体、地方政府、民间组织及个人构成，形成了官民一体化的行动路径	日本；灾害管理；应急语言服务；应急语言能力；应急管理体系
许明	经济导向下的"一带一路"语言服务架构研究	本文以CSA公布的语言服务行业世界百强数据、"一带一路"国家GDP指数以及这些国家与中国的贸易总量为基础，结合"一带一路"沿线国家相关语言服务人才在中国的人才培养以及汉语在"一带一路"沿线国家的教学状况	"一带一路"；语言服务；语言服务架构

续表

作者	题目	摘要	关键词
陈丽湘	民族地区法制领域的语言需求与语言服务	基于中国少数民族语文政策知识库,梳理法制领域的语言政策;从网络新闻信息中综合分析民族地区对双语法制人才的关注及需求	领域语言政策; 法制领域; 语言服务; 双语法官
赖文斌	中小企业对外贸易中的语言服务问题与对策	探讨了语言服务中的口笔译问题、文案与设施问题和网络本地化问题	中小企业; 对外贸易; 语言服务
李宇明、王海兰	粤港澳大湾区的四大基本语言建设	粤港澳大湾区建设必须考虑的重要事项就是语言文字问题,具体包括语言文字使用、语言服务、语言应急、语言信息化	粤港澳大湾区; 语言建设; 语言服务; 语言应急; 语言智能
赵田园、穆雷	基于国情和行业发展的翻译证书考试体系构建	借鉴测试学、经济学、法学等领域的相关理论,构建具备政府主导、行业主体、资源整合、考培分离、领域细分、职业导向等特点的翻译证书考试体系	翻译证书考试; 体系构建; 行业准入; 人才选拔
方群	应用翻译研究二十年(2000-2019)——基于17种外语类核心期刊的统计分析	以方梦之应用翻译研究路线图为基本框架,对应用翻译研究在2000—2019年的发展情况进行描述和分析,发现其研究热点与研究不足	应用翻译研究; 研究热点; 研究不足; 研究趋势
张静	翻译技术教师的知识结构构建	根据翻译技术课程的培养目标,以舒尔曼的学科教学知识框架构建翻译技术教师的知识结构,提出翻译技术教师的培养途径和方案	翻译技术课程; 翻译技术教师; 知识结构; 学科教学知识

续表

作者	题目	摘要	关键词
褚鑫	语言产业经济发展基础及发展建议	目前我国的语言产业存在只重视汉语国际推广的力度而不重视汉语产业的培育、语言产业相关的信息化技术发展不足、为特殊群体提供语言服务的人才储备不足等问题	语言经济；语言产业；政策建议
韩士媛	黑龙江省"一带一路"倡议人文交流中的语言功能研究	本文对人文交流中的语言功能进行了深入研究，即调动语言在旅游业中的媒介功能、发展语言的储存和传播功能、提高语言的交流沟通功能、重视语言的服务功能	"一带一路"；人文交流；语言功能
周亚莉、朱瑾瑞	国内翻译与技术研究可视化分析	以CNKI期刊数据库中"翻译与技术"相关文献为数据来源，运用CiteSpace V对核心作者、发文机构和高频关键词进行可视化分析	翻译与技术；翻译研究；可视化分析；研究热点
杨雅恬、程海东	海南自贸区（港）语言服务产业生态系统建构初探	基于目前海南语言服务市场的现状和需求，解决海南国际语言服务供需不对称、产业链缺失的实际问题，探索基于语言利益相关者的多方协同的语言服务生态系统	海南；利益相关者机制；语言服务产业；生态系统
王立宾	"互联网+"与语言服务融合路径研究	"互联网+"作为一种新的生产力驱动形式，不仅能提升实体经济的生产力与创新力，也为我国语言服务的发展提供了新的方向与方式	语言服务；"互联网+"；融合；语言经济

续表

作者	题目	摘要	关键词
申肖肖	"一带一路"背景下地区翻译人才质量研究	文章提出,外事部门、高等院校、用人单位以及翻译人才自身应合力发展,协同创新,信息共享,互联接规,才能更好地发挥翻译人才对"一带一路"倡议的实施及地区经济发展的助力作用	翻译人才;"一带一路";语言服务质量;对策研究
钟歆、宋丹丹	扬州市公交系统双语服务的问题与对策	从静态语言服务环境和动态语言服务环境探讨优化服务的对策	公交系统;语言服务;问题;对策
李伟	基于众包模式的翻译教学实践平台设计与应用	分析了众包模式应用于翻译教学实践平台设计的可行性,构建了基于众包模式的翻译教学实践平台的设计框架	众包翻译;翻译教学;平台设计;译者能力;语言服务人才
由建伟	语言服务视角下应用型民办高校翻译教学目标定位	从教学角度探讨应用型民办本科院校翻译专业在教学实践中的目标定位	语言服务;应用型民办本科高校;翻译教学;目标定位
何芳	"一带一路"背景下广西面向东盟的语言服务人才培养模式探索	剖析了"一带一路"背景下广西面向东盟的语言服务人才培养工作面临的问题	"一带一路";语言服务;人才培养模式
孙荧	人工智能翻译的数字化创新与实践应用研究——以咪咕灵犀AI应用为例	数字出版业要探索多样化衍生发展,为"人工智能+互联网"、服务产业的发展注入不竭动力	人工智能;数字化;咪咕灵犀;翻译;语言服务;应用
陈慧敏、王榕	语言服务行业视域下翻译项目管理研究	从大学生创业的视角出发,探讨如何做好翻译项目的有效管理	语言服务行业;大学生创业;翻译项目管理

续表

作者	题目	摘要	关键词
李宝贵、张千聪	面向"一带一路"的语言研究进展与前沿——基于文献计量学视角	面向"一带一路"的语言研究成果趋向丰富，已形成以10大期刊为主的核心区期刊，语言人才、语言教育、语言能力、语言服务、语言生活、语言政策与规划、语言传播、语言资源8大主题成为研究热点	"一带一路"；语言研究；研究热点；文献计量；CiteSpace
傅宇轩	机器翻译译后编译研究综述	总结分析机器翻译译后编译的研究进展与研究成果，分析其未来发展趋势，将对我国机器翻译译后编译相关研究、翻译人才培养和翻译学科建设提供有益指导	机器翻译；译后编译；研究综述
程静铭	语言服务业发展变化视角下翻译项目管理所面临的变化	阐述了翻译项目管理在翻译生产方式、翻译对象与标准、翻译职业特征、人工智能应用等方面的具体变化	翻译项目管理；翻译生产方式；翻译对象与标准；翻译职业特征；人工智能应用
邓卫新、常丽娟	语言服务国家战略的实践探索——2022年冬奥张家口城市志愿者语言交流能力培训策略	分析个体的语言能力将如何服务于2022年冬奥会张家口城市志愿服务	语言；服务；冬奥；城市志愿者
穆雷	我国翻译硕士专业学位现状与问题——基于《翻译硕士专业学位发展报告》的分析研究	全球和中国语言服务行业对翻译和语言服务人才需求不断扩大	翻译硕士专业学位；人才培养
仲伟合、赵田园	中国翻译学科与翻译专业发展研究（1949—2019）	阐述70年来中国翻译学科和翻译专业经历的从语言学习到语言服务为代表的七大变革	翻译学科；翻译专业；发展变革；发展路径；语言学习；语言服务

续表

作者	题目	摘要	关键词
毛现桩	语言的产业经济学阐释	提出了新的语言经济学定义，并对语言产业的概念和分类进行了归纳	语言；语言经济学；语言产业；经济贡献度
王华树、曹达钦	新时代本地化翻译技术的创新与发展——《应用程序本地化》评析	《应用程序本地化》探讨了翻译技术、机器翻译、国际化与本地化策略等在本地化实践中的重要作用	信息化；本地化翻译；国际化；应用程序；App
王华树、李智	人工智能时代的翻译技术研究:内涵、分类与趋势	从翻译自动化程度、翻译流程、翻译对象、技术功能等方面探讨翻译技术分类，探索翻译技术的系统构成，结合技术应用角色	人工智能；翻译技术；机器翻译；计算机辅助翻译；语言服务
崔启亮	AI时代的译者技术应用能力研究	文章构建了AI时代的译者技术应用能力框架；译者技术应用能力由信息技术的应用能力、翻译技术的应用能力、翻译管理技术的应用能力组成	翻译技术；应用能力；能力框架；翻译行业；语言服务
王燕、侯银臣、郝洪露	高校语言服务人才培养研究	文章提出高校语言服务人才培养的新方案，即：确保学校教育与企业实践相结合、科研成果与教育教学相辅相成、教学评价能够保持"三方"协同、继续教育与服务要作为重要组成部分	高校语言服务；人才培养；基本现状；潜在问题；新方案
陆沫冰、李立鸿	旅游景点英语语言服务的现状、问题及对策——以沙湾古镇为例	文章遵循"名从主人"和"等效翻译"两个原则对广州沙湾古镇对外语言服务现状进行了调查，发现其英语语言服务中存在的双语译文的使用缺乏规范、沙湾古镇本土特色文化词汇翻译出现误译等问题，并提出对策	语言服务；景点翻译；景区形象；文化词汇

续表

作者	题目	摘要	关键词
张欢、邢嘉怡、文铭	大数据背景下重庆市内博物馆翻译语言服务发展路径探索	运用文献资料法、归类法、对比分析法、因果分析法对其博物馆翻译语言服务现状进行分析	大数据；重庆市博物馆；翻译语言服务
霍月红、高敏	基于需求导向的河北省语言服务人才培养策略探究	调查了河北省不同类别语言服务行业的人才需求	需求导向；语言服务人才；培养策略
邢杰、金力	新版欧洲翻译硕士能力框架的思考与启示	从培养目标、技术能力、职业能力三方面分析该能力框架对我国翻译硕士教育的启示	欧洲翻译硕士（EMT）；翻译硕士教育；能力
温宏社、全梦妮	当代语言服务行业发展与展望研究	分析了当代语言服务行业的发展现状	当代；语言服务行业；发展；展望
阮春梅	基于工作过程的空乘职业口语教学研究初探	基于空乘职业口语教学进行探讨，从认知心理学的视角	空乘；口语；认知心理学；语言服务
楚红杰	全球化背景下的专利语言服务需求探讨	专利语言服务市场正处于快速发展的阶段	专利；语言服务；全球化
韦子瑜、程帅、潘玥琦	外国工作人员的语言服务需求分析与应对策略	就外国工作人员的语言服务需求和语言服务应对策略展开分析和探讨	外国人；语言服务；语言需求
石琳	新时代内地城市民族互嵌式社区的语言公共服务应用研究——以成都市浆洗街洗面桥社区为例	提出内地城市民族互嵌式社区少数民族语言公共服务策略	内地城市；民族互嵌式社区；语言服务；语言生活；语言政策

续表

作者	题目	摘要	关键词
王友琴、宋庆伟	基于泉州海丝申遗的跨文化语言服务人才培养模式研究——以泉州师范学院为例	探索新形势下多方互动的联合培养模式	跨文化；培养模式；古泉州（刺桐）史迹；世界文化遗产
崔璨、王立非	北京冬奥会语言服务对京津冀GDP增长率贡献预测	评估冬奥会语言服务环境及其对经济增长的影响	冬奥会；语言服务；经济增长；预测研究
杨荣广、汪梦楚	国内翻译教学课程形态演进概观	中国境内的翻译教学课程形态经历了作为语言教学方法期、作为专业高级课程期、作为独立专业期及作为职业发展方向期	翻译教学；课程形态；语言服务
关晓薇	翻译专业学生"语言服务能力"培养体系的构建	论述了翻译专业学生"语言服务能力"培养体系的构建	翻译专业学生；语言服务能力；人才培养
贺洁	"一带一路"倡议下河南语言文化建设与发展路径探析	提出加强语言法制监管、加强语言文化教育、规范行业语言服务、规范城市语言标识、重视语言文化传播等语言文化发展策略	"一带一路"；语言文化；建设；发展路径
彭天洋	军事翻译标准体系构建初探	军事翻译通用标准、军事术语译写规范、语言服务采购标准、语言服务保障标准以及军事翻译分领域标准	标准化；翻译标准；翻译规范；军事翻译；军队外语能力建设
韩银燕	创新创业视角下语言服务人才培养路径研究	从创新创业的视角探索语言服务人才的培养路径	创新创业；语言服务人才；培养；产教融合
姚国玉	基于语言服务需求的广东商务英语专业人才培养探析	加强职业素养的培养，信息技术为代表的理工素养，管理素养	语言服务；人才需求；商务英语专业；人才培养

续表

作者	题目	摘要	关键词
李美倩、印海廷	文化语言学视角下语言服务产业"走出去"路径探究	从语言与文化角度探讨语言服务产业发展的文化困境	文化语言学；语言服务产业；"走出去"
汪雅君、傅鹏辉	从联合国语言服务看翻译专业素养构成	语言能力、翻译能力、文化素养、政治素养、协作能力、技术能力以及学习能力	联合国语言服务；语文竞争类考试；因子分析法；翻译专业素养
张慧玉、俞晔娇	明朝四夷馆的人才培养及其对MTI教育的启示	从生源选拔、培养方案、教学组织、考核制度剖析MTI生源质量与方向细分，完善课程设置，整合实习实践资源，引入行业精英资源弥补师资短板，联合政府部门及行业协会推动行业标准、资质考试	四夷馆；MTI教育；翻译人才培养；语言服务行业
李宇明、饶高琦	应急语言能力建设刍论	我国应急语言能力建设的四维度、17个分项目标体系和能力分析模型	应急语言服务；国家应急语言能力；语言沟通；语言抚慰；语情监测
穆雷、刘馨媛	重视并建设国家应急语言服务人才培养体系	提出国家应急语言服务人才培养体系的概念	国家应急语言服务；应急语言人才；人才培养体系
肖敏	产业化发展视阈下语言服务类人才培养探究	语言产业发展与语言服务类人才培养的衔接机制	语言产业；语言服务；人才培养
郭聪、杨承淑	国际医疗语言服务的需求分析与人才培养	采用访谈法、参与观察法和实地调研，对国际医疗语言服务需求进行分类描述和属性分析	访谈资料库；参与观察法；语言服务能力
徐大明	城市语言管理与城市语言文明建设	将语言管理理论与语言生活研究相结合，提出建设城市语言文明的新目标	城市语言管理；语言生活研究；创建文明城市；语言文明建设；言语互动规范

续表

作者	题目	摘要	关键词
孙乃玲、王钰培	近十年语言服务研究综述——基于外语类CSSCI期刊文献的考察	语言服务研究升温,文献数量增速,理论视角广泛,但在深度和广度上还有待深入与拓展,需增强对小语种服务研究,加强基础理论研究	外语类CSSCI期刊;语言服务;语言服务专业
李宇明、赵世举、赫琳	"战疫语言服务团"的实践与思考	重视应急语言服务的长期性和稳定性,成立"中国应急语言服务团"	战疫语言服务团;语言应急;方言通;外语通;简明汉语
李奥华	陕西跨境电商发展语言服务人才培养对策分析	校企合作、外语与电子商务专业知识结合	电商;语言服务
徐珺、自正权	语言的经济价值分析:基于语言与中国对外服务贸易的实证研究	运用扩展引力模型,将语言距离和贸易双方英语能力作为解释变量,针对语言因素对中国双边服务贸易流量的影响进行了实证研究	"一带一路"倡议;英语能力;语言距离;服务贸易;语言服务
谢柯、周楠	定性比较分析:翻译研究新方法	可在翻译事件、译者和译作、组织导向的译介传播、语言服务企业的组织传播和管理绩效等领域应用定性比较分析开展研究	定性比较分析;翻译研究;定性研究;定量研究;超越
王铭玉、王双燕	"一带一路"的语言发展战略	"一带一路"建设亟待语言发展战略的构建	"一带一路";语言状况;语言发展战略
党兰玲	加强应急语言服务建设 提升突发事件应对能力	提出从7个方面入手提高应急语言服务能力	突发事件;应急语言服务;语言能力
李伟、颜海峰	术语管理实践的行业模式探索——《术语管理指南》述评	《术语管理指南》立足语言服务业术语管理实践的行业模式,剖析术语管理的概念、团队、流程与技术	术语管理;译者能力;语言服务业;行业模式

续表

作者	题目	摘要	关键词
王辉	我国突发公共事件应急语言服务实践及建议	从政策与规划、法律法规、服务主体、技术应用及产品等方面提出，加强和改善应急语言服务需要提高应急语言服务意识，建立应急语言服务法律法规，开发应急语言服务智慧系统	中国；突发公共事件；应急语言服务；实践；建议
沈索超、黄雅琳	我国应急语言服务人才数据库建设刍议	文章认为应急语言服务人才数据库应当有自己的建设目标、人员结构和管理特色及运作方式	应急语言服务；数据库；国家治理能力
汲传波、李宇明	《疫情防控"简明汉语"》的研制及其若干思考	确定简明汉语词汇、语法及语用的具体简化标准	简明汉语；应急语言服务；简化标准；战疫语言服务团
冯曼	译者、技术与世界：翻译技术伦理反思	文章讨论了翻译技术的使用对翻译系统各个组成部分及其相互作用机制的影响	译者；翻译技术；翻译技术伦理；系统论；翻译系统
李志丹	河南外宣语言服务的现状、原则及对策	文章总结了外宣语言服务应遵循真实性、灵活性、规范性、统一性、借鉴性、动态性六原则	河南；外宣；语言服务；现状；原则
孙疆卫、赵媛霞	抗击新冠疫情中的语言服务探析	文章发现语言服务还存在应急联动机制缺失、技术研发薄弱、监管机制不健全、标准体系缺乏、人才供给不足等问题	语言服务；应急语言服务；翻译服务；语言技术
刘静	语言服务优化海南自贸区（港）三亚营商环境研究	文章探讨了语言服务对优化营商环境的重要意义	语言服务；一区一港建设；营商环境
沈骑、康铭浩	面向重大突发公共卫生事件的语言治理能力规划	从治理行为体、治理内容与治理过程三个维度构建重大突发公共卫生事件的语言治理能力规划框架	突发公共卫生事件；语言治理；语言规划；语言应急服务；国家语言能力

续表

作者	题目	摘要	关键词
张文钰	冬奥会大学生志愿者外语培训模式研究	根据目标分层次分阶段设计外语培训形式、培训计划与培训内容	冬奥会；大学生志愿者；外语培训模式
王巍巍、余怿	译员职业道德考核评价机制探索	梳理澳大利亚、加拿大、美国翻译职业资格考试中职业道德规范考评的内容、形式、评分标准，从考评概念、方法、成绩评定，阐释了考评的内容形式设计	语言服务行业；职业道德；考评机制
李琳	区域经济发展与语言能力建设	从语言政策、人才培养、语言产业、语言服务、媒介语言等方面完善语言能力建设体系	语言能力；区域经济；区域经济发展；语言能力建设
汪梦楚、杨荣广	国内语言服务研究二十年：回顾与反思	研究发现，从研究内容看，相关研究以概念分析和理论建构为主，且大多集中于翻译领域；就研究方法与视角而言，定性研究多于定量研究，且基于单一学科视角的理论建构居多，跨学科研究偏少	语言服务；语言产业；人才培养
田朋	翻译多维质量标准MQM模型介评与启示	摘要：MQM模型的理念、结构、特征和优势	翻译质量评估；翻译多维质量标准；介评；启示
李双燕	探索语言服务的管理之维——《翻译项目管理》述评	现代语言服务业趋向人员团队	语言服务；《翻译项目管理》
贾治秀	知行合一·产学结合——本地化与翻译人才培养模式初探	本地化服务仅次于笔译及口译服务，与技术写作并列第三位	本地化；翻译；校企合作；协同创新

续表

作者	题目	摘要	关键词
缑娅兰	"一带一路"背景下广西面向东盟的语言服务人才供给策略研究	文章提出了提升广西面向东盟的语言服务人才供给的策略，包括积极践行"专业+外语"培养模式、优化小语种结构和分层培养专门语言人才、大力推行多校高校联盟、扩建孔子学院、加大广西对东盟的技术指导力度、扩大双边留学生规模等	"一带一路"；人才培养；语言服务；东盟国家
王晓宏	语言服务视域下四川茶文化旅游景区语言景观研究	从语言景观的语言经济服务、语言传播与传承服务、语言教育服务角度对语言景观及语言服务两者的关系做出了阐释	四川茶旅文化；语言经济服务；语言传播与传承服务；语言教育服务
曹新宇	把握翻译硕士培养内涵提升教学研究自信——穆雷教授访谈录	穆雷对课程设置、翻译技术、实习实践等培养过程的重要环节提出了自己独到的见解	翻译硕士；理念转变；把握内涵；研究自信
饶高琦	战疫语言服务中的语言技术	文章梳理了战疫语言服务团在应急语言服务中所采用的语言技术，包括语料库技术、音频/文本检索技术、机器翻译和机器辅助翻译技术、文本分析与计算技术等	新冠疫情；语言技术；应急语言服务；语言资源
祝东江、彭小燕	"一带一路"视阈下中国文化译介	文章分析了对外翻译现状并探索改进之策	"一带一路"；"走出去"；现状；反思；改进
张嘉懿	基于企业语言服务需求的调查分析及启示	以246家企业的语言服务需求调查分析数据为基础，分析了我国企业"走出去"的语言服务需求基本现状	语言服务业；需求分析；企业国际化；外包；人才培养
张凤艳、丁玫	"一带一路"背景下多模态、多语种建筑工程平行语料库的创建与应用	文章分析了多模态、多语种建筑工程平行语料库建设的步骤、难点和意义	多模态；多语种；建筑工程；平行语料库

续表

作者	题目	摘要	关键词
刘皓云、刘荣	"一带一路"倡议背景下区域性语言服务发展研究——以大连市为例	分析当前大连市语言服务的类型，提出了大连市区域性语言服务发展的新策略	"一带一路"倡议；区域性语言服务；大连市
张四红	语言服务于国家应急管理的基础性作用研究	通过应急语言的学术研究、人才培养、机制体制完善等措施促进语言更好地服务于应急管理	应急语言服务；应急管理；新冠肺炎
刘玉玲	语言服务视域下依托项目的翻译实践教学模式研究	从教学内容设计、实训平台建设、教学方法重构和项目运行方面探讨笔译实践教学模式	模拟翻译项目；真实翻译项目；翻译实践教学
屈哨兵	新冠肺炎疫情下语言应急与服务的实践及思考	以"战疫语言服务团"为代表的语言学人结合具体实践提出了语言应急与服务的思考	"战疫语言服务团"；语言应急与服务
吴燕	"一带一路"倡议下江苏对外人文交流的实践路径	文章分析了主题文化节、文博民俗展、窗口城市及示范园区，提出了打造"文化+"产业融合交流项目	江苏；"一带一路"；人文交流；现实挑战；实践路径
石晨	人工智能趋势下翻译工作者的角色转型	分析了翻译市场现状及翻译技术的应用情况	人工智能；机器翻译；翻译工作者；角色转型
姜蓝	"一带一路"海外工程应用型人才资源培养	产教融合，探讨"专业+外语"培养模式	"一带一路"；海外工程；人才资源；"专业+外语"
王辉	国家治理视野下的应急语言能力建设	探讨了应急语言能力的定义、类型及作用，最后提出了提升国家应急语言能力的方略	国家治理；应急语言能力；建设策略

续表

作者	题目	摘要	关键词
付梦蕤	对接需求的宁波市语言服务人才供给侧改革对策建议	从宏观、中观和微观三个层面，提出了七项供给侧改革策略建议	语言服务人才；宁波市；供需情况；供给侧改革对策
陈丹霞、陈颖	"一带一路"倡议下的语言服务修辞意识建构	倡导并构建语言服务的修辞意识	"一带一路"倡议；修辞意识；语言服务
胡竞宇	语言服务视域中的地方高校国际汉语教育改革	文章认为，应注重语言服务的实际应用，深化语言服务的政策引导	语言服务；国际汉语教育；地方高校；教育改革
张慧欣、赵志强	门店营销语言服务能力提升策略研究——以浙江苏宁易购杭州门店为例	从语言服务价值、销售群体特征、语言服务能力构建要素等方面开展研究	门店营销；语言服务；能力构建；策略
孟婧	翻译职业化时代人才培养路径探索	从三方面剖析了当前我国翻译硕士人才培养中存在的主要问题，提出了培养翻译硕士人才的新型路径	翻译硕士；职业化；人才培养
杨小凤	"一带一路"视域下商务英语产业人才培养的实证研究	面对新形势，地方本科院校需要创新人才培养模式，拓展商务英语专业的发展空间，同时增设"一带一路"社会文化、文学课程和商务类课程，加强区域国别研究	"一带一路"；外语产业；人才培养；区域国别
张凌、林志萍	基于语言服务视角下的宁德市茶叶出口贸易策略	探讨宁德市茶叶出口贸易策略	茶叶出口；语言服务；贸易策略
陈旦	"一带一路"建设背景下中亚五国来华留学生语言服务人才体系建设	通过"语言+"培养中亚五国来华留学生	语言服务；中亚五国；"语言+"；"一带一路"；"复合型"人才

续表

作者	题目	摘要	关键词
黄娟娟	"一带一路"沿线城市语言服务现状及其对翻译人才培养的启示——以泉州为例	梳理泉州英语语言服务现状，提出相关优化策略	语言服务；人才培养；人才管理；泉州
汤丽拿	基于"人工智能+"的语言服务行业创新技术研究	对语言服务中的创新技术应用和策略进行研究	人工智能；语言服务；翻译技术；语音识别
李志远、乔拓新	语言服务背景下吉林省高级翻译人才培养研究	提出语言服务背景下吉林省高级翻译人才的培养策略	语言服务；吉林省；高级翻译人才
黄敏	基于城市形象塑造的湘中地区涉外旅游行业语言服务能力强化路径	涉外旅游行业从业者可以从多角度出发，围绕语言服务能力去探索强化路径	城市形象塑造；湘中地区；涉外旅游行业；语言服务能力；强化路径
张成国	公共场所英语服务的经济学分析——以南通市公共场所英语服务现状调研为例	提出了提升公共场所英语服务效益所坚持的经济性原则与公共场所英语软环境建设投资的着力点	公共场所；英语服务；经济学；分析
史维国、邵海艳	论"语言减灾"在灾害治理中的必要性、可行性及途径	将语言因素和其他因素相结合，共同助力抗疫救灾	疫情防治；语言减灾；灾害治理；新冠肺炎；语言管理；语言政策
陶李春、方可	论翻译技术驱动的复合型语言服务人才培养	语言专业人士不仅要具备语言能力，还需要拥有丰富的专业知识和技术操作能力	翻译技术；语言服务；复合型外语人才
王怡、刘世英	语言服务视角下高校创新型信息技术翻译人才培养	技术写作者需具备外语写作能力、技术专长、工具使用能力、采访与倾听能力、信息设计能力、可用性测试能力	语言服务；创新型；技术写作；技术翻译

续表

作者	题目	摘要	关键词
吕红艳	新时代背景下设置翻译博士专业学位的构想	从逻辑探寻、现实驱动、内生需求等视角对设置翻译博士专业学位的必要性进行探讨	翻译博士；语言服务业；知识生产模型
王宗华	"一带一路"背景下"走出去"企业语言服务能力建设研究	分析"走出去"企业语言服务存在的问题，提出加强企业语言服务能力建设的对策	"一带一路"；"走出去"企业；企业国际化；语言服务能力
江丽萍	应用型本科院校语言服务工作坊的创立与运营	语言服务工作坊能够有效解决应用型本科院校在转型发展和创新创业教育方面的难题	应用型；本科院校；语言服务工作坊；外语人才；创新创业
袁千雅	面向东盟语言服务的广西高校汉语国际教育研究	通过问卷调查法探讨东盟来桂留学生的跨文化适应、汉语学习和就业意愿，以及汉语国际教育专业中国学生的跨文化意识、专业素养和就业意愿等问题	广西高校；汉语国际教育；面向东盟；语言服务
陈凌	粤港澳大湾区四大中心城市地名研究	运用语言服务分析法、文献分析法、实地参与考察法、阐释法、统计法等方法对四地地名进行数据分析研究	粤港澳大湾区；四大中心城市；语言服务；地名
邱婉钰	常德市服务业语言服务调查	分析了语言服务意识、能力、投入，以及语言服务的消费意识、消费意愿和语言情感评价，并提出了常德服务行业优化路径	语务；服务语言；经济性
柯佳承	操纵理论视角下的国际赛事语言服务研究——以2019成都世警会为例	以操纵为理论框架，以文献分析法和案例分析法，从三大要素的角度对国际赛事语言服务进行分析	赛事语言服务；操纵理论；意识形态；诗学；赞助人
罗伟	创建"世界赛事名城"背景下成都语言服务的对策研究	从"以语系城""以语验城""以语谋城"三个维度架构，将"语言服务""体育赛事""城市建设"相结合	成都；世界赛事名城；语言服务；对策研究

续表

作者	题目	摘要	关键词
陈涅奥	中国语言服务企业机器翻译与译后编辑使用情况调研报告	分析了企业的经营性质、人员规模和业务特点等因素对于机器翻译使用存在的影响	机器翻译；译后编辑；翻译技术；语言服务企业
童佳	翻译记忆库和术语库的管理——上海文化贸易语言服务基地翻译实习报告	应重视翻译技术、团队沟通以及提前计划，探讨翻译记忆库术语库的建立维护	翻译技术；翻译记忆库；术语库；语言服务企业
屈哨兵	广州亚运会语言服务与语言元素	分析广州亚运会提供的语言服务以及展现的语言元素	广州亚运会；语言服务；语言元素
高莉等	语言服务视域下的旅游景区外语使用现状调查研究——以海螺沟景区为例	文章系统、全面地研究了海螺沟景区外语使用情况，发现海螺沟景区存在外语标识翻译不规范、外语服务能力有待提高及语宣传体系亟待建立等问题，并提出相应的改进办法	语言服务；旅游景区；外语使用；改进办法
黄岚	语言服务口译人才认知发展多维度研究——基于湖南贸促会的调查研究	口译人才的认知维度是促进湖南国际贸易发展的重要条件	语言服务；口译人才认知；多维度；贸促会
王海兰	粤港澳大湾区企业客服电话的语言服务	通过对企业提供语言服务情况的考察可以了解企业的语言服务意识和语言服务水平	粤港澳大湾区；企业客服电话；语言服务质量
余嘉敏	智利立法保障对听障人士的语言服务	听障群体的信息获取权利引起了政府和社会的双重关注	智利；听障人士；语言服务
屈哨兵	迈向新时代的中国语言服务	以全面建成社会主义现代化强国为背景，抽取与"强国"有关的若干论断，从语言服务这个角度进行一些梳理，讨论迈向新时代的历史进程中我们需要什么样的语言服务	"强国"；语言服务

续表

作者	题目	摘要	关键词
王海兰等	粤港澳大湾区会展官方网站的语言服务	推进会展业的国际化发展需要国际化的语言服务；网络平台逐渐成为会展提供语言服务的重要载体	粤港澳大湾区；网络平台；语言服务

2. 2012—2019 年、2021 年 CNKI 检索"语言服务"相关主题文章作者及文章题目

作者	题目
	2012年
李现乐	语言服务的价值与效益——以南京语言服务调查为例
董杉	沈阳市出租车行业语言服务现状调查研究
邵敬敏	"语言服务业"与"语言服务学"
屈哨兵	加强语言服务研究，注重语言服务实践
戴红亮	提升面向少数民族的语言服务水平
张莺凡	北京奥运会的语言服务
王华树	信息化时代背景下的翻译技术教学实践
周荐	从"语联网"想到的澳门社会的语言服务问题
李现乐	南京服务行业语言服务调查
贺宏志	发展语言产业，创造语言红利——语言产业研究与实践综述
陈双新	语言服务应考虑着力普及汉字知识——由关涉简化字问题的手机短信引发的思考
李艳	语言产业视野下的语言消费研究
李宇明	论语言生活的层级
党兰玲	中原经济区和谐语言环境建设研究
	2013年
黄德先、殷艳	译创：一种普遍的实践
马嘉	以行业需求为导向的翻译技术教学："翻译与本地化技术、项目管理"培训启示
王华树	宏观视角下的翻译嬗变及其对翻译教学和研究的启示
周芹	语言经济学视角下乐山文化产业国际语言环境构建

续表

作者	题目
2013年	
田学礼	我国体育翻译人才培养中相关认识误区的探讨
刘国辉、张卫国	从"产业倡议"到"语言红利":加拿大的语言产业及其对中国的启示
李文文、姬晓萌	语言服务产业与学生职业规划
陈柏福、黄少安	语言产业、文化产业与我国语言产业战略
王华树	语言服务行业技术视域下的MTI技术课程体系构建
李现乐、刘芳	开发少数民族语言经济价值的意义与途径——以民族地区旅游业为例
苗菊、刘明	多语种网站建设与翻译——语言服务行业主体业务透析
李婉丽	中国旅游城市公共交通国际语言服务环境的实证研究——以西安为例
2014年	
邢厚媛	中国企业走出去的现状和对语言服务的需求
刘和平	政产学研:语言服务人才培养新模式探究
陈鹏	行业语言服务的几个基本理论问题
赵启正	语言服务是跨越文化障碍之桥
陈颖	语言服务视角下城市国际语言环境建设研究
王传英	语言服务业发展与启示
杨荣华、赵冲	对外贸易领域中的语言服务问题研究:以化妆品出口为例
李宇明	语言服务与语言消费
王华树、高寒雨	基于语言服务视角的翻译质量评估研究
王华树、张政	翻译项目中的术语管理研究
刘浩	我国语言服务业的市场结构、发展趋势与路径
胡仁友、赵俊峰	语言服务视角下韩国汉语教育策略研究
穆雷、王祥兵	军事翻译研究的现状与展望
李现乐	语言消费的个体差异——基于南京服务行业的语言调查
韩倩兰	语言服务视角下翻译技术人才的培养
路卿、刘冀	语言服务行业视角下复合型英语专业人才培养模式探索——以河北农业大学为例
董杉	沈阳市出租车行业语言服务现状调查
邹玉华等	司法领域的语言服务
王华树	MTI"翻译项目管理"课程构建
司显柱、姚亚芝	中国翻译产业研究:产业经济学视角

续表

作者	题目
2014年	
柴明颎	关于设计翻译博士专业学位（DTI）的一些思考
刘美兰	美国"关键语言"教育战略研究
刘彬彬	CS公司发展战略研究
李梦楚、李在辉	大型体育赛事志愿者语言服务研究
张丽华、申文静	见证矿业专业语言服务的力量
2015年	
冯全功、张慧玉	全球语言服务行业背景下译后编辑者培养研究
唐智芳、于洋	"互联网+"时代的语言服务变革
龚余娟	医疗行业语言服务调查研究
赵世举	"一带一路"建设的语言需求及服务对策
李德鹏、窦建民	当前我国语言服务面临的困境及对策
李艳、齐晓帆	城市人文形象构建下的行业语言服务能力研究——以旅游行业中导游语言服务为例
管新潮、熊秋平	翻译管理——应对语言服务行业的策略与技术
李海英	中国当代语言本体规划研究——从语言规划形成机制的角度
韩莹	翻译协会在语言服务专业化进程中的职能——中加协会对比研究
董毓华	中国企业走出去的现状和对语言服务的需求
贺红霞、张军	陕西高校语言服务人才培养及外向型经济发展研究
徐飞	传统英语专业培养的转向：培养英语语言服务人才
韩倩兰	中国—东盟自由贸易区背景下国际经贸语言服务专业人才的培养模式探索
汪欢	S语言翻译公司服务战略研究
赵世举	全球竞争中的国家语言能力
韩宁	大庆市外语语言服务环境规划建设策略
冯建中	基于ESP的MTI教育模式研究
汤燕瑜	北部湾和谐社会语言环境建设研究
谢丹丹	译云：掀起翻译领域的变革战
李雯	中原经济区外语语言环境现状调查分析
谈忠贞	青海英语环境建设问题研究
郭熙	《中国语言生活状况报告》十年
侯敏、杨尔弘	中国语言监测研究十年

续表

作者	题目
2015年	
迪力木拉提·尼亚孜何丹	内地大城市公共服务中使用少数民族语言调查研究——以维吾尔语在内地大城市的使用为例
任丽莉等	基于提高百年冬奥志愿服务沟通交流胜任力路径研究
谢柯、刘安洪	翻译博士专业学位设置初探
李红艳	浅析日语语言服务的发展——以辽宁省为例
周慧	语言服务视角下商科院校翻译教学改革探索
周慧	商科院校翻译教学中项目管理意识的培养
魁浏青等	南京青奥会语言类志愿者翻译服务质量调查研究
张佩	《欧洲"唯英语独尊"?质疑语言政策》（第四章）翻译实践报告
刘婷	翻译项目管理与高校翻译硕士教学——以北京外国语大学MTI笔译为例
刘晓波、战菊	澳大利亚的语言翻译服务
王华树	宏观视角下的现代翻译服务及其启示
王华树、刘梦佳	国外翻译服务标准研究初探
2016年	
曹润宇、宋秀云	云时代独立学院应用型翻译人才培养模式的构建
单萍	翻译硕士专业学位教育：现状、问题与对策——以大连高校MTI为例
杨维秀、宋志平	以语言服务为导向的海事翻译能力培养探析
冯全功、崔启亮	译后编辑研究：焦点透析与发展趋势
刘馨蔚	中国语言服务企业频频"出海"机器翻译成亮点
仲伟合、许勉君	国内语言服务研究的现状、问题和未来
杨东东、蒋宇鹏	基于语料库的语言服务平台建设
于勇	语言服务业在郑州航空港经济综合实验区的经济价值研究
王少爽	语言服务行业翻译技术的全景解读——《计算机辅助翻译实践》评介
崔启亮、刘佳鑫	国有企业语言服务需求调查分析及启示
邢欣、张全生	"一带一路"倡议下的语言需求与语言服务
满鑫宇	"一带一路"战略构想下专门学科院校复合型外语人才培养模式的定位
王华树、王少爽	信息化时代翻译技术能力的构成与培养研究
柴明颎	互联网大数据的语言服务——从AlphaGo说起
柴明颎、江帆	翻译职业与专业教育：问题与对策

续表

作者	题目
2016年	
李宇明	语言服务与语言产业
王华树	大数据时代的翻译技术发展及其启示
陈英祁、华佳陈、王浩南、张盼	语言与翻译服务行业人才需求的调查与分析——以全球100强语言服务提供商（LSPs）为例
张亮、孙秋香	"一带一路""互联网+"与语言服务——由《汉语资源及其管理与开发》所想
李德鹏	"一带一路"背景下的区域性语言服务——以云南省为例
陈梅霞	生态学视角下国内翻译市场探析
王春辉	在华国际移民的相关语言问题研究
俞玮奇、王婷婷、孙亚楠	国际化大都市外侨聚居区的多语景观实态——以北京望京和上海古北为例
王华树、郝冠清	现代翻译协作中的术语管理技术
王华树	计算机辅助翻译实践
姚亚芝、司显柱	中国语言服务产业研究综述及评价
王立非、蒙永业	论实施中国标准"走出去"战略的语言服务路径
陈万明	基于团队协作的翻译与本地化研究
邢欣、梁云	"一带一路"背景下的语言需求
连谊慧	"'一带一路'语言问题"多人谈
陈灿	关于MTI专业中的翻译技术教学的思考
张慧玉、冯全功	关注行业发展 开拓译学领域——《机器翻译的译后编辑：过程与应用》评介
张薇	基于免费在线翻译工具的机器翻译缺陷探讨
赵世举、黄南津	语言服务与"一带一路"
张文、沈骑	近十年语言服务研究综述
张逸君、赵状业	面向"走出去"企业的语言服务培训模式探究
李梅	中国企业"走出去"为翻译技术应用与教学添动力
王华树	系统论视域下的翻译技术课程建设
张婷、沈彤	信息化时代的翻译人才培养
陈万明	论英语专业"3+1"人才培养模式的创新
岳峰	企业对话高校：MTI教育的改革与发展
贺鸿莉	语言服务业背景下翻译人才培养模式的探索

续表

作者	题目
2016年	
张鹏	如何运用群众语言服务检察工作
陈鹏	语言产业经济贡献度研究的若干问题
李现乐	语言服务的显性价值与隐性价值——兼及语言经济贡献度研究的思考
姚瑶	翻译市场研究综述
王春艳、崔启亮	翻译流程中计算机辅助翻译的基本功能
南春玉等	西安市代表性景区语言服务分析
王宇波、李向农	语言服务与"互联网+"的深度融合
陶李春	道技融合，学以为用：《计算机辅助翻译实践》评介
郭凤青、周亚莉	"一带一路"背景下甘肃省语言服务业发展战略研究——基于SWOT的分析
王芳舒、冷冰冰	技术传播视角下的复合型翻译人才观
但雅琼	语言产业经济贡献度研究背景下的语言技术人才培养
杨荣华	翻译硕士专业学位教育中校企合作教学的若干问题探析
赵世举、Chen Si	全球竞争中的国家语言能力（英文）
胡逸	论语言服务行业翻译项目经理的素质培养
白艳美、黄宇元	面向东盟的个性化语言服务研究
刘剑	语言服务行业视域下翻译项目管理研究
胡梦诗	论语言服务行业翻译人才的培养
张强、杨亦鸣	语言能力：从理论探讨到重大需求
刘满芸	翻译技术时代翻译模式的裂变与重构
王迪	2022年北京冬奥会语言环境建设情况分析和改善对策——以2008年北京夏季奥运会为启示
汤倩、贾建楠	保定语言服务业在京津冀协同发展中的机遇与创新
刘越	探析翻译项目中团队沟通的重要性
沈佩	语言服务视角下的银行语言状况调查
邹琦云	义乌国际商贸城语言经济研究
贺倩倩	医学语言服务项目中的质量控制
王婧	中国承接国际语言服务外包策略研究
朱洪涛	关于"一带一路"中语言建设的思考
赵建中、刘菲菲	加强语言人才培养 服务"一带一路"
李海英	从语言舆情看语言服务——兼论语言服务发展策略

续表

作者	题目
2016年	
毛力群、邹琦云	城市国际化进程中的语言服务——以国际性商贸城市义乌为例
崔启亮、张玥	语言服务行业的基本问题研究
朱晔	"一带一路"战略视角下中亚五国独立后的语言政策：评析与应对
2017年	
穆雷等	面向国际语言服务业的翻译人才能力特征研究——基于全球语言服务供应商100强的调研分析
王传英等	"一带一路"走出去的国家语言服务基础设施建设构想
穆雷、李希希	"一带一路"战略下的语言服务研究
赵军峰、寇莹瑾	中国语言服务行业立法现状调查分析
邵张旻子等	对外文化贸易视域下的语言服务现状分析
邵珊珊	中国企业海外声誉管理中的语言服务评价指标体系建构
颜天罡、冯全功	跨境电商网络平台中的语言服务研究
刘禹彤	"一带一路"建设背景下辽宁省语言服务研究
郑丽萍	"一带一路"经济发展战略中广西地区语言服务产业体系的构建
崔启亮、王丹丹	中国语言服务企业英文网站的本地化能力评析
薛斐	河南省语言服务研究
尚新、蔡永良	国际高端海事语言服务及翻译人才培养——国内首个海事语言及应用博士学位点建设的探索与实践
申霄	论语言服务的时代内涵与丝路核心区的语言服务
赫琳、谭昭	古代丝绸之路语言服务对"一带一路"建设的启示
张文	酒店外语服务规划研究——以成都涉外五星级酒店为例
李艳	基于语言服务视角的语言康复行业状况及对策研究
蒋骁华	翻译伦理与译者的语言服务意识
郝美彦、郑红梅	加强山西与"一带一路"沿线国家教育合作的路径研究
韩荔华	一带一路中国旅游景区普通话使用情况调查研究
刘剑	语言服务技术视域下《计算机辅助翻译》课程设计研究
徐亚妮	"一带一路"战略下常州开放经济发展新途径研究——基于语言经济学视角
贾婷婷	浅析图书馆读者服务中的语言服务
翟石磊	基于"一带一路"倡议的复合型外语人才培养——以能源领域为例
穆雷、傅琳凌	翻译职业的演变与影响探析

续表

作者	题目
2017年	
余桂兰	中国企业国际化背景下语言服务企业应对挑战的有效措施
杨学义、刘雪卉	文化"走出去"战略下的高端翻译人才培养思考
卢俊霖、祝晓宏	"一带一路"建设背景下"语言互通"的层级、定位与规划
曹东方、金锦善	基于ISO17100翻译服务标准普及程度的中日语言服务行业对比
王凤	现代职业化教育视角下的MTI翻译实践体系构建——以重庆邮电大学MTI教育为例
牛荣亮	论翻译学的技术转向
张学强、张军历	论"一带一路"战略背景下的语言政策动力
陶李春	现代翻译技术工具理性与价值理性的融合——《翻译技术实践》评介
彭波、姚令芝	独立学院英语专业语言服务协同创新探析
叶挺等	"一带一路"战略下的语言服务探索——以语言服务型人才为视角
吴玲兰	翻译的语言服务转向
李莹	高职院校翻译技术课程教学内容探索
贺潇潇、张海燕	语言服务助力中国企业"出海"探索与思考——以中国"出海"美国和本土语言服务企业为例
曹盛华、张晨心	"一带一路"背景下语言服务能力提升研究
刘长忠、华夏	中国企业"走出去"需大力发展国际化人才
陶李春、张柏然	对当前翻译研究的观察与思考——张柏然教授访谈录
李宝贵、尚笑可	出租车行业语言服务现状调查——以大连市为例
周亚莉、刘榕	泛在学习背景下翻译技术教学的探究
尉春艳等	承德普通话资源的开发与利用研究
盛榕、张涌	供给侧改革背景下皖江城市带语言服务行业发展研究
华有杰	"两双基四环案例"实践教学模式——以贺州学院为例
谢柯、张晓	美国Ed.D.教育及其对中国DTI教育的启示
褚凌云、邵薇薇	哈长城市群经济外向化背景下区域性语言服务
张璟玮、晋源	我国移动终端语言学习应用软件现状研究
张宏雨	"一带一路"实践背景下我国外宣语言能力建设
张星	海南语言服务业中翻译从业人员的翻译伦理观和职责
石红梅	武陵山片区区域发展与扶贫攻坚英语特色专业群建设研究
高洁、冷冰冰	英国翻译硕士课程体系之"就业力培养"分析

续表

作者	题目
2017年	
李立新、刘纯旺	西安市外国籍留学生语言生活满意度提升策略研究
汤丽拿	"互联网+"视角下的跨境电商翻译人才培养研究
万丽	亚欧博览会语言服务人才需求分析及启示
潘孝泉、马丽	语言服务视角下金华市外语语言环境建设策略
黄婉童	创新型语言服务人才培养协同机制探究
王燕、金文茜	京津冀协同发展模式下廊坊地区高校翻译人才培养对策研究
孙喜晨	EMT及其派生项目分析与MTI教育产学研合作网络构建
王洪林	"产学创用"：应用型语言服务人才培养机制研究
屈文生	法律英语教学须直面的若干问题
曹新宇等	涉外农业企业语言服务人才需求分析及其启示
崔丽、商利伟	语言服务视角下翻译质量控制的要素研究
郭静	基于语言服务的口译伦理教学探讨
徐艳平	后G20时代杭州市语言服务产业发展策略研究
李艳	语言消费：基本理论问题与亟待搭建的研究框架
汪杨果儿	全球化背景下多领域语言服务行业发展现状及其对我国对外文化贸易的影响
田桂玲、文雪飞	亚欧博览会之语言服务初探
程海东	海南省语言产业现状及发展路径分析
王婷	珠海市公共交通国际化语言服务环境实证研究
穆雷、李希希	面向语言残障人士的服务类人才培养与科学研究
管新潮	专业通用词与跨领域语言服务人才培养
程海东、杨雅恬	海南省旅游产业语言国际化建设现状及对策分析
张威	"互联网+教育"背景下语言服务类人才培养的改革
朱天星	服务于"一带一路"的中国高校外语人才地图建设研究
陈孔莉	外向型涉农企业语言服务需求调研报告
刘禹彤	"一带一路"建设背景下辽宁省语言服务研究
叶欢	义乌中国小商品市场语言景观实态研究
张晓伟	论翻译项目管理作为MTI教学的组成部分
林洪杉	论本地化翻译作为翻译硕士教育的组成部分
李晓转	"一带一路"背景下基于SWOT分析的甘肃省语言服务业调研报告

续表

作者	题目
	2017年
张文	酒店外语服务规划研究——以成都涉外五星级酒店为例
吴樱	语言服务视角下的英语商业广告语言研究
钟帅	语言服务提供商的竞争资本分析
薛斐	河南省语言服务研究
贾博	澳大利亚语言政策研究
张洁琼	从行业生命周期理论角度研究口译员的专业化培养
刘思含	北京多语言服务中心社区口译案例研究
葛诗利等	语言服务人才协同培育机制探索
穆雷、李希希	"一带一路"战略下的语言服务研究
崔启亮、吴雨鸽	本地化服务规范解析与启示
崔萌、张鑫	服务于"一带一路"倡议的语言战略
鹿彬	洛阳"互联网+"语言服务问题研究
	2018年
张慧玉	"一带一路"背景下的中国语言服务行业：环境分析与对策建议
姚亚芝、司显柱	基于大数据的语言服务行业人才需求分析
滕延江	美国紧急语言服务体系的构建与启示
李现乐	语言服务研究的若干问题思考
屈哨兵	我国语言活力和语言服务的观察与思考
许明	"一带一路"的语言服务人才培养与能力建设对策研究
罗慧芳	我国语言服务产业发展与对外贸易相互关系的实证研究
王立非、崔璨	基于语言障碍指数的"一带一路"语言服务难度评级研究
阎莉	语言生态学视角下"一带一路"核心区跨境语言规划研究
王华树	中国语言服务企业术语管理调研：问题与对策
王海兰	城市公共语言服务的内涵与评估框架构建
王立非	面向国家"一带一路"建设，培养复合型语言服务人才
陆俭明	树立"新时代"意识 做好语言服务研究
崔璨、王立非	面向"一带一路"语言服务，推动外语专业教育改革
吴萍、崔启亮	CATTI与MTI衔接的现状、问题及对策
姜晓红、郭峥	大型体育赛事语言服务的特点

续表

作者	题目
2018年	
程茹佳	语言服务视域下广西高校汉语国际教育人才培养研究
谢柯	语言服务视角下本科翻译专业职业化人才培养模式研究
李艳	对当前英国语言产业及语言服务状况的调查与思考
吴萍、贾镜渝	企业信息化的语言服务能力评价指标体系构建
章莹	互联网+视域下翻译技术课程设置探索——以江西科技师范大学为例
刘洋	2018年"中国航海日"志愿者语言服务能力问题探究
王文平	职业化趋势下的翻译职业技能培养研究
宋莹等	前南斯拉夫国际刑事法庭中的翻译问题研究——《战争罪行法庭上的证据翻译与证词口译：拉锯战中的工作》述评
梁婧旖	语言服务人才培养为导向的口译教学改革
邱枫	四川企业在法语国家开展工程建设项目的机遇、挑战和对策
吴清月	香港中文大学翻译MA TRA人才培养及其对我国MTI教育的启示
刘振平、黄章鹏	广西风景区语言服务研究——以青秀山风景区语言景观为研究个案
祖大庆	"一带一路"背景下理工科高校英语专业人才培养模式改革探索
胡峰、李春燕	语言经济学框架下江苏省语言产业的态势及对策研究
白秀敏	试论电子商务时代语言翻译服务对我国茶叶出口贸易的助推作用
张明芳	面向语言服务业的翻译专业创新创业教育
曹永俐	结合LSCAT项目的大学英语翻译教学研究
刘逸之	从人工智能翻译的产生浅析人工智能在语言服务业的应用与发展
屈哨兵	《中国语言服务发展报告》编写相关问题的前瞻与回应
窦柯静、陶李春	现代翻译与语言服务从业指南——《翻译项目管理》介评
肖史洁、周文革	论MTI培养方案增设译后编辑课程
王琴琴	旅游景区语言服务中跨文化意识的应用——以丹东天桥沟森林公园为例
徐琳、胡宗锋	"一带一路"建设视阈下语言规划之语言能力与服务
刘明、彭天笑	军事翻译语言资源平台建设构想
曹盛华	MTI创新型人才培养模式探究——以华北水利水电大学为例
徐珺、王清然	语言的经济价值分析：基于语言服务业并购交易的实证研究
王少爽、覃江华	大数据背景下译者技术能力体系建构——《翻译技术教程》评析
周荐	语言服务的匡救性与社会和谐

续表

作者	题目
	2018年
刘礼堂、谭昭	古丝绸之路河西走廊语言服务状况考
张春霖	中俄青年志愿者助老助残语言服务对比研究
黄海珍	基于日泰双边贸易关系对广西复语型语言服务人才培养需求的分析
陈元飞	职业化背景下译者术语管理之通解——《术语管理概论》评析
安宇、邓建华	"一带一路"背景下基于SCP范式的中国语言服务产业分析
白秀敏	让语言服务成为跨境电子商务的助推器
杨霞	河南省创新型语言服务人才培养探究
刁晏斌	语言安全视角下的全球华语及其研究
宋欣羽、李珊	翻译伦理视角下的外宣术语翻译——以英译为例
王士举等	应用型本科院校日语类服务外包探索
杨同军、徐凡梦	以"语言服务型人才"为主要媒介的汉语国际推广路径探析
罗懿丹	"一带一路"战略下语言服务供需对接研究——以陕西为例
黄婉童	略论语言服务人才协同培养机制及其实施途径
周玲玲、太婉鸣	京津冀地区法律英语翻译服务需求的调查分析
陆洁瑜、衡哲	大数据时代基于国家标准的语言服务人才分层培养模式研究
王芝清	茶叶出口过程中的语言服务研究
陈怡洁	我国近五年语言服务研究综述
袁媛	"一带一路"框架下广西语言服务竞争力分析及提升策略
张硕勤等	文化产业发展创新视阈下衡阳市旅游从业人员语言能力培养的对策研究
梁昊光、张耀军	"一带一路"语言战略规划与政策实践
赵继荣	企业网站翻译：趋势与启示
王小萍	创建全球城市：广州的优势与关键对策
赵生辉、陈刚	民族地区政务大厅多语言服务环境构建策略研究
王婉琦	人工智能在语言服务业中的应用现状与前景研究
柴畅	"一带一路"倡议下高职应用型跨境电商语言人才培养机制探究
张先亮、李莘媛	语言服务在新型城镇化中的地位与作用
莫旻荧	"一带一路"背景下广西面向东盟的语言服务策略研究
胡照洁	语言服务行业中本地化与传统翻译的差异比较
司显柱、郭小洁	中国翻译服务业研究现状分析

续表

作者	题目
2018年	
孔令然、崔启亮	论信息技术对翻译工作的影响
门湘池、李洋	语言服务业背景下科技翻译人才培养模式研究——以辽宁高校的供给侧改革为例
邵燕梅	从临沂方言看汉语方言资源保护与服务
穆雷等	MTI实践能力培养考核制度的改革设想——来自临床医学专业硕士的启示
张健稳	"一带一路"背景下多语种应用型翻译人才培养探讨
王华树等	翻译专业硕士（MTI）翻译技术教学研究：问题与对策
冯全功、刘明	译后编辑能力三维模型构建
杨金龙等	"一带一路"战略下阿拉伯语言服务调查——以陕西、甘肃、宁夏回族聚居区的语言景观为例
黄海瑛	云环境下的"一带一路"语言数据版权风险
包天花	"一带一路"建设与内蒙古地区蒙汉双语人才培养构想
郝焕香	高职吉尔吉斯斯坦留学生语言服务路径研究——基于语言经济学视角
卢安	语言在地方建设中的功能及其服务于地方建设的策略——以安徽省的"三个强省"战略为例
何爱香	"互联网+"时代的中国翻译产业研究：机遇与挑战
陈芳	柳州城市国际化语言环境建设保障平台研究
黎敏	区域本土汉语教师培训模式分析——以中东欧本土汉语教师培训为例
刘佳欢、张弓	翻译学技术转向的内涵与意义
吴旻雁	国际税收合作中小语种语言服务存在的问题与对策
赵传银、曹敏	云计算时代翻译模式的裂变与融合
胡红宇、陈国生	创新型语言服务人才培养协同机制探索
鹿彬	国家旅游语言景观大数据建构研究
范俊军	中国的濒危语言保存和保护
刘静	黑龙江"十大重点产业"战略下英语翻译本科跨界复合人才培养模式刍议
何兴建	信息化视角下的翻译人才培养研究
马新强、李清平	信息化时代的计算机辅助翻译技术——资源整理与介绍
陶李春、陈静	面向翻译的术语管理与应用教程——《术语管理指南》述评
白秀敏	跨境电子商务语言服务体系建设的微观探讨

续表

作者	题目
	2018年
王芝清	信息化技术在内蒙古语言服务中的应用研究
张志全	《国标》引导下医学院校本科医学翻译人才培养及教学改革思路
程海东、杨雅恬	基于海南"十三五"特色产业体系的语言服务产业发展模式研究
张香宇	对外语言服务与中国旅游的"世界化"
张慧玉	"一带一路"背景下的中国语言服务行业：环境分析与对策建议
李红玉	渥太华大学翻译专业人才培养及其对我国的启示
俞玮奇、马蔡宇	上海浦东国际社区的语言生活调查研究——兼论社区语言规划
邢欣等	从纪录片《一带一路》看中亚国家语言服务需求
方小兵	语言安全的内涵、特征及评价指标
李海平、徐春阳	"手语翻译专业建设与人才培养国际研讨会"综述
李悦莹、凌瑶	基于CiteSpace的国内翻译研究热点对比分析（2008—2017）
丁肇阳、丛玥	面向上合经贸示范区的语言服务策略分析
李明珠、齐荣军	曲阜"三孔"景区入境游客英语语言服务质量调查
刘亚楠	深圳市好博译翻译公司竞争战略研究
姜磊	多语言环境下公共空间导视信息界面设计研究
缪晶	南宁服务行业语言服务调查
吴海玲	餐饮行业语言服务调查研究
李少康	医务人员口语语言服务现状及对策研究——以郑州和西安为例
申晓云	西安市政务大厅语言服务评价研究
陈丽诗	中国五岳语言景观调查研究
程霞	释意派理论指导下的耳语同传挑战与策略——2016中国外语教育改革与发展高层论坛口译实践报告
张梦婷	中国语言服务企业术语管理流程调研报告
葛畅	上海高校CAT课程设置与教学情况调查
陈诗慧	译后编辑实践准则研究——以联合国新闻部网页翻译和《联合国纪事》翻译为例
毛思雨	电商平台翻译服务市场调查——以天猫翻译店铺为例
魏颖	新型城镇化与国家语言能力
孙雨嫣	外语规划视角下针对"一带一路"倡议的政府外语服务研究——以苏、陕、滇、黑、晋、鄂为例

续表

作者	题目
2018年	
孙思敏	中国出版"走出去"进程中翻译问题研究
PENKOVA LIUBOV	跨境电商俄语系平台语言增值服务研究——以速卖通为例
许峰	国内专门用途英汉翻译教材调研报告（2003—2017）
姜有为	语言距离对中国对外贸易流量的影响及对策研究
史妍	W公司发展战略研究
2019年	
崔启亮	中国语言服务行业40年回顾与展望（1979—2019）
王巍巍、穆雷	从翻译专业人才抽样调研报告看翻译人才培养
蔡基刚	高校翻译专业范式转移：从翻译专业（1.0）到语言服务专业（2.0）
何恩培、闫栗丽	改革开放40年语言服务行业发展与展望
李琳、王立非	基于计量可视化的我国语言服务研究十年现状分析（2008—2017）
北京冬奥组委对外联络部	北京2022年冬奥会语言服务浅谈
吕鹏、杨喜刚	"一带一路"视阈下江苏地方旅游外宣推介语言服务研究——以扬州、泰州的外宣翻译材料为例
詹成	新时代国际组织语言服务人才培养的理念与实践
董潇逸	基于胜任特征的冬奥会志愿者语言服务能力培训分析
张日培等	语言产业发展的方略与措施（笔谈）
赫琳、王安琪	我国老年人语言能力问题及语言服务路径研究
王清然	国际贸易、神经机器翻译与语言服务企业绩效
屈哨兵	粤港澳大湾区发展和语言服务
李艳、高传智	北京2022年冬奥会语言服务对策思考
康荣耀、崔启亮	中国语言服务行业的"成都现象"研究
陈怡洁	公共服务行业语言服务现状调查研究——以兰州市为例
柳雨	东京2020年奥运会语言服务相关问题研究——以语言翻译产品的研发与使用为例
吉馨等	"一带一路"视域下政府外宣网站编译研究——以5家江苏县级市政府外宣网站为例
陈慧	桂西南精准扶贫视域下的语言服务

续表

作者	题目
	2019年
李伟、张华慧	改革开放40年中国翻译教学研究
尤熠凡	南阳：中小企业对语言服务人才的需求及现状
佟敏强、高战荣	高校助力2022冬奥会志愿者语言服务职业能力提升研究
相美琪	"一带一路"视域下连云港语言需求调查及对策
拾景乐	跨境电商企业英语语言营销中的文化传播策略研究
汤丽拿	全球化进程中跨境企业的语言服务对策研究——以阿里为例
何芳	一带一路背景下广西面向东盟的语言服务研究
李雅、郑通涛	塔吉克斯坦汉语教学与传播的历史思考与未来机遇
关秀娟	应用性、复合型、国际化俄英双语商务人才培养新思路——以黑龙江大学为例
王敏	语言服务视角下翻译项目管理在MTI教学中的探索
李辉	浅谈语言服务与乡村振兴
祝东江、李建来	"一带一路"背景下的翻译人才培养
孙建光、王宇星	"一带一路"背景下非通用语言战略构建研究
梁志芳	基于OBE的高职商务英语专业课程标准研究——以《语言服务项目管理与实践》为例
宋仕振	试论机器翻译与人工翻译的未来关系
邵芳薇	基于语言服务视角的翻译质量评估研究
李宇明	语言产业研究的若干问题
包天花	"一带一路"背景下蒙汉双语复合型人才培养与储备问题研究的意义与价值
彭羽婷等	"一带一路"下的翻译行业变革及翻译教育反思——井冈山大学外国语学院案例分析
刘加鑫、闫雯萱	"一带一路"下粤港澳大湾区语言消费问题探讨
王玉莹、李琼	西安社区医疗语言服务研究
刘玉梅	从霍姆斯译学构架看应用翻译人才培养
曲倩倩等	"一带一路"中医养生文化旅游产业"走出去"路径研究
黎丹妮、李明倩	云南"辐射中心"建设背景下高校语言服务能力提升路径研究——以东南亚小语种为例
袁媛	"一带一路"建设中广西语言消费分析及供给能力提升策略
张琛	秦皇岛市规范语言环境对策研究——上海市"啄木鸟"志愿者服务队对秦皇岛市文明城市成果巩固的启示

续表

作者	题目
2019年	
马英杰等	多语言服务创新视角下高校校园就餐问题及信息化管理可行性研究
韩佳佳	基于混合云技术的山东故事云翻译平台构建与应用研究
侯静等	基于廊坊文明城市建设的语言文化发展策略研究
王雪	从语言服务行业角度谈计算机辅助翻译的作用
刘昌华、李振中	调查民众语言生活，服务社会经济发展——评刘楚群《江西上饶、鹰潭、抚州、赣州语言文字使用调查研究》
俞敬松、耿思思	实用型语言服务人才的培养方法研究——以"跨境电商网页本地化"竞赛为例
王少凯、石晶	辽宁省高校转型发展中语言服务策略研究
崔启亮、孙瑾	中外口译服务标准与规范对比研究与启示
费乐阳、周乐乐	"互联网+"与人工智能下人工翻译前景研究
王华树、王少爽	翻译场景下的术语管理：流程、工具与趋势
潘梦来	中国语言服务产业发展研究的可视化分析
王传英、崔丽月	全球语言服务业并购重组研究
李宝贵、施雅利	2000—2018年中国语言资源研究的文献计量分析
汤丽拿	长三角经济圈国际语言服务人才培养研究
李莎、王倩	河北省MTI高校与语言服务行业校企合作模式探究
宋琳琳、孙策	对外开放新格局背景下黑龙江省复合型外语人才培养策略
黄威、朱小荣	"一带一路"背景下新疆经济社会发展的"互联网+"语言服务融合式发展的内涵研究
柴明颎	翻译人才培养所面临的挑战
张慧玉、李茜	利益相关者理论视域下中美两大翻译协会的职能与角色对比研究
郝倩、郭亚文	"一带一路"背景下翻译人才培养的新要求与对策
张爱玲、丁宁	新形势下我国翻译专业教育内涵建设——关于翻译博士专业学位（DTI）设置的思考与探索
王蒙蒙	"一带一路"背景下陕西复合型语言服务人才培养研究
刘桂杰	MTI教育中兼职导师创新性管理模式探讨
邹莉	"走出去"创新型语言服务人才培养路径探究
李晟瑄等	人工智能时代俄语翻译能力构成研究
张巨武	"一带一路"沿线国家语情研究对我国外语教育的启示
王少凯、孙琳小	自贸区背景下沈阳市语言服务发展策略研究

续表

作者	题目
2019年	
吴萍、贾镜渝	跨国企业语言管理研究述评与展望
王海兰等	粤港澳大湾区政府门户网站的语言服务
易春燕、卢慧慧	广西面向东盟的外语教育服务产业现状调查
杨丽萍	新型城镇化进程中的乡镇语言状况调查研究——以江苏兴化为例
陈元飞	语言景观的译语重构——大慈恩寺简介英译扩展个案研究
刘蕊	亚欧博览会留学生语言服务调查研究
杨志翔等	中欧班列发展背景下的外经贸语言服务人才需求与培养——以蓉欧快铁为例
何文贤、徐品晶	福建参与"一带一路"建设的语言需求与服务对策
徐背背	体育赛事语言翻译服务研究——以铁人三项世界杯赛为例
杜淑旗	语言经济学视域下桂林阳朔语言景观研究
王玲	澳大利亚《国家语言政策》研究
梁敏等	"一带一路"背景下陕西语言消费的机遇、挑战与对策
相美琪	"一带一路"视域下连云港语言需求调查及对策
官凤霞、费一楠	人机时代专利翻译前景分析
朱丽、红张彪	第5届中国—南亚博览会志愿者外语水平状况调查研究
徐妍妍	产业科技革命背景下的英语翻译未来发展与展望
杨艳霞、王湘玲	中外机译应用研究的可视化分析（1998—2018）
刘韵竹	"一带一路"倡议与国家语言能力的提升
张鑫慧	英国移民语言政策研究及启示
徐珺、吴萍	基于CiteSpace的国内外本地化翻译研究：现状、问题与对策
彭丽嫦	我国语言经济产业发展的研究进展
王立非	王立非谈语料库与ESP研究
曾建萍	湖南省制造业企业英文网站本地化能力评析
姚师平	一项关于澳大利亚翻译资格认证体系与翻译人才培养的调研报告
其木格	"一带一路"倡议下蒙古国企业中蒙翻译人才的需求调查与培养建议
穆雷、李雯	翻译硕士专业学位论文写作模式的再思考——基于704篇学位论文的分析
梁宇、陶霞	成果为导向的项目驱动型翻译技术课程设计
赵浩	论译前准备与工科学生技术翻译质量
孙芮乔	发挥语言在"一带一路"建设中的传播作用

续表

作者	题目
	2019年
王吟颖、张爱玲	"一带一路"框架下的同声传译接力语研究
甘饴	美国社区学院国际留学生语言服务路径研究——以费城社区学院为例
姚亚芝	我国语言服务市场逆向选择问题治理研究
孙浩峰	侨乡"洋留守儿童"语言生活状况研究——基于福建省福清市江阴镇的田野调查
杜宜阳	智能时代国际化城市的语言生活治理——以上海为例
李洁	语言服务视角下广东南沙自贸实验片区语言景观实态调查
朱亚琳	中国语言服务提供方翻译风格指南使用情况调研报告
韩冬梅	A企业国际项目翻译的质量管理问题研究
魏欣雅	国际体育赛事语言服务中的文化植入研究
贺敬豪	广州商业街区语言景观与语言服务关系研究——以兴盛路兴国路为例
王翔宇	国内口译市场需求调查研究——基于口译员招聘广告的内容分析
国家语言文字工作委员会	生活语言皮书——中国语言文字事业发展报告（2019）第四章语言服务能力提升
刘迪	人工智能背景下冬奥语言服务领域体育翻译人才培养研究
杜雪	浅析人工智能翻译在国际体育赛事中的应用
徐鑫涛、苗菊	跨文化传播视域下译者能力的挑战与培养策略
崔启亮、顾鸿杰	垂直行业的语言服务实践探析——以中国铁路建设"走出去"为例
刘建航、高圣兵	线上校企合作翻译项目管理调查研究
王正胜	语言中介及其能力等级描述——基于《欧洲语言共同参考框架:学习、教学、评估（二）》
李平、曹新宇	双一流学科高校的非双一流专业建设:以南京农业大学英语专业为例
周庆生	中国语言政策研究七十年
刘蕊	"中国英语"与"一带一路"话语体系建设
李艳平	语言服务视角下西安年文化译介研究
王巍	以过程为导向的翻译教学探析
周莎贝尔、刘晨	西班牙语语言服务行业对高职西语人才的需求分析
杨荣广	语言服务人才的能力构成:概念阐释与要素分析
许宗瑞	欧盟翻译总司《2016—2020战略规划》对中国语言服务机构发展的启示

续表

作者	题目
2019年	
曹盛华、侯艺洁	河南省高校MTI毕业生就业现状与质量提升路径研究
曾立伟	"一流本科"背景下商务英语专业人才培养创新研究——以西安航空学院为例
赵志华	"一带一路"背景下的语言服务外部性研究——以甘肃省为例
2021年	
王海兰、李宇明	试论粤港澳大湾区的应急语言服务需求
郑璇	听障人群应急语言服务需求调研：基于访谈文本的质性分析
陈练文	基于需求层次理论的中国应急语言服务需求分析
滕延江	应急语言产业的战略规划与建设
肖俊敏	土耳其灾害应急语言服务项目实践及启示
屈哨兵	语言生活和语言服务
毛现桩、陈嘉恒	河南省语言产业发展与新型语言服务人才培养：动力机制与路径优化
赵世举	语言服务产业的集约化发展之路
王立非	从语言服务大国迈向语言服务强国——再论语言服务、语言服务学科、语言服务人才
崔启亮	人工智能在语言服务企业的应用研究
崔启亮、郑丽萌	语言服务行业发展与学科建设研究——基于京津冀协同发展的语言服务调查
李宇明	城市语言规划问题
徐珺、王清然	技术驱动的语言服务研究与探索：融合与创新
李成静、范武邱	全球语言服务产业融合与演进研究
傅恒	"学习共同体"式跨境电商语言服务项目课程设计研究——以商务英语人才培养为例
李宇明	语言应急说
王华树等	语言服务行业翻译技术发展现状及前瞻
郭书谏、沈骑	智慧城市建设中的语言服务
崔启亮	语言服务行业的本地化专业建设
张馨元、李霞	应急语言服务的理论与实践
梁云云	国家治理视域下海南应急语言服务策略研究
刘丽静、李向农	"一带一路"建设中语言能力提升探究——以广西的"五通"工作为视角
翁林颖	语言服务转向的商务英语写作关键能力的内涵与实现路径——基于"海丝"建设视角

续表

作者	题目
2021年	
王华树、王鑫	人工智能时代的翻译技术研究：应用场景、现存问题与趋势展望
麦泳愉、奚少敏	马拉松赛语言服务促进城市形象塑造的研究
张舒等	"一带一路"背景下西安中心城区多语种语言服务的实证研究
张佳玉	论译员的自我修养——以进博会英语翻译经历为例
刘玉玲等	地方本科院校应用型翻译人才培养模式研究——以晋中学院为例
肖成笑	基于全人教育理念的文化外宣翻译人才培养与实践探究
龚吉惠	元阳哈尼梯田景区英语语言服务探析
石琳	突发公共事件中民族地区的语言应急与公共服务研究——以凉山彝族自治州为例
石琳	旅游语言景观的设计与规划——基于文化资本论视角
刘亚峰	跨境电商平台语言翻译服务的应用研究
肖维青、钱家骏	翻译技术教学研究进展与趋势（2000—2020）——基于国内外核心期刊论文的对比分析
贺洁	以"左""右"参照方向的界定为例谈城市公共服务语的规范原则
王立非	新时代中国特色新型高校语言智库建设与语言智库学科发展
盛美娟	语言服务需求视角下专利翻译教学研究
陈蕊	语言经济学视阈下辽宁跨境电商语言服务协同发展策略研究
王传英、孔新柯	我国应用翻译研究可视化分析（1979—2020）
金冰、张玲	"一带一路"倡议下语言慕课的国际比较与路径优化
余健明、董斌斌	新文科视域下高校翻译专业建设路径
刘丽静等	面向"一带一路"的广西区域语言服务情况调查与思考
赵田园、李雯、穆雷	翻译硕士"翻译职业伦理"课程构建研究：基于语言服务市场现状和MTI教学调研的反思
李莉	跨文化视域下语言服务人才协同培养模式探索
刘迪	科技冬奥背景下冰雪赛事语言服务领域翻译人才培养研究
安尚勇、陈佳琪	语言服务行业翻译质量保障技术探究
郑月莉、马月秋	国家外语能力视域下的高校外语教育规划研究
郑剑委、余承法	翻译市场的经济社会学研究范式——《中国翻译市场发展60年研究》介评
张生祥	基于社会需求的翻译人才核心素养提升路径探究
李龙兴、王宪	应急语言服务视角下的新冠肺炎医学英语专题术语表开发

续表

作者	题目
2021年	
赵世举	我国语言文字事业开拓发展的策略及路径
邢莉娜	"一带一路"背景下的国际化外语人才培养与评价研究
黄海啸、何张志	网络时代背景下文字产业发展趋势初探
张国建	陕西自贸区语言服务现状探析
张红岩	"一带一路"背景下郑州多语种智能经贸翻译服务平台建设
谢粤湘	语言人才培育是一带一路建设的重要保障
姚国玉	"一带一路"背景下的我国语言服务产业体系构建研究——以广州市为例
徐艳英	机辅翻译与语言服务人才翻译应用能力培养——以长春理工大学翻译专业为例
陈容莹	大湾区高职院校复合型英语人才培养对策研究
黄辉辉	"一带一路"建设与河南省语言产业发展研究
黄旦华	远东国际军事法庭庭审口译制度探析
王立宾	翻译专业岗位需求调查分析及启示
杨荣广、陈小勋	语言服务的概念分析及其框架建构
沈骑	中国城市化进程中语言研究的三大取向
钟宁桦等	"中国城市化进程中的语言"多人谈
潘竹	粤港澳大湾区民航机务英语语言服务能力研究
韦恋娟	广西面向东盟语言服务产业的发展路径探索
张微	商务翻译对跨境电子商务绩效的线性影响分析——基于ANOVA方差分析模型的实证
林嘉新	财经类高校MTI师资配备和课程设置的问题与对策
刘艳梅、陶李春	"翻译+技术+专长"的语言服务人才培养探究——以南京邮电大学MTI教育为例
刘昌华	数字经济：网络空间的语言产业
张迎	河北省商务英语语言服务产业发展路径研究——基于北京冬奥会的背景与契机
孙丽娟	大数据时代河南语言服务产业发展的路径研究
熊瑾如、王少爽	语言服务的学术话语体系构建——《语言行业研究布鲁姆斯伯里指南》述评
蒙永业	中外语言服务标准化现状分析及建议
陈小云	商务英语服务福安电机电器产业创新升级研究
梁红	国际冰雪体育赛事语言服务人才培养策略

续表

作者	题目
	2021年
李雯、穆雷、陈呆	以翻译职业化为导向的"翻译概论"课程教学模式探析
李枚珍、王思桐	海南国际语言环境建设研究——基于翻译服务企业和翻译行业协会视角的分析
王佩瑶、杜敏	西安市地面公共交通应对新冠疫情语言服务研究
董洪杰	苏格兰沟通障碍人群语言服务政策、实践与启示
韩德英	山西省语言服务业需求下翻译人才培养模式的研究
杨密芬	人工智能时代译员应具备的素养
黄旦华	新文科视域下的翻译技术教学探索与实践
海霞、王晓芳	高校外语智库服务"一带一路"建设的构想
王煜冲、周芬芬	应急语言服务视角下疫情用语英译研究
徐林、黄雨	乡村振兴背景下民族地区语言使用现状及困境探究——基于贵州省从江县党郎村的语言调查
王辉、许小倩	"一带一路"倡议背景下文化产业外宣翻译策略探究
王丽洋	文化语言学视角下语言服务产业"走出去"路径分析
王小龙、袁陇珍	"语言服务"背景下农业院校英语教师专业能力研究
王宗华	人工智能时代语言服务业发展对策研究
郭佳玲	应急语言翻译人才的培养
李迎迎、潘晓彤	应急语言服务人才培养体系建构探究
何欣、张冰洁	应急机制下社区外籍公民语言服务建设策略
康喆文、王铭玉	应急语言策略探析
滕延江	应急语言服务者胜任力与应急语言人才评价
张馨元、李霞	应急语言服务的理论与实践
郭小洁、司显柱	高质量发展视角下中国语言服务业发展路径探索
刘智洋、柴瑛	机器翻译译后编辑国际标准的转化研究与要点解析
黄威	"一带一路"背景下实现新疆经济社会发展的"互联网+"语言服务融合发展
高晚晚	译者编程下的小微型在线双语术语库的构建
朱燕秋	贵州省旅游景区语言景观研究
林兵	涉外语言服务视域下高职学生英语应用能力调查分析
李双	试论应急外语服务背景下翻译课程的构建
邵霞	"互联网+"时代语言服务人才翻译能力培养

续表

作者	题目
2021年	
王虹、罗慧芳	新时代中国翻译人才培养的问题与思考
刘丹青、王淙	皮革化工材料出口文本规范性英译研究
张天伟	国家语言能力指数体系完善与研究实践
赵蓉晖等	"世界语言生活"多人谈
闫栗丽	Transn传神举办教育部产学合作协同育人项目师资培训班
易蔚	语言服务企业融资方式探讨——基于新三板上市企业案例
刘艳梅	国际贸易、神经机器翻译与语言服务发展研究——评《国际贸易英语》
丁立福等	论中医药国际化进程中的译介成果、挑战及对策
陈燕	"一带一路"背景下独立学院英语专业学生"涉外"能力培养
娄国祎、倪晓丽	"龙江丝路带"建设背景下黑龙江省高校语言服务教育研究
傅敬民、喻旭东	大变局时代中国特色应用翻译研究：现状与趋势
王铭玉、李晶	关于DTI的思考
王委委等	灾害应急语言服务能力提升路径的探析
邓军涛	行业变革前沿视角下的口译服务新图景——《口译项目管理》评介
王传英、杨靖怡	我国本土跨国公司海外投资语言环境与语言服务业发展
邢杰、何映桦	中国口译服务标准探索与展望
司显柱	聚焦语言服务研究 推动中国语言服务发展——全国语言服务研究学术社团成立大会暨首届学术研讨会综述
裴佩、纪丹丹	语言服务产业发展背景下英语文化对翻译效果的影响
王巧、陈桂花	"一带一路"倡议下安徽省语言服务及人才培养问题与对策
左世亮	基于在线翻译管理平台的语言服务人才职业能力培养模式研究
黄劲怡、王晋军	"国家语言能力"在中国：概念、现状与反思
吕双、常丽坤	自贸区背景下高校语言服务人才跨学科培养模式研究
梁斯敏、李丛立	湛江非物质文化遗产外宣与译者语言服务意识的培养——以雷州石狗文化的对外传播为例
杨卉紫	乡村振兴视域下南疆农村语言服务优化路径探析
董莲莲、陈国栋	青岛市国际语言环境建设路径研究
郭艳玲、秦睿	涉海翻译人才语言服务能力培养路径研究
李成静、王书鲲	语言服务视域中高校翻译技术教学与对策研究

续表

作者	题目
2021年	
朱珠、张威	近20年国际法庭口译研究回顾：兼论中国法庭口译研究的发展方向
孙冰	基于大数据的突发公共事件中语言应急与服务策略研究
姚艳玲	日本"平易语言"政策及应急语言特征研究
薛海波	"一带一路"倡议下外高加索语言教育服务
刘芹、董媛媛	应急语言服务人才培养策略——以新疆医学类院校公共卫生事业为例
文谨、陈思齐	导游语言服务对旅游者忠诚影响的研究
杨书敏、杜敏	新冠肺炎疫情期间轨道交通语言服务研究——以西安市为例
何文贤、徐品晶	论"海丝核心区"福建形象传播力的提升——基于语境顺应的方法论视角
吴洁	"一带一路"背景下主流媒体语言服务问题研究
裴佩、王伟峰	语言服务视角下地方高校复合型英语人才培养研究
赵政廷、柴明颎	技术时代面向语言服务市场的语料库笔译教学模式研究——基于"译学家"语料库翻译教学平台的教学案例分析
何玲	解说词粤语英译的特色化保留与规范化补偿——以佛山祖庙博物馆为例
闫晶、刘志峰	自贸区背景下黑河俄语语言服务的发展策略
陈琼璐、田一农	社区翻译在中国的语言服务现况
孔悠静	合肥市景区语言服务研究——以三河古镇语言景观为例
温秋敏	基于泰国"中文+职业技术"需求的应对策略研究
仲文明、李芸昕	后疫情时代国家对外应急语言能力建构刍议
崔启亮、郑丽萌	语言服务行业发展与学科建设研究——基于京津冀协同发展的语言服务调查
董艳	社会治理视角下重大突发事件应急话语体系建构
王伟、任丹	海南自贸港英语语言服务满意度调查与分析
王鑫	面向"承德国家可持续发展议程创新示范区"语言服务的外语教学改革新思路
施玲玲	从讲好中国故事视角浅析应急外宣翻译
党兰玲、闫亚平	新时代河南形象传播话语体系建设研究
杜晓	T语言服务公司的营销策略改进研究
童越	基于演出效果的戏曲翻译研究
杨敏红	乡村振兴视野下的义乌新农村语言景观研究——以缸窑村、马畈村为例
董博晗	《2018年语言服务市场调查报告》翻译实践报告
李啸天	苏州园林语言服务现状调查研究

续表

作者	题目
2021年	
刘逸凡	新冠疫情防控期间语言生态研究
冯好	体育外交视角下国际体育赛事语言服务的研究——以2019成都世警会为例
李艾玲	文本类型理论视角下体育文本的翻译研究——以成都大运会"基本要求"为例
段绪	哈尔滨道里区语言景观研究
曹思琪	面向汉语非母语者的简明汉语研究——以《疫情防控"简明汉语"》为例
丁林聪	语言服务视角下内蒙古二连浩特市语言景观研究
李美玲	多语社会的语言治理——以美国"语言服务政策"为例
张可心	新冠疫情下民间志愿团体应急语言服务效率与质量研究
马勖	职业电子竞技赛事中的口译者角色研究——以TI9电竞赛事口译项目为例
谢国剑等	粤港澳大湾区通关系统语言服务调查
杨尔弘	冬奥会语言服务在行动
陆嘉宽	韩国新冠肺炎疫情下的语言服务
顾晶姝	日本灾害应急语言服务
郭瀚	德国应急救援中的语言服务
赵留	俄罗斯应急语言服务
王陈欣	法国应急语言服务
李美玲、赵蓉晖	美国疫情期间的语言服务
曹羽菲、丁伊雯	智利应急语言服务
李宇明等	抗疫中的语言服务实践与思考
张天伟	国外应急语言服务状况
徐曼曼、李宇彤、李扬	粤港澳大湾区医院门户网站语言服务状况
周清艳等	粤港澳大湾区旅游官网语言文字使用状况
王苗、留莉莉	粤港澳大湾区共享单车App及小程序语言使用情况调查
曹进、赵宝巾	人工智能技术挑战国家语言安全
柴如瑾	建设体育强国：语言服务先行
周玉森	"一带一路"背景下"阿拉伯语+"复语人才探索
王立非、李昭	中美日国家应急语言服务团建设对比与启示
刘永厚、殷鑫	中国应急语言服务的现状和提升路径

续表

作者	题目
	2021年
王晓军、朱豫	旅游景区的语言景观与语言服务研究——以天津五大道景区为例
王晓军、朱豫	基于CiteSpace的国内语言景观研究述评
孟凡璧、唐师瑶	中越边境口岸城市语言景观调查研究
包联群	新冠疫情初期的日本语言景观
倪福诚、韩亚文	从新冠疫情防控看中国应急语言能力建设
李艳	语言是生产力，也是战斗力——疫情防控中的语言产品与服务
倪兰	中国手语服务行业现状与发展趋势
全球说	后疫情时代促进网络空间多语言使用的相关思考
穆雷	翻译博士专业学位设置的相关问题再探
袁雨航、李方达	中国乌尔都语人才培养回顾与思考
陈宏川、王枫	产业视域下的语言服务工作室项目化教学模式探究
赵越	语言服务视域下涉外旅游西班牙语人才培养——评《全国高等院校西班牙语教育研究》
赫琳、李蔚	脱贫人口语言能力提升的新维度与新途径
王文辉	潍坊市在"一带一路"建设中语言障碍指数的调研与探究
蔡基刚	国际语言服务定位及其课程体系：学科交叉研究
陈君	语言服务视角下英语教育硕士专业学位研究生U–G–S联合培养模式研究——以西部地区某师范大学为例
杨帆、王小翠	雄安新区建设中语言服务的价值及需求分析
赵红霞等	中国（陕西）自由贸易试验区区内企业语言服务调查研究
陶琳	"一带一路"背景下广西专门用途英语翻译人才培养路径研究
王华树、陈涅奥	中国语言服务企业机器翻译与译后编辑应用调查研究
莫旻荧	"一带一路"背景下广西多元化语言服务体系的构建
沈骑、陆珏璇	全球城市外语能力指标体系构建
肖志清	图书翻译项目驱动的译后编辑能力培养模式研究
李宇明	推进语言文字事业高质量发展——序《中国语言生活状况报告（2021）》
李宇明	认识语言的经济属性，支持区域经济和自贸区（港）发展
穆雷等	2020年中国翻译研究述评

中国（北京）自贸区语言服务需求对商务英语专业英语阅读课的启示①

贾冬梅

（首都经济贸易大学　北京　100070）

摘要： 中国（北京）自由贸易试验区的设立强化了区内各个类型的企事业单位对语言服务的需求。语言服务的界定经历了从聚焦于翻译服务到提供多种多样的专业化现代化服务的演变。自贸区国际商务服务片区建设启发了对商务英语专业一年级英语阅读课的教学改革。英语阅读课能够为树立学生的语言服务意识、拓宽学生的知识领域、提高学生的语言服务能力提供平台，助力语言服务人才培养和自贸区建设。

关键词： 中国（北京）自由贸易试验区；语言服务；商务英语专业；英语阅读课

作为开放战略的重要步骤，我国自贸区整体发展与建设正在不断加快。2020 年 9 月 21 日，中国政府网公布了《国务院关于印发北京、湖南、安徽自由贸易试验区总体方案及浙江自由贸易试验区扩展区域方案的通知》。根据《中国（北京）自由贸易试验区总体方案》，中国（北京）自由贸易试验区由科技创新、国际商务服务和高端产业三个片区构成，总面积达到 119.68 平方千米，以科技创新、服务业开放、数字经济为主要特征。这意味着自贸区对语言服务的需求将增强，语言服务将成为国家经济发展战略的重要支撑。面对这一新形势，外语教育势必要承担起培养更多高水平语言服务人才的职责，为国际经济贸易和文化交流服务，为国家战略服务。作为北京市市属经济贸易类高等院校的校本课程，商务英语专业一年级的英语阅读课教学应以助力语言服务人才培养和自贸区建设为目标。

---

①　本研究为 2021 年首都经济贸易大学思政类校级委托项目"北京市自贸区语言服务需求研究"的部分成果，委托单位为外国语学院。

一、语言服务的定义

学者们对语言服务的定义经历了一个渐变的过程。

袁军（2014）对语言服务的界定偏重于翻译服务，认为语言服务是通过直接提供语言信息转换服务和产品，或提供语言信息转换所需的技术、工具、知识与技能，帮助人们解决语际交流中出现的语言障碍的服务活动。

中国翻译研究院和中国翻译协会在《中国语言服务行业发展规划2017—2021》中将语言服务定义为以促进跨语言和跨文化交流为目标的现代服务业，能够提供语际信息的转化服务和产品、相关研究咨询、技术研发、工具应用、资产管理、教育培训等专业化服务。显然，这一定义拓宽了语言服务的目标和领域。

李瑞林（2017）又将语言相关政策纳入考虑范畴，指出语言服务包括语言教育、语言翻译、语言技术、语言治疗、语言制度和语言保护等领域，是资源、技术和应用三位一体的集约化产业生态。

王立非（2020）突出了语言的经济与政治功能，提出语言服务是以跨语言能力为核心，以信息转化、知识转移、文化传播和语言培训为目标，为国际经贸、国际传播、涉外法律、高新科技、外语培训以及政府事务等领域提供翻译服务、技术研发、工具应用、营销贸易、投资并购、研究咨询与培训考试等专业化服务的现代服务业。

综观以上四种定义，无论其侧重点是什么，它们都将语言服务划分为专业化现代产业。

二、自贸区语言服务相关研究简述

笔者在中国知网以"自贸区"和"语言服务"为主题词进行检索。既有的文献有的聚焦于"一带一路"语言服务研究（李宇明，2015；崔启亮、刘佳鑫，2016；满鑫宇，2016；王烈琴、李卓阳，2016；赵世举，2015；许明，2019；黄威，2021），为高等院校外语教育如何助力"一带一路"建设，冲破语言阻碍，实现互联互通出谋划策；有的对自贸区的语言服务现状进行分析（柯佳音，2018；王少凯、孔琳小，2019；刘静，2020；杨雅恬、程海东，2020；王伟、任丹，2021；赵红霞、俞潇和叶艳萍，2021；韩士媛、郭丽莉，2022；任杰、王立非，2022），指出应该加强校企结合，建立多方协同的语言服务生态系统，提升语言环境建设能力，根据地区特点，优化语言服务产业发展环境，建立语言服务行业准入制度，规范语言服务市场，用制度保障语言服务行业的健康发展。李成静和范武邱（2021）分析了全球语言服务产业的融合与演进，提出中国的语言服务产业应以国家总体安全为核心，采取顶层规划、技术赋能以及产学研融合等措施，推动并保持语言服务产业的良性发展。崔启亮和郑丽萌（2021）以及蔡基刚（2022）着眼于语言服务行业发展与学科建设的关系，认为语言服务需求方、语言服务提供方和高校应该协同发展，强化资源合作；同时，高校还需要加强交叉学科建设。还有一些研究关注语言服务需求与翻译技术革新的相互关系或者对翻译类课程改革的影响（韩林涛、刘和平，2020；郭艳玲、秦睿，2021；邢杰、何映桦，2021；王华树、陈涅奥，2021；王华树、马世臣和杨绍龙，2021；赵政廷、柴明颖，2021；马佳瑛，2022；王清然、徐珺和史燕平，2022；岳峰、俞剑辉，2022），倡导切实提高学生的语言水平以及合理使用翻译工具的能力。

根据《高等学校商务英语专业本科教学质量国家标准》（王立非、叶兴国、严明、彭青龙和许德金，2015）对商务英语本科专业知识结构的阐述，商务英语本科专业学生应具备中国文化知识、区域国别知识、国际政治与外交知识、世界历史与宗教知识、欧美文化与文学知识、商业文化知识、经济学知识、管理学知识、国际金融知识、国际商法知识与营销知识等。笔者认为商务英语专业建设应该贴合自贸区的国际商务服务片区建设。

服务贸易的内容主要包括商业服务、通信服务、建筑与相关工程服务、销售服务、教育服务、环境服务、金融服务、健康与社会服务等。世界服务贸易自20世纪80年代起逐渐从以自然资源或劳动密集型为基础的传统服务贸易，比如旅游和运输等，转向以知识技术密集型为基础的现代服务贸易，比如金融、计算机和信息服务等。在服务贸易全球化背景下，我国正大力推动服务贸易发展，逐步优化服务贸易结构。其中，咨询服务、计算机和信息服务、广告宣传、金融服务、专利服务等高附加值服务的进出口迅速增长。北京具有雄厚的人才、市场和科技基础，作为推进服务贸易数字化发展的前沿地带，被国家战略赋予了探索我国服务业开放发展新模式的职能。中国（北京）自由贸易试验区国际商务服务片区即以发展数字贸易、文化贸易、商务会展、医疗健康、国际寄递物流、跨境金融等产业，打造临空经济创新引领示范区为目标。根据徐珺和自正权（2020）的研究，语言距离对服务贸易的影响比对货物贸易的影响更为显著。相较于语言在货物贸易中的标准化、程式化运用，语言在服务贸易中的使用更具弹性，相关的人力资本等要素的流动性更强。因此，语言因素是服务贸易质量的一个决定性因素。

基于从相关研究中得到的启发和本专业教学的国家标准，笔者对所承担的英语阅读课进行了教学改革。这门课是以首都经济贸易大学外国语学院商务英语专业一年级学生为授课对象的泛读训练课，能够为国家标准中所要求的知识领域的初步涉及与积累、打开学生的视野、培养学生广泛阅读的兴趣和能力、形成终身阅读习惯、树立学生的语言服务意识和提高他们的语言服务水平提供良好的平台。

三、英语阅读课教学改革措施

本课程持续两个学期，每学期平均 16 个教学周，每周两课时，使用的教材是由上海外语教育出版社于 2021 年出版的《英语阅读 1》第三版。这本教材共 14 个单元，主题分别是大学生活、文化冲击、电影、神话、食物、人的性格、健康、运动、节假日、心理学、商务、广告、技术和小说，大多与服务贸易领域相关。其中，在神话、食物、商务和技术等单元中，教材既提供了英语国家相关内容的篇章，又有关于中国的篇章，利于学生学习使用准确的英文词汇与地道的表达方式进行表述，也利于教师引导学生就目标内容开展比较与讨论活动，丰富思想，树立文化自信。这本教材的长处在于符合泛读课对阅读材料内容的广泛性的要求，但是课文难度不均。为了帮助学生尽快了解商务英语专业的特点，拓宽他们的视野，促使他们体会语言的广泛用途，笔者每周都会为学生提供一篇指定课外阅读材料，并在课堂教学中检查阅读情况。材料的长度不定，内容有时与正在学习的单元相关，有时与当月或者当周的英语国家传统活动相关，有时与热门话题相关。所有课外材料均符合教学要求，语言质量上乘，内容富于思政元素，难度适中。学生在两个学期内要完成至少 30 篇指定课外材料的阅读任务，其阅读情况会被计入平时成绩，并计入期末总分。课外材料并非一成不变，笔者会随时补充新鲜素材，从话题的新颖性和适切性以及内容的实用性等角度保证教学效果，提升学生的阅读兴趣和学习热情，达到为服务贸易培养人才的目标。

在 2021—2022 学年，课程使用的课外阅读材料主题如表 1 所示。

表1　2021—2022学年英语阅读课课外阅读材料主题

教材内单元		单元主题	单元课文	教材外指定阅读材料主题
第一学期	1	大学生活	一位教授给大学新生的建议	有效的时间管理措施
			最大化利用时间	为什么有些人学得更快
	2	文化冲击	文化转变	W曲线和大学生活第一年
			文化冲击：离水之鱼	成人社交技巧
	3	电影	为什么有人喜欢恐怖片	受惊时你如何反应
			如何欣赏电影	脱欧对英语的影响
	4	神话	希腊神话故事	希腊诸神关系图
			什么是神话学	罗马神话和希腊神话之间的关系
	5	食物	美国美食旅行	餐具使用礼仪
				别调整火鸡食谱
			川菜	西餐菜谱：炒鸡蛋、藜麦沙拉
	6	性格	克服羞怯	挑选礼物的注意事项
			如何给别人留下好印象	如何吸引目光
第二学期	7	健康	关于健康的八种传说	拯救城市
			健康基础：开始并坚持一项健身计划	中年音乐爱好者
	8	运动	我们为何要运动	2022北京冬奥会术语
			奥运会起源	国际奥林匹克委员会
	9	节假日	圣诞节	什么是道·琼斯、纳斯达克
			海内外中国人如何过春节	什么是标准普尔500指数
	10	心理学	马斯洛的需求层级	心理学主要分支简介
			普通心理学：行为研究	硅谷
	11	商务	华为如何超越苹果	什么是倾销、反倾销
			世界贸易组织	什么是非关税措施
	12	广告	广告的前世、今生和未来	广告业传奇人物比尔·伯恩巴克
				大卫·奥格维对广告业的影响
				利奥·伯内特生平
			如何制作广告	乔治·盖洛普生平
	13	技术	什么是人工智能	城市屋顶的作用
			苹果手机：幕后的故事	什么是增强现实技术
				DEC（数字设备公司）的悲剧故事
	14	小说	如何欣赏文学作品	英语里最有力的词
			老人与海（节选）	海明威生平

在 2021 学年第一学期的第一节课上，笔者就请同学们关注自己的新身份，意识到从高中生到商务英语专业本科生这一身份的转变必然带来学习目的的改变和学习方法的调整，需积极采取行动来迎接变化与挑战，做到在毕业后能够用自己的语言技能来服务自己、服务他人、服务首都建设、服务国家。

在课堂教学中，对每篇教材外指定阅读材料的处理平均用时在 20 分钟左右，较长或者较难的材料则需要更多时间。这一部分的教学由以下三个步骤构成：

第一步，请学生提问，教师答疑。

第二步，教师提问篇章内容涉及的一些背景信息，请学生回答，教师再讲解。

第三步，教师提问学生对篇章主题的个人理解，或将主题引申，请学生思考、作答。

在第一学期初始，学生们不适应这项安排，对主题的多变，特别是对篇章的长度表现出畏惧心理。他们在教学第一步所提出的问题绝大多数是生词，或者索性说自己没有问题。在教学第二步，很少有学生会主动查阅相关背景。这两种现象表明他们对自己的身份还没有形成清晰的认知，学习目的模糊，主动性不足，没有调整学习方法，过于依赖教师。在教学第三步，被提问的学生在自我表达时都小心翼翼，有时词不达意，有时相对流畅。笔者不断要求和鼓励，着力表扬提问比较有深度的学生，情况逐渐好转，学生对阅读的自我要求有所提高，不再有学生说阅读过程中没有遇到问题。在第一学期的期中阶段，不少学生能够做到自行查阅词汇与背景信息，课堂上的提问转向句子结构和句意。此时他们所表现出的弱点是在查阅背景信息时不深入，不做扩展。针对这种现象，笔者专门讲解了什么是研究性学习，鼓励他们深入思考，扩大知识面，丰富自己的知识库。

第二学期是学生们强化良好的阅读习惯、接触更多服务贸易领域相关材料的阶段。在这个学期，他们可以根据自己的兴趣爱好对某个领域进行扩展阅读，借此思索并设计未来的发展方向，更可以积累各个领域的词汇，夯实自己的语言基础。例如，在学习教材第十二单元"广告"时，笔者查阅了课文中提到的比尔·伯恩巴克、大卫·奥格尔维和利奥·伯内特这三位美国广告业历史上举足轻重的人物的生平，把相关材料布置为课外阅读任务。这样既能向学生展示进行研究性学习的方法，还能让他们了解这三位白手起家的成功人士的奋斗过程以及语言能力在其中发挥的决定性作用，同时欣赏他们经久不衰的广告文案和睿智言语。对本单元有强烈兴趣的学生还可以自行查找其他材料，或者就其中某一位人物做深入阅读，从而对广告业的发展有所了解。

经过一个学年的尝试，有些学生向笔者反馈词汇量有了明显增加，有些学生为自己完成的阅读量欣喜，有些学生不再惧怕长文，还有些学生发现阅读任务不像刚入校时那么沉重。尽管如此，教学改革仍需要持续，教学方法仍需要锤炼。笔者将不断改进现有的方法，同时寻找新的更有效的途径。

四、结语

布莱希特和沃尔顿（Brecht & Walton，1993）在为美国非通用语种制定战略规划时提出国家能力（national capacity）概念，认为国家语言能力供给方包括政府的培训项目、教材和测试等，还包括私立机构、国内族群语言保护与提升者以及教学科研机构。国家语言能力与国家软、硬实力的提升密切相关，能够体现国家的治理水平（陆俭明，2016）。人才是国家语言能力的核心要素（戴曼纯，2019）。首都经济贸易大学外国语学院商务英语专业以服务首都建设和京津冀一体化建设为办学宗旨，以培养具备良好语言能力和国际商务知识与实践能力的人才为教学目标。语言学习无止境，语言服务能力的获得和持续提高以良好的阅读习惯、主动思考并自主解决问题的能力为前提。笔者对英语阅读课开展的教学改革在这一大背景下进行，在推动学生提高英语水平的同时，帮助他们感受到自己在国际商务服务活动中可以用语言做什么，怎么做。

参考文献

［1］BRECHT, R.D.& A.R.WALTON.National strategic planning in the less commonly taught languages［J］.NFLC Occasional Paper（ED367184），1993.

［2］蔡基刚.国际语言服务定位及其课程体系：学科交叉研究［J］.东北师范大学学报（哲学社会科学版），2022（1）：13–19.

［3］崔启亮，刘佳鑫.国有企业语言服务需求调查分析及启示［J］.中

国翻译，2016（4）：70-76.

　　［4］崔启亮，郑丽萌.语言服务行业发展与学科建设研究：基于京津冀协同发展的语言服务调查［J］.外语电化教学，2021（5）：48-54+7.

　　［5］戴曼纯.国家语言能力的缘起、界定与本质属性［J］.外语界，2019（6）：36-44.

　　［6］戴曼纯，李艳红.论基于国家语言能力建设的外语规划［J］.语言战略研究，2018（5）：32-39.

　　［7］郭艳玲，秦睿.涉海翻译人才语言服务能力培养路径研究［J］.海外英语，2021（19）：257-258.

　　［8］柯佳音.基于自贸区需求的福建高校英语口译人才培养研究［J］.兰州教育学院学报，2018（12）：131-133.

　　［9］韩林涛，刘和平.语言服务本科人才培养："翻译+技术"模式探索［J］.中国翻译 2020（03）：59-66+188.

　　［10］韩士媛、郭丽莉，黑龙江省自贸区语言服务助力对外经济发展问题与策略研究［J］.商业经济，2020（2）：5-7.

　　［11］黄威."一带一路"背景下实现新疆经济社会发展的"互联网+"语言服务融合发展［J］.产业与科技论坛，2021（17）：63-64.

　　［12］李成静，范武邱.全球语言服务产业融合与演进研究［J］.外语电化教学，2021（5）：55-60，8.

　　［13］李瑞林.语言服务概念框架的再反思：存在依据、普遍本质及实践逻辑［J］.译界，2017（1）：11-19.

　　［14］李宇明."一带一路"需要语言铺路［J］.中国科技术语，2015（6）：62.

　　［15］刘静.语言服务优化海南自贸区（港）三亚营商环境研究［J］.文化产业，2020（6）：98-99.

　　［16］陆俭明.要重视语言能力的不断提升：兼说语言教育之创新［J］.语言科学，2016（4）：348-351.

　　［17］马佳瑛.翻译专业从学科教学向语言服务转向的可行性研究［J］.陕西教育（高教），2022（3）：23-24.

　　［18］满鑫宇."一带一路"战略构想下专门学科院校复合型外语人才培

养模式的定位［J］.赤子（上中旬），2016（19）：105.

［19］屈哨兵.语言服务聚焦新时代［J］.语言战略研究，2022（5）：13.

［20］任杰，王立非.长三角区域语言服务竞争力指数评价与分析［J］.语言文字应用，2022（2）：77–87.

［21］王华树，陈涅奥.中国语言服务企业机器翻译与译后编辑应用调查研究［J］.北京第二外国语学院学报，2021（5）：23–37.

［22］王华树，马世臣，杨绍龙.语言服务行业翻译技术发展现状及前瞻［J］.河南工业大学学报（社会科学版），2021（4）：1–6.

［23］王立非.语言服务产业论［M］.北京：外语教学与研究出版社，2020.

［24］王立非，崔璨.“一带一路”对外贸易中的语言服务便利度测量实证研究［J］.语言文字应用，2020（3）：26–35.

［25］王立非，金钰珏，栗洁歆.语言服务竞争力评价指标体系构建与验证研究［J］.中国翻译，2022（2）：116–125.

［26］王立非.商务英语专业本科教学质量国家标准要点解读［J］.外语教学与研究，2015（2）：297–302.

［27］王烈琴，李卓阳.“一带一路”战略下外语教育政策发展趋势分析［J］.宝鸡文理学院学报（社会科学版），2016（6）：98–102.

［28］王清然，徐珺.技术进步视域下机器翻译技术对语言服务行业的影响分析［J］.中国外语，2022（1）：21–29.

［29］王清然，徐珺，史燕平.国际贸易与语言服务企业绩效［J］.经济学报，2022（2）：1–27.

［30］王少凯，孙琳小.自贸区背景下沈阳市语言服务发展策略研究［J］.文学教育（下），2019（7）：179.

［31］王伟，任丹.海南自贸港英语语言服务满意度调查与分析［J］.文化学，2021（9）：60–64.

［32］邢杰，何映桦.中国口译服务标准探索与展望［J］.上海翻译，2021（5）：72–78.

［33］徐珺，自正权.语言的经济价值分析：基于语言与中国对外服务贸易的实证研究［J］.解放军外国语学院学报，2020（3）：66–73+160–161.

［34］许明.经济导向下的"一带一路"语言服务架构研究［J］.语言规划学研究，2019（1）：62-70.

［35］杨雅恬，程海东。海南自贸区（港）语言服务产业生态系统建构初探［J］.海南热带海洋学院学报，2020（1）：72-77.

［36］袁军.语言服务的概念界定［J］.中国翻译，2014（1）：18-22.

［37］岳峰，俞剑辉.语言服务行业的发展与高校翻译专业的应对策略［J］.上海翻译，2020（3）：50-55.

［38］张天伟.国家语言能力指数体系的发展与比较研究［J］.外语研究，2022（4）：1-8+112.

［39］赵红霞，俞潇，叶艳萍.中国（陕西）自由贸易试验区区内企业语言服务调查研究［J］.文化创新比较研究，2021（35）：143-146.

［40］赵世举."一带一路"建设的语言需求及服务对策［J］.云南师范大学学报（哲学社会科学版），2015（4）：36-42.

［41］赵世举.问题驱动促进语言文字事业新发展［J］.语言战略研究，2022（5）：6-7.

［42］赵政廷，柴明颎.技术时代面向语言服务市场的语料库笔译教学模式研究：基于"译学家"语料库翻译教学平台的教学案例分析［J］.外语电化教学，2021（5）：88-95+13.

专题语言服务
研究与实践篇

北京 2022 年冬奥会和冬残奥会访谈视频字幕翻译：问题、策略及案例分析①

刘重霄　李腾龙　李双燕

（首都经济贸易大学　北京　100070）

摘要： 本文以笔者参与的北京 2022 年冬奥会和冬残奥会访谈视频字幕翻译及审校资料为研究样本，将翻译及审校过程中发现的问题归结为翻译的忠实性、理解与判断、冗余信息处理、术语一致性、信息完整性、角色转换、表达精准性、概念转换与概略化、文学性表达等 9 个方面，并结合实际案例进行分析，同时提出相应解决策略，为体育赛事翻译提供参考及借鉴。

关键词： 北京 2022 年冬奥会和冬残奥会；字幕翻译；问题与策略；案例分析

一、引言

首都经济贸易大学外国语学院以"立足北京，服务首都"为宗旨，积极利用自身的语言优势承担社会责任。2021 年，学院成立了"北京冬奥会语言服务译站"，师生组建了近百人的翻译团队，承接北京 2022 年冬奥会和冬残奥会的部分翻译及审校工作。整个项目历时 6 个月，完成数十万字的翻译及审校。在项目执行过程中，项目组成员针对遇到的翻译及审校问题，及时交流探讨，寻求解决方案；同时边工作边总结，为日后的教学和科研积累资料，做好铺垫。

二、问题梳理、归纳分类及案例分析

理论源于实践，理论指导实践。

---

①　本文为北京市教委重点项目"基于多模态语料库的北京城市国际形象历时研究"和 2021 年首都经济贸易大学青年科研创新团队的部分成果。

没有实践作为基础，理论就是无源之水、无本之木。翻译理论与实践之关系亦如此。教材及课堂中讲授的翻译理论可以用来指导实践，但理论如何形成，又怎样指导实践，需翻译学习者在翻译实践中亲身体验和感悟，在千变万化的语言表述与转换中及时归纳和总结，发现规律。笔者将在翻译与审校过程中遇到的问题以及相应的思考、查询及探讨进行梳理，归纳为以下 9 个方面的内容。

（一）忠实性

翻译的"忠实性"问题，因其对象具有多元化特征，在学界长期以来一直存在争议。翻译应忠实于原文（源语）还是译文（目的语）？忠实于原文的形式还是内容？忠实于原文作者、目的语读者，还是译者？这些问题，需要根据实际情况具体分析。如：

我这伤好了，

If my injury was recovered,

咱们里约见咱们东京见。

I would achieve a better score at the Rio Paralympics or the Tokyo Paralympics.

这里的"见"不是字面意义上的见面或遇到，而是表达说话者的一种决心、毅力和自信，自己有能力出现在某种地方或场合，或者将来在某个地方或某种场合会做得更好。在这种情况下，不能简单地追求形式上的忠实，而应该追求意义上的对等。类似的情况：

别着急等着我，

No worry, no hurry,

下一届肯定是我的。

the next Paralympic champion must be mine.

"等着我"实际上含有"等着瞧"的意思，与"在……见"有相近的意义。将其翻译成"no worry, no hurry"，不仅实现了内涵意义上的忠实，也具有一定的美学欣赏价值。

谭玉娇用一声怒吼，

Tan roared,

来给自己打气。

to reinforce herself.

这是对举重运动员谭玉娇参加举重比赛的描述，原文中的"怒吼"可以释义为"大声吼叫，比喻发出宏大雄壮的声音"，当然还有另外一层意思，即"愤怒"，但本语境下自然不能取该意。因此，将其翻译为"roar"比较适宜，基本上实现了形式与意义的忠实对等。

（二）理解与判断

理解是所有翻译活动的前提和基础，判断是基于原文理解之上、对原文分析之后的一种处理方式。鉴于中、英两种语言表达及文化背景间的巨大差异，在进行中、英语言转换过程中，需要对原文表达的意义起始进行分析和判断。只有做出正确的理解和判断，才能保证译文准确地传达原文意义。如：

就不只是我们站在奖台上，

We don't just stand on the podium,

颁发金银铜牌，

giving out gold medal，silver medal，bronze medal，

或者把所有国家列出来，

or all countries listed，

搞个奖牌榜。

to compile a medal tally.

发言者这句话想表达的含义是，中国作为 2022 年冬奥会的主办国，不是为了站在领奖台上领奖，也不是为了给他人颁奖，而是提供一个共享体育赛事的机会和平台。中国不是为了成为此次赛事的核心，只是一个组织方和服务方，真正的核心是体育竞技本身和奥林匹克精神，主办国的作用在于推动体育运动发展和弘扬奥林匹克精神。"giving out"和"compile"两个表达应用较为适宜。再如：

我觉得其实不是这些东西。

I don't think that's actually the case.

它背后有很多的，

There are many stories behind it，

每个运动员都有他背后的故事。

and every athlete has his story behind it.

访谈具有口语化特征，存在大量不完整的语言表达形式，需要译者自己

去理解并完善这些表达。"它背后有很多的"这句表达需要明确的主体词，"很多的什么"译者只能通过上下文探寻答案。根据上文的"这些东西（奖牌）"和下文的"他背后的故事"，可以将"很多的"的主体词确定为"故事"，即奖牌背后的故事。

理解因人而异。不同的理解，会形成不同的判断；不同的理解，会有不同的侧重点，强调不同的层面。"一千个读者眼中就会有一千个哈姆雷特"，不同的读者朗读"To be or not to be, this is a question"，就会有不同的读法。对于字幕的理解与翻译亦如此，如：

然后当她滑下来的时候，

When she did it,

非常漂亮，

when she completed,

非常完美地完成了，

her own set of movements,

自己一套动作的时候……

perfectly...

原文重复并强调的内容是"非常漂亮""非常完美"，即完成动作的状态和效果，但译者却将重点放在了动作完成本身，所以特意重复性地翻译了"When she did it/ when she completed her own set of movements"，而对原文重复并强调的内容仅用"perfectly"一词进行再现。

非要做这两次四周半，

He had to challenge the 4A,

明明知道不可为非要去做。

He knew he couldn't finish it, but he still insisted on doing it.

一般来讲，译者会将"做"简单地对等为"do"或者其他动词。但这里的"做"是"明知不可而为之的做"，其内涵是"做难事，迎难而上"，基于这种理解，将其翻译为"challenge"是比较准确的。

很霸气地研究自己。

She studied herself, which is domineering.（译文 1）

She studied herself, amazing.（译文 2）

　　本语境中的"霸气"指徐梦桃敢写研究自己的毕业论文，很了不起，很自信。但译文 1 中的"domineering"给人一种盛气凌人、专横跋扈、自负的感觉，与原文意义有很大出入。尽管译文 2 也没有完全译出原文的感觉，但基本传达了原文含义。

　　然后他们确实拉得，

Because they really helped me keep a wide distance,

　　拉开挺多。

between your opponents and you.

　　对。

That's right.

　　然后后面也追得挺凶的。

The opponent behind was catching up with me very tightly.

　　这里的"拉"，指滑雪接力中"拉开距离"；"追"不是被人追击、追赶、逃跑的追，而是后者紧随其后希望赶上、超过的追，不宜将其翻译成"chase"，而"catch up with"才是比较更贴的对应；这里的"凶"不是"凶猛、凶恶"，因此不宜将其翻译成"terrible，violent"等，可以理解为一种方言，表示"紧紧地""极力去做"的意思。

　　这是首运会冠军。

She was the champion of the 9th Liaoning Provincial Games.

　　这是徐梦桃专访中的内容，其中"首运会"怎么理解呢？具体指哪次运动会？现实来讲，不太可能去问徐梦桃本人，只能通过各种咨询查证进行推断。网络搜索获悉，"2002 年，在辽宁省九运会上，十二岁的徐梦桃初露锋芒，在省运会中取得了 3 金 2 银 1 铜的成绩"。基于此，译者将"首运会"做了如下理解，"排除是第一届全运会，应该是她自己首次参加的大型运动会，简称首运会"。

　　孩子，你要是死了，

If you were dead,

　　你是解脱了，

you would feel relieved,

　　你幸福了。

and free from pain.

这是残疾人运动员刘玉坤因受伤而情绪低落，妈妈劝说和宽慰她时说的话。这里的"幸福"，不能理解为一般意义上的幸福，因为人的去世无论如何也不会成为一件"幸福"的事情，需要根据上下文判断其延伸意，将其具体表达为"从病痛中解脱"。

因为原来咱也是凤凰。

Because you were originally a phoenix–like girl，excellent girl.

"凤凰"源于神话故事，在中国传统文化的形象和意义世人皆知。西方文化中也有该形象，"长生鸟（mythical bird of the Arabian desert，said to live for several hundred years before burning itself and then rising born again from its ashes）"，但两者具有不同的文化所指和含义。因此，在采用异化传达原文信息的基础上，通过补充信息，完整表达其内涵及意义。

五个月就……

It is only five months，before I could participate in the competition...

这里"五个月"不仅是一个时间概念的信息传递，还包含原文作者（发言者）的感情色彩，是指时间过长？还是时间过短？需要译者根据上下文进行揣摩。实际上是指从开始训练到参加比赛，仅仅有五个月的时间，时间非常短促。

那个拖拉机嘟嘟嘟嘟……

The tractor would make a lot of noise...

"嘟嘟嘟嘟"只是拖拉机在运转时发出的声音，是一种客观信息。但这种客观性会因作者和译者自身所处的环境和心理状况被赋予一定的主观色彩，由此成为一种令人烦躁的声音，也可能成为一种欢快的声音。这句话描述的是清晨时分残疾人运动员谭玉娇被父亲启动拖拉机的声音吵醒时的内心感受，其中内含了对父亲为生活而辛勤劳作的同情和自己无能为力的一种内疚。

（三）冗余信息处理

李和庆、薄振杰（2005）认为，字幕翻译的最高境界是字幕的隐形。字幕隐形意味着一方面字幕不应该影响影视剧的视觉效果；另一方面字幕应该具备可读性，即字幕必须简明易读。为了达到这一效果，在字幕翻译中，译者应避免使用可读性差的俚语和方言，译文必须是明白畅达的标准语言。

　　项目组承接的翻译任务中，有许多冬奥人物或事件的专访视频，需要将视频中的中文字幕译成英文。口语化是该类字幕的主要特征，因为字幕本身就是人物对话的转写。字幕翻译是一种特殊的语言转换类型：原声口语浓缩的书面译文（Nedergaard-larsen，1993）。Luyken（1991）认为字幕翻译包含三层含义：语际信息传递，语篇的简化或浓缩，以及口语转换为书面语。与其他翻译相比，对原文的删减不会达到字幕翻译这样的广泛性和力度（李运兴，2001）。当然，字幕的翻译过程也存在一些约束。首先，一些口语的表达特色无法用准确的文字翻译出来，如方言、语调、语码转换、语体转化等。其次，屏幕的空间大小也会影响字幕翻译。最后，字幕还必须与画面同步一致（Hatim & Mason，1990）。陈晰（2017）表示，在给汉语的一些采访配字幕时，考虑到中文的重复性内容较多，只能抓住信息主干，重新编写英文解说词，如果是大段的内容，做不到在有限屏幕里一一改成译文，要进行概括性反映，甚至有时候会借鉴到编译（edit and translation）的技巧。在翻译过程中，项目组也遇到了类似的问题，如：

　　这跟乒乓球有点像了，

　　A bit like table tennis，

　　你打我，我打你，

　　in which you hit，

　　我怎么防怎么弄是吧？

　　and I defend，and vice versa？

　　都是这个。

　　Yes.

　　这里的"你打我 / 我打你 / 我怎么防怎么弄是吧"，本质是表达打球过程中发球和接球的一个简单过程，不用完全复制原文信息，只要表达出原文内涵意义即可。此外，"是吧"这类语气词没有太多实质性意义，可以省略不译。人物采访语言往往会夹有语气词、填充语（filler）等。译成字幕亦须采取"缩、简"策略，纳入规范英语句式，简明扼要（李运兴，2001）。但缩减不是随性的和盲目的，需要一定的指导原则。李运兴（2001）提出了三条原则：对信息接受者在有限时空中的认知活动无关紧要甚至毫不相关的信息可进行删减节略，以凸显相关性更强的信息；对信息接受者固有认知结构中缺乏，而在有限时空中又无法补充的信息，可从略；对画面或音乐已提供了充分语境（context）的信息亦可考虑进行缩减。项目组在翻译实践中参照并采纳了其中的一些原则，如：

就是我们的志愿，

It,

不是我通过做服务，

is not to improve ourselves,

来提升我自己，

through the volunteer service,

而是我通过做服务，

but to make everyone feel warm,

让你感受到温暖。

with that.

原文这句话中出现了三次"志愿服务"的意义表达，但鉴于英语拥有大量的代词，可以通过替代实现简洁功能，避免在目的语中产生过多重复。正如李运兴（2001）所讲，字幕宜选用常用词、小词和简短的词语；句式宜简明，力戒繁复冗长，慎用过长的插入成分、分词结构和从句。当然，信息冗余与重复也并不都是口语天然的特点，有时候是为了强调或者出于原文自身表达方式的要求；但在进行目的语转换时，需要考虑目的语的特点以及译文可读性。再如：

就先举着一个滑板走路上学，

He first walked to school with the skateboard,

说这样酷，

he said it was cool,

时尚，这是一种时尚。

and fashionable, it was a fashion.

这段话中重复"时尚"的目的在于强调，为了达到同样的效果，译文保留了原文重复的形式和内容。再如：

甚至可以是一种炫耀。

and it can even be a show off.

现在说很凡尔赛。

In today's parlance, it's humblebrag.

就是我扛一滑板上学了，

If I go to school with the skateboard,

很凡尔赛的嘛。

it's humblebrag.

这段话紧接着上面那段话，一直在强调"扛滑板上学"的感觉，核心内容仍然是"时尚"。而"炫耀""凡尔赛"的重复，也意在强调这一行为的"时尚"。在这种背景下，重复的内容需要翻译出来，否则一来形式上差异太大，二来削弱了原文的感情色彩和表达强度。

所以最后一轮特别特别，

The last round,

要求特别高。

was very demanding.

对于这里一连串的"特别"，如果采用复制原文形式的话，将不太符合英文的表达形式，因此，译文中省略了冗余部分。

这个换个色这话说出来

As for changing the color of the medal,

说着容易，

it's easy to say,

可是改个色还真的。

but it's really not easy to do.

铜牌银牌金牌之间，

In fact, the gap between bronze, silver and gold medals,

其实真的有跨过千山万水。

is really big.

原文中"跨过千山万水"意指差别很大，非常形象，具有一定的修辞色彩。但考虑到访谈类话语的口语体特征，译者进行简单化处理，直接翻译为"big"。

所以，

As for those TV dramas,

干啥都得恋爱干啥都得恋爱，

all the things are about love，

一点意思没有。

I have no interest in it.

这里高亭宇表达了对现代时装剧的强烈反感情绪，所以重复了"干啥都得恋爱"。译者并没有仿照原文进行重复，用"all the things"来表达出这种含义。

装备升级什么多少级，

Such as equipment upgrades，

什么玩意乱八七糟，

how many levels，

乱。

etc.

本句中的"什么玩意乱八七糟"只是意在强调"不喜欢"的程度，没有什么实际的意义，所以可以略去不译。

（四）一致性与规范性

翻译过程中的一致性，也可以称之为规范性。有些一致性来自官方机构或权威部门的明文规定，有些则源于日常的约定俗成。李和庆、薄振杰（2005）认为，文本规范包括一组复杂多变的常规（conventions），公司都有自己的规范做法和内部样本。样本包含规范字幕翻译的种种建议，但有时对译者的内部规定最终可能因雇主、同事和观众的反馈意见而改变。对于一个系统、完整的专业翻译项目，译者一定要保证术语、风格以及形式和格式等方面的一致与统一。就英语而言，存在英式英语与美式英语，如在拼写方面的 organise/organize，metre/meter，centre/center 等，根据实际情况，或者设定为英式英语，或者为美式英语，需要通篇统一，不能在两者之间不断变换。对于"2022 北京冬奥会"和"2008 北京奥运会"等常规术语，必须采用官方的翻译，即 Olympic Winter Games Beijing 2022（字幕可以缩写为 Beijing 2022），the Summer Olympics Beijing 2008。

对于没有被社会或业界完全认可或接受的表达，需要提供参照标准以确立其规范性。比如，在项目翻译过程中，对于汉语名字的翻译，特别是仅有两个字的汉语名字，如"庞清"，翻译成"PANG Qing"，即姓氏拼音全部大写，还是"Pang Qing"，仅姓氏的首字母大写，译者与审校者之间产生了意见分歧，并各自提供了参照与依据。译者提出："国家语委副主任、教育部语言文字信息管理司司长李宇明透露，今年年底或明年年初，人名汉语拼音拼写的国家标准将出台，用汉语拼音拼写中国人名，必须姓在前，名在后。姓和名的汉语拼音首字母都应大写。此外，为了方便外国人分辨中国人的姓氏和名字，如一些面向国际的文献版以及护照填表等，姓氏的汉语拼音可以全部大写"（转引自微信交流中的译者原话）。此外，译者认为，因为庞清不是全球知名明星，姓氏全部大写更妥帖。审校人员也提供了依据（如图 1 所示）。

Zhang Hong salutes after winning gold in the women's 1,000m speed skating at the 2014 Sochi Olympic Winter Games on Feb. 14, 2014.

(Xinhua/Wang Lili)

International Olympic Committee member and former Olympic gold medalist Zhang Hong expects to see more Chinese athletes win medals and make their breakthroughs in Beijing 2022.

图 1　人名翻译的参照文本

资料来源：http://www.xinhuanet.com/english/20220129/e094f9ffaf6f45c49710944f386ffda0/c.html.

考虑到译文的文体特征、冬奥会奥组委官网的平行文本以及新华社官网英文表达的权威性，经过请教专家，最终确定以后者为标准。

此外，英文中"world championship"的首字母是否需要大写，前面有数字修饰时是否需要复数形式；"中国女排"译成"the China Women national volleyball team"还是"the Chinese Women's National Volleyball Team"等，尽管在学术观点上，译者或审校者双方各持己见，但为了保证整个译文呈现的一致性，经过谨慎查证和细致讨论，最终确定了统一的标准。

有些术语存在多种不同的表达方式，同时见于不同的文本之中。如：

这个时候我们才就是说的那个，

This is the time for us,

从体育大国向体育强国，

to move,

迈进的时候

from a sporting power to a sports power.

如何翻译"体育大国"和"体育强国"呢？通过查找平行文本，有如下译文"sport power in size"和"sport power in strength"（周丽萍、田雨普，2010）"big country of sports"和"powerful country of sports"（周爱光，2009），"sports power"和"sports making a powerful country"（崔乐泉、张红霞，2021），还有一些来自网络文章或报道，如"sporting power"和"sports power"①，参考了 developing country 和 developed country 的表达方式。某高校教师将其翻译为"a big country in sports"和"a strong nation in sports"。新华社将"体育强国"翻译为"sporting powerhouse"②。对于这种存在多种表达方式的术语，有观点认为可以结合语境灵活处理，有观点坚持采用新华社的表达。

他们甚至把《千里江山图》穿在了身上。

They even wore the clothes with the pattern of "A Panorama of Rivers and Mountains".

《千里江山图》是北宋王希孟创作的绢本设色画，现收藏于北京故宫博物院③。最初译者将该术语翻译为"A Thousand Li of Rivers and Mountains"。但后来查证到北京故宫博物院对该术语的翻译为"A Panorama of Rivers and Mountains"，于是采用了该译文。当然，其中还存在一个隐喻问题，既然《千里江山图》是一幅画，怎么可能穿在身上呢？原文是一种简洁、形象的表达，如果直接将其翻译为 They even wore the clothes of "A Panorama of Rivers and Mountains"，也可以接受。

关于马达和引擎的，

How the CP about the motor and engine,

这个 CP 是怎么来的。

came from.

网上将双人滑冰舞运动员王诗玥和柳鑫宇称为"马达和引擎"。这里"CP"是网络用语，用不用翻译？因为该术语是一个缩写，如果翻译，就是还原其

---

① http：//www.doczj.com/doc/49839a3a580216fc700afd06.html.

② http：//www.xinhuanet.com/english/2021-09/16/c_1310190020.htm.

③ https：//baike.baidu.com/item/%E5%8D%83%E9%87%8C%E6%B1%9F%E5%B1%B1%E5%9B%BE/386355?fr=aladdin.

原形，那么该术语的原形是什么？网络搜索发现，对于"CP"的原形存在两种说法，"Character Pairing"和"Coupling"，译者倾向于后者。但考虑到读者对该网络术语的熟悉程度以及存在歧义这一事实，译者保留了原文中的缩写形式。

对于一些体育方面的专业术语，目前尚未找到（并非没有，只是限于时间、资源和渠道，没有找到可以借鉴的平行文本或参考译文）约定俗成或权威的译文，译者只能根据自己的理解进行翻译。如：

排球有个术语叫没头。

In volleyball there is a term called scoreless.

翻译过程中，译者没有查证到"没头"这一排球术语的对应英语表达，只能根据个人经验和认知将其理解为"球传得不好或者预判这个球不得分"，于是翻译为"scoreless"。

拉四，

Get the ball to the power forward，

然后呢让那个朱婷，

then let Zhu Ting，

打一个 3 号位的后攻

attack as the blocker.

被采访者在描述一场比赛中的战略布局，出现了术语"拉四""3 号位""后攻"等，对于"拉四"这一专业性极强的术语，查证百度给出了一段解释性文字，很难用一个简洁的英语词汇表达，译者根据具体语境，进行了简单的解释性翻译。

坤姐好！

Hello，Mrs. Kun.

这是大家对奥运金牌获得者、残疾人运动员刘玉坤的称呼。刘玉坤不仅在体育方面贡献杰出，在志愿者服务方面更是无私奉献，大家都亲切地称呼她为"坤姐"。如何将这种对她的尊重在目的语中展现出来，使用西方所习惯的"Ms."，还是"Mrs."？兼顾西方文化受众和中国文化输出、文化自信方面的考虑，确定选用 Mrs. 这一表达。

谭玉娇开把重量选择 125 公斤。

Tan Yujiao opened up at 125kg .

"开把"如何理解及表达呢？通过平行文本，译者查到以下几种表达，"turn on""starting weight""open up""first attempt""begin"等，通过对比，最终决定使用"open up"（见图2与图3）。

图2 "开把"对应的部分平行文本

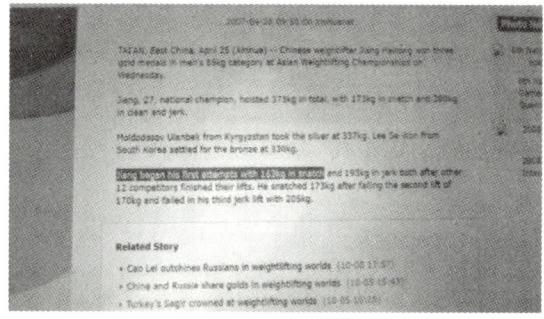

图3 "开把"对应的部分平行文本

（五）信息完整性

由于不同的文化背景和语言表达习惯，源语读者阅读原文所获取的信息是否能等同于目的语读者阅读译文时所获取的信息，很大程度上取决于译者能否发现原文表面无、实际有的一些隐含信息，并采取适当的翻译策略，完全将其转入目的语中。

使用昵称主要是为了拉近人际距离，表达一种亲近关系。在日常交际中，依照传统的中国文化，往往会将姓氏省略，直接称呼名字。但在译成目的语时，应呈现完整的名字信息，以避免混淆和错误。如：

文蕙加油！

Come on，Zeng Wenhui！

这里的"文蕙"指的是奥运女健将曾文蕙。但鉴于访谈者与被访谈者之间较为熟悉的社会关系，访谈者直接称呼"文蕙"。考虑到在访谈开始的介绍部分时使用全称"曾文蕙"，为了避免造成混淆和保持一致，翻译过程中保留了全称"Zeng Wenhui"的译法。再如：

大象（任子威）当时我看你也是一骑绝尘，

Ren Ziwei，at that time I saw that you were also leaping，

完了把这个高速传给靖哥。

so that I could hand over the baton to Wu Dajing at a high speed.

这里的"大象""靖哥"都是颇具中国特色的昵称，译成英语时，建议保留全称，虽然文化信息有所遗失，但能够让目的语读者更容易理解和接受。再如：

这个选手是来自新西兰的佐伊，

This is Zoi from New Zealand，

佐伊·辛诺特。

Zoi SADOWSKI SYNNOTT.

原文已经对"佐伊"这个名字进行了信息补充，形成了完整信息"佐伊·辛诺特"。译者按照原文的意思直接进行翻译即可，不能省译。

他曾经说要为奖牌换个颜色。

He once said he was going to change the color of the medal，striving for gold medal or silver one .

高亭宇曾于 2018 年平昌冬奥会上获得铜牌，"为奖牌换个颜色"，自然指希望获得更好的成绩，冲刺金牌或银牌。根据后文得知，高亭宇的既定目标是金牌。但无论后面的具体所指是什么，如果简单地将原文直译为"change the color of the medal"，需要读者花费一番心思去理解译文内涵所指，所以译者需要将原文隐含的信息再现，在译文中补充完整，"striving for gold medal or silver one"，或者根据后文信息直接将其译为"striving for gold medal"，这样更便于读者理解。

高亭宇一跃而上，

Gao Tingyu jumped onto the podium，

恭喜！

Congratulations！

向全场观众致意。

Gao Tingyu greeted the audience.

这段话是体育解说员在比赛现场的解说，一方面由于汉语属于意合语言，语言表达往往存在诸多省略；另一方面受现场氛围影响，解说员使用了大量不完整句，语句简短，简化信息，如"一跃而上"到什么地方？"向全场观众致意"的施动者是谁？但英语属于形合语言，出于完整表达的需要，译者应进行必要的语法成分补充。

北京冬奥会速度滑冰，

The champion of，

男子 500 米比赛冠军，

Beijing Winter Olympics speed skating men's 500m，

金牌，

gold medalist，

34 秒 32，

with 34.32 seconds，

新的奥运纪录创造者，

new Olympic record setter，

中国选手，

is the player from China，

高亭宇。

Gao Tingyu.

以上几个并列描述都指向同一个人"高亭宇"。"金牌"作为一个并列成分，实际上指称"金牌得主"；"34 秒 32"是奥运纪录的副属性修饰成分，这些信息都需要在译文中进行补充，形成明确表达。

比你原来的 25 米左右，

One more fist further，

我赢她一拳头。

than the original result of about 25 meters.

这里的"一拳头"实际上指代距离，此次铁饼投掷距离比上次投掷远了一拳头的距离，在译文中需要通过内容补充，再现完整信息。

没摔折吧？

Didn't you break your arms and legs?

"摔折"的对象或宾语是什么？根据上下文进行推断并在译文中补充说明，予以明确。

那目的是什么呢？

Yes what was your purpose?

因为瞄在下面看得太清楚了。

Because I could see clearly when I aimed below the target.

谁的"目的"？"瞄"和"看"的主体都是谁？这些信息都需要在译文中表达清楚。

（六）角色转换

访谈类活动多以问答、讲述的形式展开，讲述过程中，为了表现情景的真实性和生动性，讲述者有时会以第三人称进行讲述，有时会以第一人称进行讲述。翻译过程中，译者必须识别人称并根据实际情况进行相应的表述转换。如：

很多的邻居的朋友，

Many neighbors and friends,

还有包括小孩子来了，

including kids came,

然后就问我你"怎么成了火炬手，

and asked me "how could you be a torch runner,

为什么？你是什么人？"

and for what？ Who are you？"

问我是什么人。

They wondered who I was.

原文字幕材料没有标点符号，但根据常识和语感，本段中的第一个"问我"后面的内容，即"你怎么成了火炬手，为什么？你是什么人"，应该是站在问话者（第三人称）的角度进行的描述，所以译者需要进行相应的角色转换，将 ask me 后面的内容改为直接引语，保留原文风格及形式。而第二个"问我"后面的内容，是讲述者站在自己（第一人称）的角度进行的转述，使用间接引语。从内容看，虽然存在重复表述，但讲述者意在进行强调和衔接下文的"他们太可爱了"，所以仍然需要将重复内容翻译出来，否则会削弱语气及表述强度。

译者要发挥传播者和转述者的作用与功能，成为源语信息与目的语读者之间的桥梁，既要考虑对源语信息的忠实再现，又要考虑到目的语读者的理解力和接纳力。

我国的冬奥参赛史上，

The first medal and the first gold medal of the winter sports,

第一枚雪上项目的奖牌和金牌。

won by Chinese delegation in the history of the Winter Olympics.

如果将"我国"简单直接地翻译成"our country"或"our motherland"，目的语读者自然还要去揣摩具体是指哪个国家，可以直接翻译为 China，或者作为补充信息，后面添加 China。

鉴于访谈类活动的生动性、交际性与灵活性，译者在翻译过程中具有一定的发挥空间，可以通过转换角色，将访谈者、被访谈者和观众融为一体，提升或活跃访谈现场的氛围。

她（这里指徐梦桃）今天怎么显得那么文静？

Why is she so quiet today?（译文 1）

Why are you so quiet today, Mengtao?（译文 2）

此句表述的背景是访谈者线上访谈三名奥运金牌获得者，先行对他们进行介绍。"她今天怎么显得那么文静"既是在向观众介绍徐梦桃，似乎又是在询问徐梦桃本人。参考视频发现，访谈者的目光实际上是在徐梦桃身上，而随后徐梦桃又针对这个问题进行了回答，而观众的注意力随着访谈者和被访谈者的主导地位的变化而变化，这样来看，译文 2 所持的人称视角更符合实际情况。

他说我来奥运村这几天，

He said he has been eaten 100 dumplings,

已经吃了 100 个饺子了。

since he arrived at the Olympic Village.

译文将原文中的直接引语转换成了间接引语，进而将第一人称"我"转换成第三人称"他"。

（七）表达精准性

语言是一种符号系统，符号承载着信息。不同的符号及其系统，反映不同的信息内容。符号是多种信息的融合体，在进行符号系统转换时，需要全面理解并在目的语中呈现原文符号的信息内涵。

在字幕翻译过程中，曾遇到"争强好胜"这一词语，最初翻译为"desire to excel over others"，后考虑到这是一个访谈节目，被访谈者是中国奥运体育健将，如果使用"desire"这个词，可能会给目的语读者留下主观色彩太强、盛气凌人的感觉，这不符合中国谦虚、和谐的文化特征，遂将其改译为"expect to excel over others"。

英语和汉语均存在一词多义的现象，为了避免歧义和误解，应尽量避免使用存在歧义的词汇或表达，以求精准。

即使你们不比赛了，

Even if you don't participate in the competitions anymore,

没有任何人会忘记你们，

no one,

你们的过往。

will forget your past.（译文 1）

will forget your achievements and contributions.（译文 2）

"past"一词存在多层意思，可以指过去的生活或职业经历（尤指不名誉的），这层意思显然违背原文信息的含义。为了避免造成不必要的误解，尽量不使用该词，可以根据上下文将其具体表达为"achievements and contributions"。

我也算，

My 27 years of sports career,

我这 27 年体育没白干。

has not been in vain.（译文 1）

has deserved.（译文 2）

"没白干"是指为国家的体育发展做了贡献，自己的努力是值得的。比较而言，译文 2 比较精确到位。

但是说学姐写那毕业论文太逗了。

But the graduation paper written by our senior sister is too interesting.（译文 1）

But the thesis written by our senior sister is too interesting.（译文 2）

此处论文指的是毕业论文，而"thesis（long written essay submitted by a candidate for a university degree）"本身就指毕业论文、学位论文，比"graduation paper"这一表达更为地道和精准。

也是有中国风的，

Chinese-style song，

《无羁》

"The Untamed"．

审校最初看到原文中的《无羁》，以为是唱词本身出了问题，误将陈凯歌拍摄的电影《无极》误写为《无羁》，建议将译文修改为"The Promise"。但后来与译者探讨发现，《无羁》是电视剧《陈情令》的主题曲，唱词并没有错，确切的翻译是"The Untamed"。

你们用的是《我爱你中国》，

For the show that day，

我爱你中国，

I love you China，

亲爱的母亲，

dear mother，

我为你流泪，

I cry for you，

也为你自豪，

and I am proud of you.

首先，就歌曲名称而言，《我爱你中国》和《我爱你，中国》是两首不同的歌曲，前者是汪峰作词、作曲并演唱的歌曲；后者是瞿琮作词、郑秋枫作曲、叶佩英原唱的歌曲，是 1979 年电影《海外赤子》的插曲。为了区别两者间的不同，将前者翻译为"I Love You China"，而将后者翻译为"I Love You，China"，虽然仅有一个标点符号的差异。

在天津蓟县……

In Jizhou District，Tianjin...

天津蓟县实际上指目前的天津市蓟州区，蓟县是其传统叫法，不宜直接将其音译为"Ji County，Tianjin"，翻译为"Jizhou District"较为准确。

有这个什么，

There seems to，

有这么一个规律，

such a phenomenon that，

旗手一般都好像，

flag bearers generally，

不能取得优异的战绩。

do not excel in games.

这里的"规律"指的是什么呢？是一种客观的、本质的内在规律（该种情况下对应的英文应该是 law）？还是一种约定俗成的习惯性的行为（该种情况下对应的英文应该是 rule）？"旗手"与"不能取得优异的战绩"之间有什么逻辑上的联系吗？译者认为将这里的"规律"作为一种现象或许更合适，至于其中的关系，需要进一步查验或论证。

其实也就是说你是一个狠人。

But in fact，that means you are a ruthless person.

你挺狠地做事，

You are very determined in what you do，

真下得去狠心。

you are really determined，

就是对自己都挺狠。

You are very strict with yourself.

"狠"作为一个网络用语，可以指"厉害"，也可以指"绝不松懈，永不停止"（never slacking or stopping，unremitting），在不同的方言和语境中有不同的解读，需要译者根据实际情况进行翻译。这里根据上下文语境和搭配将其分别翻译成 ruthless，determined 和 be strict with。

19 岁那年，

She lost her shanks，

她因为工伤事故失去了双腿。

in an injury suffered on the job at the age of 19.

是一个偶然的机会，

Later she was discovered，

被教练发现，

by chance by the coach.

"双腿"并没有简单地翻译为"legs"，而是根据真实的情况，将其准确地表达为"shanks（leg，especially the part between the knee and the ankle）"，即小腿；"偶然的机会"存在两种不同的表达，"by chance"和"by accident"，但后者指"as a result of chance or mishap"，一般用于表达情况不好的语境之中。

因为 18 岁之前都是健全人……

I was able-bodied before the age of 18...

这是对残疾人运动员刘玉坤访谈中的内容。"健全人"相对的是"残疾人"，"身体残疾的"对应的英语是"disabled"，那"身体健全的"呢？不能笼统地将其翻译为"healthy"，因为身体不健全不一定不健康，所以应该翻译成"able-bodied"。

我妈妈跪在我的床前说……

My mother knelt beside the sick bed and said...

这句话的背景是刘玉坤的腿被压碎之后住院进行治疗，因此，这里的"床"不是一般意义上的床，而是指"病房的床"，准确的表达是"sick bed"。

那绿皮车要坐好几天。

It would take us several days by the so-called "green train"，the old-style train.

"绿皮车"这一概念需要在"green train"的基础上进一步完善补充信息，才能准确再现原文意义。

那说不定你自己通过努力，

Then maybe you can sell yourself through your own efforts.

你也可以把自己给推销出去。

将"推销"翻译为"sell"，是一个比较精准的译文。"sell"不仅具有一般意义上的"卖，出售"等含义，还有"使某人相信（某人、某物）好，有价值，有可取之处"（make sb.believe that sb./sth. is good，useful，worth having）的意思。

后来，正好浙江杭州萧山机场……

Later，Hangzhou International Airport...

"萧山"是机场的落座地，但习惯上该机场被称为"Hangzhou International Airport"。

（八）概略化与概念转换

概略化与具体化相对，是一对常用的翻译技巧，恰当应用该技巧，不仅能通过地道的目的语更好地传达原意，还可以拓宽目的语读者的视野。如：

志愿服务已经深入到，

Volunteer service has not only，

不只是我们每一个志愿者，

penetrated into the heart of each volunteer，

甚至每一个中国人的，

but also into，

心里边去了。

the heart of all Chinese people.

在这句中，"每一个"这一表述重复出现了两次，但其内涵上略有差异，因为两者强调的点不同。如果都将其翻译为 each 或 every，似乎实现了形式对等，但并没有准确传达原文含义。采用概略化的翻译方法，将后者翻译成 all，强调整体性，以此突出该活动的社会性。再如：

我们就可以做一道温暖的光，

We can be a warm light，

去照亮你那个心灵当中

to illuminate every corner.

不被照亮的地方。

of your heart.

"不被照亮的地方"一般指 the darkness，既然能够照亮"不被照亮的地方"，应该也可以照亮其他地方，因此完全可以将原概念概略化为照亮整个心灵，亦即心灵的任何一个角落，凸显"温暖的光"的功能。

概略化对应宏观场景和宏大叙事，概略化的译文能够给目的语读者呈现一种整体、全局的概念和情景。如：

这是我们的自信。

This is China's confidence.

在北京2022年冬奥会开幕式的背景下，我们的自信与中国价值理念的"四个自信"相联系，"我们"这个概念被概略化并上升为国家层面，即"中国的自信"，进而将原文翻译为"China's confidence"。目的语读者在了解原文信息的基础上，更加明晰地了解到中国当前的整体发展情况。

译者的服务对象是目的语读者，这是译者的基本角色，必须时刻将目的语读者放在心里。鉴于中西文化的差异，考虑到目的语读者的文化环境和可接受程度，有些概念可以概略化。

今天嗓子需要，

My throat is a little sore today,

消炎药给它治一治。

and I need to take some medicine.

严格来说，"消炎药"对应的英语表达是"antibiotics"。但考虑到我们国家对抗生素的使用相对宽松，而国际上或美国等西方国家对抗生素等消炎药的管控比较严格，不能随便使用抗生素，为了避免理解上的偏差，将其概略化为一般的药物"medicine"。

（九）文学性表达

翻译服务于信息传递，信息传递的效果取决于翻译的技巧、手段和译者能力。冬奥会翻译主要传递赛事相关信息，属于专业性文本翻译，但专业性语言中也不乏美学因素的融入，在满足目的语读者获取信息的同时，享受语言表述的美感。如：

"相约北京"亚洲花样滑冰公开赛首体开赛"最美的冰"获各国选手点赞。

Eyes on Ice! The "Experience Beijing" Asian Figure Skating Open Kicked Off.

"Eyes on Ice"采用了英文头韵和尾韵的修辞手段，形成具有音美特征的语言表达。再如：

国家速滑馆首迎国际赛事，各国参赛选手齐点赞。

Lauded All Around, China's National Speed Skating Oval Kicked off Its First International Event.

通过使用具体动态效果的动态短语，增加译文的形象性；通过区分主从，调整语序，省略精简，突出重点，达到意美的效果。

形象性是文学性表达的一个重要特征。体育运动自然具有动态的形象感，将运动中的形象性在目的语中再现出来，能够增加译文的美感。

文化内涵亦是具有美学价值的一个重要因素。文化可以引发联想，产生共鸣。翻译不仅需要传递原文中存在的文化元素，而且可以在译文中创造性地融入目的语文化元素。具有文化内涵的译文一般具有文学性。如：

既定的亚军和季军的获得者……

runner-up and third-place winners...

如何翻译"亚军"？"runner-up"是一个非常不错的译文。*Longman Dictionary of Contemporary English*（*New Edition*）将该术语的界定为"the person or team that comes second in a race or competition"，在竞赛中位居第二的人。网络搜索其辞源"The runner-up comes from the dog track, where it referred to the hound that finished second in the final heat. An explanation dating back to 1890 states that 'the dog last running with the winner is called the runner-up because he ran through the races up to the last race without being defeated once'"①。"run"具有动态形象性，"up"既有"上升、发展"，带有被鼓励的意味，还有"坚持不懈"的内涵；该术语表达背后还有丰富的文化渊源。再如：

心在嘴里头含着／心都提到嗓子眼了。

We had our hearts in our mouths.

原文意指紧张，担心害怕，表达非常形象。当一个人紧张害怕时，心跳得厉害，感觉要从嗓子眼里蹦出来。译文保留了原文的形象性。"have your heart in your mouth"这一表达也曾被荷马用于史诗《伊利亚特》之中。

有一支雪上的王者之师。

---

① 参见：http://www.giraffenglish.net/2020/03/28/runner-up/.

There is a team of aces on the snow.

"ace"一词有非常丰富的文化底蕴，既可以指西方纸牌游戏中点数最高（playing-card with a single large spot, usually having the highest value in card game），也可以指某些运动中的能手（person who is an expert at some activity），经常用在一些英语习语表达之中，如 an ace up one's sleeves。

语言的形式与内容不可分割，特别是对于文学性表达而言，更是如此，形式是文学性表达的一个重要内在部分。

她们让现场的球迷这样烘托她们，

They let the fans highlight them,

并对我们倒喝彩。

and boo us.

原文中的"烘托"与"倒喝彩"形成了鲜明的对比。译文不仅保留了内容上的对比，还通过补充宾语完善了句子形式，形成了"highlight"与"boo"、"them"与"us"等形式上的对比，构建了译文文学性的形美。意义上，原文中"倒喝彩"这一表述构词巧妙，"boo"是一个音、意皆具的英文拟声词，两者均为美词，相得益彰。

即便在专业性很强的体育翻译中，译者也努力通过对比、排比、重复、模拟等修辞手段，使译文的美学效果达到最佳。

敢赢不怕输。

They dare to win and are not afraid to lose.（译文 1）

Spare no effort for progress and never give up even lose in game.（译文 2）

原文中"敢"对"不怕"，"赢"对"输"，意义相对，形式相符。译文 1 完全复制原文的形式，简洁明快，形成形美，但意义表达稍有牵强。译文 2 意义上更接近原文的真实含义，一往直前，绝不后退，形成意美，但表达形式稍显冗余，形式上有些不对应。

英、汉两种语言是各自悠久历史文化的承载者和体现者，均博大精深，各具特色。一种语言的文学特征及文化内涵未必能够完全在另外一种语言中再现。

已经是这支队伍的四朝元老了。

Who have already participated in the Winter Olympics for four times in this team.

"四朝元老"是一个颇具中国文化特色的词汇，指中国封建王朝时期被四代皇帝都重用的人物，在原文中指参加过四届冬奥会、声望高、资格老的运动员。译成英语后，原文中浓厚的文化气息消失殆尽，也仅能传递基本的信息而已。

那我这今儿有点，

I seem to,

关公面前耍大刀了。

teach a fish how to swim.

"关公面前耍大刀"指在行家面前卖弄，中、西文化均有这种语言表达，基于目的语读者的阅读效果，不宜采用异化的翻译策略。因为对于"关公"这个在中国家喻户晓的名字，目的语读者可能并不知晓，除非是著名的汉学家，而目的语文化中也有该种表达形式，如"teach a fish how to swim"，更便于目的语读者接受。

大象（任子威）当时我看你也是一骑绝尘，

Ren Ziwei，at that time I saw that you were also in the league of your own，

落了人家老远了。

You left your opponent far away.

"一骑绝尘"是一个深具中国语言和文化特色的四字词汇，指骑马队伍中飞奔而驰的佼佼者，也表示某人在某方面有极其高超的能力，让人望尘莫及，形意兼具。这里用来描述中国短道速滑运动员。译者将其翻译成"in the league of your own（better than anyone else at doing sth.）"，基本上实现了语意对应。

注意节奏，

Pay attention to the rhythm，

注意节奏，

（pay attention to）the rhythm.

最后一个直线，

Now is the final straight track.

冲刺！

Sprint！

高亭宇冲，

Gao Tingyu,

冲！

Go!

冲！

Go!

马上要到终点了。

He's about to reach the end.

冲！

Go！

怎么样?

What about him?/What is his score?

37 秒 32.

37.32 seconds.

比赛现场解说员的语言具有一定爆发力，特别在关键、紧张时刻，这是语言功能的一种价值体现。译文应该保持这种风格，在形式和内容上传递原文的功能和美学价值。对于原文第二个"注意节奏"，译文省略了"注意"这一词汇，直接使用"节奏"更为简洁有力。

啪啪啪一转啪就出去了。

I threw the discus out in one fell swoop.

原文中几个拟声词的连用，使得扔铁饼的动作形象可视，跃然纸上。译文中的"in one fell swoop"也准确地表达了原文的意义。

就像花木兰从军一样。

Just like Maiden In Armour.

《花木兰》的故事情节和这一人物形象，通过影视等媒体方式已经在西方传播，并形成了西方文化已经接受的表达方式"Maiden In Armour"，直接采用即可。

方言是一种颇具地方特征的语言表达。方言翻译，亦可归为文学性翻译的一种类型。参加此次北京冬奥会的一些运动员来自中国东北或其他地区，在各种交流过程中，难免出现方言表达。在新闻发布会上，当被问及自己的性格时，中国速度滑冰运动员高亭宇回答了三个字"格路吧"。现场翻译因为不懂其含义，只能将其音译为"gelu"。"格路"是东北方言，指"格外不同，路数不大众；比较反常，总是跟多数人拧着来"的意思。有人建议将其翻译为"offbeat（not conforming to an ordinary type or pattern；unconventional）"。

还有一期对高亭宇的访谈节目，高亭宇的发言中夹杂着很多东北方言，如：

什么综艺又这又那的，

There are，

老多了，

so many，

老多了。

variety shows.

"老"就是一个极具修饰意义的方言，意思是"很""非常"的意思。

这姐有点赖她讹你。

This sister was a bit rascal，and she was blackmailing you.

那可不净剥削你，

That's true，

净剥削你我

she always exploits me.

这是访谈人梁言老师跟高亭宇开玩笑的一段对话，实际显示了张虹和高亭宇两人非常要好。方言"净"指"总是"的意思。

像你这种叫'隔路'人也好，

Just as you are said to be a person different from others，

或者其实就是焉巴人。

or in fact you are a quiet person.

东北方言"焉巴人"的意思是慢性子，性格内向，不爱说话。该方言原本含有一定的贬义，但这里主要指高亭宇性格内向，取其中性。

就是为了把咱们中国国旗，

She just wanted to raise our Chinese flag，

升到最高，

to the highest，

然后桃姐就骑上去了，

and then Xu Mengtao rode on my neck.

对。

Yes.

然后她舞得还挺来劲。

I found it that she was with high excitement and proficiency.

　　"来劲"也是北方方言，意思是"有劲头，使人振奋"。译者将其翻译为"with high proficiency"。但考虑到这里不仅是"proficiency"的问题，还有一种感情或心情融合在里面，应该是多种因素的交织，译文进行了补充添加。

　　你寻思怎么的?

How do you think of it?

　　你准备干几届?

How many Winter Olympics are you going to participate in?

　　"寻思"不仅是东北方言，在河南等其他地方也使用，意思是"琢磨，心里想"。

　　徐梦桃家不定得多闹呢

And their family must be even more lively.

你们家那天怎么闹法?

What happened to your house that day?

成闹了!

It was very lively！

成闹了!

Very lively！

我们家成闹了!

Our house was bustling with，

成狠了!

noiseand excitement！

　　"成闹了""成狠了"都是东北方言，"热闹"的意思。指徐梦桃的家乡得知她获得奥运奖牌之后兴奋的热闹。

不喜欢那种时装剧，

I don't like that kind of fashion drama，

那种闹的那种东西。

noisy and boring.

这里将"闹"翻译为"noisy and boring"，也是对这一东北方言在具体语境中的另一种解读。

还是蛮稳的。

You were pretty stable.

方言"蛮"不仅在东北、西北使用，湖南、福建等南方也存在该方言的使用，但含义可能有所不同。这作为一个东北方言，具有"很，非常"的意思。

冰雪运动与北方有着天然的联系，此次冬奥会也引发了大家对东北方言的关注。例如，你是哪个"旮旯"的？"旮旯"在东北方言中指"地方"，所以可以将这句话翻译为"Where are you from?"。再如，这下可"完犊子"了。"完犊子"也是东北方言，根据语境可以理解为"无能""失败了"等不同的意思，在英语中相当于"hopeless""failed"等表达。"他说这个丫头"，"丫头"这一东北方言指女孩子，可以根据具体的语境进行处理。又如"我一说就眼泪哗哗的"，"哗哗的"具有方言特征，也有一定的形象色彩，但在译文中难以完全再现，只能翻译成"I would burst into tears as soon as I talked about it"。

三、结语

以上问题梳理及案例分析源于真实的翻译和审校项目，虽然很多是笔者个人感受，但也是一般译者在实践中会遇到的实际问题。九类问题的梳理及解决方案为日后该类文本的翻译提供了参考和借鉴。

参考文献

［1］HATIM，B.& I.MASON，Discourse and the translator［M］.London：Longman Group Ltd.，1990.

［2］LUYKEN，G.M.Overcoming language barriers in television［M］.

Manchester：European Institute for the Media，1991.

［3］NEDERGAARD-LARSEN，BIRGIT.Culture-bound problems in subtitling［J］.Perspectives，1993（2）.

［4］NEWMARK，PETER. A Textbook of Translation［M］.New York：Prentice Hall，1998.

［5］SHUTTLEWORTH MARK & MOIRA COWIE.Dictionary of translation studies［M］.Manchester：St. Jerome Publishing，1997.

［6］曹艺馨.网络时代字幕翻译研究方法：现状、反思与展望［J］.上海翻译，2017（5）：27-31.

［7］陈晞.中文纪录片配英语字幕翻译的质量评价［J］.牡丹江大学学报，2017（6）：20-23.

［8］崔乐泉，张红霞.基于中国共产党百年体育实践的体育强国之路研究［J］.武汉体育学院学报，2021（7）：13-20.

［9］耿金珂.访谈节目字幕翻译的质量控制［D］.上海外国语大学，2014.

［10］李和庆，薄振杰.规范与影视字幕翻译［J］.中国科研翻译，2005（2）：44-46.

［11］李运兴.字幕翻译的策略［J］.中国翻译，2001（4）：38-40.

［12］王华树.字幕翻译技术研究：现状、问题及建议［J］.外语电化教学，2020（6）：80-85.

［13］周爱光."体育大国"与"体育强国"的内涵探析［J］.体育学刊，2009（11）：1-4.

［14］周丽萍，田雨普."体育大国"与"体育强国"研究探析［J］.北京体育大学学报，2010（1）：103-105.

北京冬奥会语言服务带给教学的启示
——以高级英语课程为例

高建平

（首都经济贸易大学　北京　100070）

摘要： 本文从新时代对外语人才培养的要求出发，初步探讨了冬奥语言服务活动给外语教学，特别是高级英语课程的教学改革带来的启示，尝试性提出了通过课程教改帮助解决学生语言质量欠佳、含义不清和语境困惑等问题的设想。

关键词： 冬奥语言服务；教改；高级英语

英语专业的学生应该具有何种专业素养，成长为何种规格的人才，这应该是学生和教师都会思考的问题，这也关乎到国家的人才战略和社会的发展进步。习近平主席 2021 年 9 月曾对外语人才寄予厚望，希望他们能够"有家国情怀、全球视野和专业本领"。只有这样，我们才能更好地在世界舞台上"讲好中国故事，传播好中国声音"。正是在这一背景下，着眼于英语专业学生实际语言能力的培养，我们尝试探讨冬奥语言服务活动给高级英语课程带来的教学启示。

一、冬奥语言服务是课堂教学效果的试金石

明确新时代外语教育的任务固然非常重要，但如何才能培养学生具有全球视野的外语专业本领呢？要回答好这一问题，我们首先要了解清楚具体哪些必备的外语相关技能左右着我们学生中国故事的讲述质量，影响着中国声音的传播效果。

外国语学院精心组织的面向全院师生的"冬奥语言服务"项目为我们提供了一个回答上述问题的良好平台。冬奥会语言服务既为学生提供了难得的

实践机会，又可作为试金石，让老师们借此分析学生在参与冬奥语言服务过程中凸显出的具体语言使用问题。老师们的加入，一方面在很大程度上解决了语言服务的质量问题，从而保证了相关奥运服务任务的圆满完成；另一方面，也让我们在实践中真实地感受到培养学生相关语言技能的过程中可能仍存在的系统性问题，从而启发我们相应地调整教学侧重，更好地培养学生的英语沟通能力。

二、冬奥语言服务中反映出的培养短板

笔者有幸参与了一些冬奥相关视频字幕的翻译较对工作，从中也管窥到一些学生译者所表现出的英语使用问题。为便于讨论，我们权且将其分为三类。

其一，某些学生译者的英文译文中，仍存在较明显的基本用法甚至语法讹误。尽管笔者接触到的仅为部分译稿的初稿，尽管学生译者确实面临时间紧、任务重等实实在在的客观困难，但确实也体现出部分学生译者语言基本功尚不够扎实的现实情况。换言之，这也足以让我们反思如何加强相应的教学环节，帮助学生铸就更加牢固可靠的语言基础。

例 1：

2008 年是她参加的第一届奥运会。

2008 Beijing Summer Olympics was her first Olympics.

2008 Beijing Summer Olympics was her first one.[①]

习惯上，英语行文中应尽可能少重复前面已经用过的名词，尤其是在该名词较长的情况下。当出现该情况时，我们一般需要通过使用代词或名词缩写等方法来避免重复。

例 2：

能告诉我你现在在哪吗？

Can you tell me where are you now?

Can you tell me where you are now?

显然，根据英语的基本语法规则，从句中应该用陈述语序——这应该属于比较基本的语法内容。在原文并无任何特殊含义的情况下，当然应使用通行的标准语言。这类讹误或许应该属于笔误范畴，或者更可能是学生译者尚

---

① 中文字幕后第一行为学生英文译文，第二行为校对后译文。下同。

未形成正确使用语法结构的习惯所致。

其二，一些相关英文译文中过于重视中、英文字幕的表面契合，而忽视了字幕原文的实际含义其以及说话人的语气和交际意图。

例3：

正因为有过，

It is precisely because,

Just because she personally experienced,

登上奥运领奖台的经历，

she has the experience of being on the Olympic rostrum that,

being on the Olympic rostrum,

她更加能够理解颁奖仪式，

she can better understand the importance of,

对一名运动员的重要意义。

the award ceremony for an athlete.

原文中"正因为……"这样的语气，和英文的"precisely because"，"形似"远大于"神似"，而用"just because"则更能体现说话人的语气和交际意图。

例4：

颁奖广场本身，

In this Winter Olympics,

The Award Plaza itself,

在这届的冬奥会上，

the award plaza is a topic of,

for this Winter Olympics,

就是大家非常关心的一个话题。

great concern to everyone.

is a topic of great interest for many.

原文中"非常关心的一个话题"和英文的"a topic of great concern to everyone"同样只是"形似"，而非意义本身的契合。"concern"往往会使人联想到"担忧"等负面情绪，显然跟原来夸赞颁奖广场的情况是不符的。

其三，较多的相关英文译文中对原文上下文关注不够，导致语义衔接出现问题，甚至可能导致产生误解。

例5：

五岁时她就开始了<u>专业的</u>，

When she was five years old，she started the <u>professional</u>，

艺术体操的启蒙训练，

artistic gymnastics initial training.

she started the initial training of rhythmic gymnastics.

小小年纪的她，

She <u>had an amazing dream for her father</u>，

When she was very little，

对父亲许下了一个惊人的梦想，

since she was a kid，

she told her father about her amazing dream，

我想参加奥运会。

I want to participate in the Olympics.

of taking part in the Olympics.

首先，原译文对"专业的"一词的表面意思太过纠结，而英文"professional"一词如果出现在与运动员相关的上下文中，实际含义大多有"以此谋生"的意思，而这对一个五岁的小孩来说联想不太积极。其次，"She had an amazing dream for her father"至少会有歧义之嫌，直接译为"she told her father about her amazing dream"更易于观众理解。而"我想参加奥运会"中的"我"，更不宜脱离上下文简单对译为"I"。

例6：

所以冬奥会就会提供这么，

The Organizing Committee of the Winter Olympics，

So, the Organizing Committee of the Winter Olympics，

颁奖广场这么样的一个环境。

will provide an environment like the Awards Plaza.

has provided such a place as this Awards Plaza.

然后，在这个颁奖广场的这个场所中，

In the Awards Plaza,

And this Awards Plaza,

去进行各个项目的，

the champion, runner-up and second runner-up，

will host for all the games，

冠军亚军季军的这个颁奖仪式，

award ceremonies and celebration ceremonies of，

the champion, runner-up and second runner-up award ceremonies，

庆典仪式，

various games，

and the celebration ceremonies，

去为这些运动员们喝彩，

will be held to applaud these athletes.

It's a place to celebrate these athletes.

那这个颁奖广场，

Is there any special design，

Then, does this Awards Plaza，

有什么特殊的这种设计吗？

for this Awards Plaza?

have any special design for such a purpose?

为了呈现上下文，此处引用较多。但本示例的重点是最后主持人所提问题的译文。根据上文可知，主持人这里所说的"特殊的设计"实际是指"为运动员庆祝胜利所进行的"特殊设计。如果仅泛泛译为"Is there any special design for this Awards Plaza"，恐怕会使某些观众误以为主持人已经转换了话题，转而去谈建筑风格了。由此可见，忽略上下文的语言交流，往往会使人产生误解。

三、高级英语课程教改的针对性设想

上述示例中的学生译者都是英语专业的学生，而高级英语作为英语专业三年级的一门重要的主干课程，对进一步提高学生的英语语言素养，担负着

重要的责任。如果能够通过本课程授课内容及授课方法的调整，弥补上述示例中反映出的短板，同时与翻译等专业课程密切协作，将来学生再次从事类似的语言服务工作时，应该会更为游刃有余。

首先，高级英语课程在帮助学生减少英语基本用法、语法讹误方面应该大有可为。在英语专业高年级本科教学中可能存在一个误区：因为该阶段的教学内容增加了诸如修辞手法、写作技巧、文章赏析等所谓"较高"层次的内容，因此可能会误导学生忽视对基础语法概念的巩固，从而影响其语言质量的巩固与提升。英语毕竟是"外语"，如果没有主动的努力关注和良好语言习惯的养成，在没有理想的使用环境的情况下，恐怕很难形成高质量的外语语言产出能力。

要走出这一误区，可考虑如下三点策略：其一，师生都要提高对语言质量的重视程度。教师不应贪大求全，应实事求是看待学生的实际语言基础。学生也不可好高骛远，应该从思想上重视语言细节的作用。其二，教学过程中应适当增加相对基础的语法、词汇内容，帮助学生在巩固一、二年级所学知识的基础上，稳步提高语言质量。其三，课堂活动设计上应该重视良好语言习惯的养成训练，通过恰当的练习，把学生或许仅停留在"知道"层面的语言知识转化成内化的语言技能。

其次，高级英语课程在帮助学生提高对交际参与者实际语气和交际意图的敏感度方面，也有很大施展空间。一方面，该课程课文中有大量的英文原著作品，这些作品中内涵丰富、言语细腻、含义曲折的语言实例俯拾皆是。如果仅仅停留在理解文字表面含义的层面上，将会是对资源的极大浪费。另一方面，由于学生仍相对习惯于表达直接的语言方式，他们在开始接触含义较为曲折的作品时，可能缺乏经验和耐心。

针对上述情况，调动和发挥学生的主观能动性可能是值得探索的方向。一方面，大部分学生已经有了一定的语言知识和技能的积累。在引导得法的前提下，他们应具备发掘文中人物语气、语言曲折含义等精巧语言细节的潜在能力。另一方面，如果不去深挖含义，很多经典作品读起来可能索然无味，难以使读者欣赏到其中的隽永文采。角色扮演类练习可能有助于发挥学生的主观能动性。而对原文的带表情诵读（区别于以正音为目标的朗读）也值得尝试。

最后，高级英语课程在帮助学生提高对上下文的驾驭能力方面，也应该大有潜力。本文前面提及的学生译文讹误，或多或少均与上下文语境有一定的关系。对上下文语境的驾驭能力，很大程度上影响外语学习者的语言交流效果。但上下文语境不似词汇、句法甚至修辞手法一样形式具体从而易于把握，所以往往会给中、高级外语学习者带来困扰。尤其在纳入社会文化语境这样的广义上下文概念后，鉴于相关知识积累不足，许多学生很可能会感到无从着手。

针对这种情况，我们可尝试双管齐下。一方面，充分利用高级英语教材所选课文篇幅较长、信息容量较大的特点，尽可能为学生补充欠缺的相关社会文化背景知识。这种补充不必追求知识本身的系统与完整，所提供的信息能够满足学生对课文的整体理解即可，从而实现课文整体理解与相关背景知识讲解之间的平衡。此外，补充提供的信息不应过量，以免喧宾夺主，肢解课文的整体讲述。另一方面，教师还需要努力培养学生的批判性思维能力，激发他们主动探索从而发现问题的能力。这一过程可能比较漫长，但一旦学生基本掌握这一技能，他们的主观能动性会帮助其主动探究某个细节与上下文情景的关系，这样，他们彻底走出上下文困境问题将容易很多。目前，较为有效的培养批判性思维能力的方法就是鼓励学生通过自主提问探索问题。

四、结论

外国语学院组织师生共同参与冬奥语言服务是一个一举多得的成功举措。一方面，学生获得了极好的实践锻炼机会，他们可以带着实践中发现的问题，更有目的性地回归课堂，从而提高其学习的主动性。另一方面，参与该活动的教师也同样受益匪浅。仅就高级英语这一门课程而言，冬奥语言服务为我们今后的课程内容设置和课堂活动安排提供了有益启示。这些都有助于我们在新时代背景下更好地培养学生讲好中国故事的能力。

参考文献

［1］ELLIS，R.Second Language Acquisition［M］.Shanghai：Shanghai Foreign Language Education Press，2000.

［2］GOODMAN, N.Of Mind and Other Matters ［M］.Cambridge Mass:

Harvard University Press，1984.

　　［3］崔景贵.建构主义教育观述评［J］.当代教育科学，2003（1）.

　　［4］何莲珍.新时代大学外语教育的历史使命［J］.外语界，2019（1）：8-12.

　　［5］周季鸣，万江波.大学英语课堂口头报告的评价标准［J］.外语教学，2019（4）：66-71.

中国共产党第十四次全国代表大会至第十九次全国代表大会会议报告经济关键词及传播历时性研究

刘重霄　王雯悦　狄沐祺

（首都经济贸易大学　北京　100070）

摘要： 本文梳理了中国共产党第十四次全国代表大会至第十九次全国代表大会会议报告经济板块的关键词（双语），从中可以看出这个阶段党的经济政策的一致性、延续性和发展性的特征。通过采用适当的翻译策略，译文传递了党代会会议报告的精神实质。

关键词： 党代会；关键词；英文翻译

一、引言

根据党章，中国共产党全国代表大会每五年召开一次，会议期间，党的总书记代表中央委员会所做的报告，无疑是大会的核心内容之一。报告不仅会总结过去五年党和国家所取得的成绩，还将确定下一个五年及未来更长时间党和国家的前进方向、发展目标、脉络思路及具体举措，是党和国家发展建设的指挥棒和定准星。经济建设内容是该报告的重要组成部分，不仅关系到党和国家发展的大局，还涵盖就业、民生等方方面面。虽然党和国家的方针政策具有原则性、根本性和持续性等特点，但受到国内和国外、客观和主观等各种环境的影响，每届党代会都会有自己的侧重点和主要任务，这些都隐含于党代会报告的字里行间。

本研究以中国共产党第十四次全国代表大会至第十九次全国代表大会会议报告中经济方面的内容为样本，通过通读原文本，查找、归纳、总结其中的关键词汇，明确言语之间所包含的中国故事是什么；阅读原文本对照的英文翻译版本，分析英文对原文内容传播所采用的策略技巧和方式方法，思索和探讨如何通过英语向世界讲述中国共产党领导下的中国人民创写的中国故事，传播中华民族的声音。

二、党代会关键词：中国故事是什么

故事通过语言来呈现，词汇是构成语言的基本元素。透过词汇，可以发现故事想表达的核心思想。本研究梳理的关键词主要为两类，动词和名词（也有个别其他词性的词汇，如副词等）。这些关键词的前后可能会有其他词汇跟续，如动词后面跟续宾语，名词前面有描述性修饰成分。这些关键词大体说明了当前面临的主要任务与对象，指明了需要解决的问题及未来前进的方向。副词、形容词等修饰性表达则从不同层面表明了关键事件的属性。表 1 列举了党的十四大至党的十九大会议报告中的关键词。

表 1　党代会会议报告中的关键词

关键词（动词）	关键词（名词）	描述性修饰语
党的十四大 关键词：加速（accelerate）		
加速accelerate	改革开放	
加快quicken	经济改革步伐	
加快faster	对内对外开放的步伐	
加快accelerate	市场体系的培育	
加快speed up	工资制度改革	
加快accelerate	政府职能的转变	
加快speed up	基础设施和基础工业的开发与建设	
加速accelerate	科技进步	
加速speed up	科技成果的商品化	
尽快as quickly as possible	把上海建成经济、金融、贸易中心之一	
尽快（融合于其他词语表达的内涵之中in order to）	形成全国统一的开放的市场体系	
尽快quickly	建立新型外贸体制	
加速speed up	开放和开发	
加快accelerating	发展基础工业、基础设施和第三产业	

续表

关键词（动词）	关键词（名词）	描述性修饰语
党的十四大 关键词：加速（accelerate）		
加快accelerate	中西部地区和少数民族地区乡镇企业的发展	
加速accelerate	科技进步	
加快accelerate	地区经济发展	
加快accelerate	经济的发展速度	
加快accelerate	发展	
积极actively	开拓国际市场	
积极encourage	扩大我国企业的对外投资和跨国经营	
积极actively	发展农、林、牧、副、渔各业	
党的十五大 关键词：改革（reform）		
经济体制和经济增长方式的根本转变	转变shift	
社会主义市场经济	改革reform	
国有企业	改革reform	
公司制	改革（内含于主要动词corporatize之中）	
推进各项配套	改革reforms	
改革和发展reform and development	的新要求	
改革reform	流通体制	
改革reform	粮棉购销体制	
改造和提高transform and upgrade	传统产业	
调整、改造readjustment and upgrading	加工工业	
改革reform	投融资体制	
农村	改革（reform）	
促进promoting	国民经济的发展	
增加increase	公共积累和国家税收	
提高increase	企业和资本的运作效率	
增强readjust	国有经济的控制力和竞争力	
解放release	生产力	
发展develop	所有制经济	
发展develop	各类市场	

续表

关键词（动词）	关键词（名词）	描述性修饰语
党的十五大 关键词：改革（reform）		
完善improve	所有制结构	
优化optimizing	经济结构	
新产品	开发development	
技术	创新upgrading	
转变change	就业观念	
提高raising	对外开放水平	
出现appear（中性）	股份合作制经济	多种多样的
调整adjust（中性）	国有经济布局	战略上
转换change（中性）	经营机制	
结构	调整readjust	
调节regulate	过高收入	
调整readjust	财政收支结构	
宏观	调控control	
战略性	改组reorganization	
技术	改造progress	
政府职能	转变change	
分离separating	所有权和经营权	
消除removing	所有制结构不合理对生产力的羁绊	
清除remove	市场障碍	
打破break	地区封锁	
政企	分开separation	
国有资产	流失loss	
整顿ban	不合理收入	
纠正correct	对凭借行业垄断和某些特殊条件获得个人额外收入的	
党的十六大 关键词：发展（develop）		
解放和发展releasing and developing	社会生产力	更多为名词使用；发展存在两种理解，正向发展和负向发展

续表

关键词（动词）	关键词（名词）	描述性修饰语
党的十六大 关键词：发展（develop）		
世界经济科技	发展trend	
我国经济	发展development	
经济	建设和改革development and reform	
后十年的更大	发展development	
可持续	发展development	
产业结构优化	升级upgrade	
服务业全面	发展developing	
发展develop	高新技术产业	
发展develop	现代服务业	加快
提高raising	劳动者素质	
科技和教育体制改革	改革reform	
国家创新体系建设	建设building	
（合理）开发（正向发展）和节约（负向发展）develop and economically utilize	使用各种自然资源	
城乡经济社会	发展development	
发展develop	农产品加工业	
开拓open up	农村市场	
发展develop	小城镇	
发展develop	乡镇企业和农村服务业	
消除remove	体制和政策障碍	
发展develop	规模经营	
推动encourage	农村经营体制创新	
农村基础设施	建设building	
推进continue	农村税费改革	
减轻（负向发展）lighten	农民负担	
推进advance	西部大开发	积极

续表

关键词（动词）	关键词（名词）	描述性修饰语
党的十六大 关键词：发展（develop）		
（促进）bring about区域经济协调	发展development	
推进go ahead		扎实
发展develop	有特色的优势产业	积极
推进propel	重点地带开发	
发展develop	科技教育	
解放emancipate	思想	
自我发展self-development	能力	
推进giving impetus to	农业产业化	
培育cultivating	新的经济增长点	
产业结构	升级upgrading	
发展develop	现代农业	
发展develop	高新技术产业和高附加值加工制造业	
发展develop	外向型经济	进一步
制度	创新innovation	
扩大greater	开放	
发展develop	接续产业	
加快	发展development	
实现	发展development	共同
深化deepen	国有资产管理体制改革	
解放和发展releasing and developing	生产力	
多种所有制经济	共同发展developing side by side	
巩固和发展consolidate and develop	公有制经济	毫不动摇地
发展壮大Expansion	国有经济	
非公有制经济	发展development（出现3次）	
加快生产力	发展development	
相互	促进stimulate	
共同common	发展development	
探索explore	国有资产经营体制和方式	
深化deepen	国有企业改革	

续表

关键词（动词）	关键词（名词）	描述性修饰语
党的十六大 关键词：发展（develop）		
探索explore	多种有效实现形式	进一步
推进promote	体制、技术和管理创新	大力
推行introduce	股份制	积极
发展develop	混合所有制经济	
推进	垄断行业改革	
引入introduce	竞争机制	积极
发展form	大公司大企业集团	
深化deepen	集体企业改革	
集体经济的	发展growth	
经济	增长growth	
扩大creating	就业	
活跃activating	市场	
放宽expand	市场准入领域	
推进go ahead	资本市场的改革开放	
发展develop	产权、土地、劳动力和技术等市场	
创造create	使用生产要素的环境	
深化deepen	流通体制改革	
发展introduce	现代流通方式	
打破（负向发展）get rid of	行业垄断	
促进allow	自由流动	
减少reduce	行政审批	
经济	增长growth	
增加create	就业	
扩大stimulating	内需	
提高raise	消费在国内生产总值中的比重	
深化deepen	财政、税收、金融和投融资体制改革	
推进carry out	利率市场化改革	
深化deepen	分配制度改革	
取缔outlaw	非法收入	

续表

关键词（动词）	关键词（名词）	描述性修饰语
党的十六大 关键词：发展（develop）		
扩大raise	中等收入者比重	
提高increase	低收入者收入水平	
建立健全establishing and improving	社会保障体系	
发展develop	城乡社会救济和社会福利事业	
建立establish	农村养老、医疗保险和最低生活保障制度	
提高do a better job	对外开放水平	
拓宽	发展空间the space for development	
以开放促	发展development	
扩大expand	商品和服务贸易	进一步
开拓open	新兴市场	
扩大increase	出口	
提高sharpen	出口商品和服务的竞争力	
引进bringing in	先进技术和关键设备	
推进encouraging	外贸主体多元化	
提高more	利用外资的质量和水平	结合语境，内含于其他表达
推进	服务领域开放	内含于谓语动词（open）
提高more	法规和政策透明度	
扩大	对外开放	内含于比较级中（wider）
扩大increasing	就业	
促进expand	就业	
增加create	就业岗位	
发展develop	劳动密集型产业	积极
提高raise	劳动者就业技能	
发展development	经济	
提高uplift	生活水平和质量	

续表

关键词（动词）	关键词（名词）	描述性修饰语
	党的十六大 关键词：发展（develop）	
经济	发展develop	
增加increase	城乡居民收入	
拓宽expand	消费领域	
发展develop	社区服务	
提高improve	城乡居民的医疗保健水平	
发展build up	残疾人事业	
推进intensify our efforts to	扶贫开发	继续大力
推进accelerating	社会主义现代化	
	党的十七大 关键词：完善（improve）	
完善improve	社会主义市场经济体制	
优化optimize	产业结构	
改善improving	经济增长质量和效益	
完善improve	科技服务体系	
完善improve	知识产权保护制度	
健全improve	农产品质量安全体系	
健全improve	农产品市场体系	
完善improve	双层经营体制	
改善improve	农村金融服务	
完善improve	基本经济制度	
完善improve	法人治理结构	
健全improve	现代市场体系	
完善improve	政府的经济调节、市场监管、社会管理和公共服务的职能	
完善improve	预算决策和管理制度	
优化optimize	金融资源配置	
深化deepen	分配制度改革	
健全improve	社会保障体系	
完善improve	分配制度	
规范standardize	分配秩序	

续表

关键词（动词）	关键词（名词）	描述性修饰语
党的十七大 关键词：完善（improve）		
完善improve	城镇职工基本养老保险制度	
健全improve	失业保险制度	
巩固consolidate	传统市场	
优化optimize	进口结构	
完善improve	融资机制	
改善improve	投资环境	
改善improve	人民生活	
改善improve	创业环境	
完善improve	就业培训	
优化optimize	消费结构	
改善better	生活环境	
改善improve	农村医疗卫生状况	
党的十八大 关键词：发展（development）		
发展development	是解决我国所有问题的关键	
转变经济	发展方式（growth model）	加快
发展development	新活力	
发展development	新动力	
发展development	新体系	
发展development	新优势	
发展development	后劲	
同步	发展development	工业化、信息化、城镇化、农业现代化
非公有制经济	发展development	加快
发展improve	民营金融机构	
创新驱动	发展development战略	加强

续表

关键词（动词）	关键词（名词）	描述性修饰语
党的十八大 关键词：发展（development）		
技术集成和商业模式	创新innovation	
先进制造业	健康发展sound growth	
传统产业转型	升级upgrading	加快
现代服务业	发展develop and expand	
城乡	发展development	
农村	发展boost	增强
发展development	现代农业	加快
区域	发展development	
加工贸易	转型升级transform and upgrade	促进
发展develop	服务贸易	
对外贸易	平衡发展balanced development	推动
党的十九大 关键词：转变（transform）		
高速增长阶段	转向transitioning	高质量发展
转变transforming	发展方式	
转换fostering	增长动力	
优化improving	经济结构	
质量	变革reform	
效率	变革reform	
动力	变革reform	
供给侧结构性	改革reform	深化
资源型地区经济	转型发展（transformation）	
农业转移（move）人口	市民化	加快
疏解relieve	北京非首都功能	
农村集体产权制度	改革reform	深化
税收制度	改革reform	深化
经济体制	改革reform	
国有企业	改革reform	深化

续表

关键词（动词）	关键词（名词）	描述性修饰语
党的十九大 关键词：转变（transform）		
商事制度	改革reform	深化
投融资体制	改革reform	深化
利率和汇率市场化	改革reform（融于其他表达中）	深化
改革reform	自主权	
培育cultivate	新型农业经营主体	

通过党代会经济板块关键词汇的梳理，不难发现党代会为中国经济发展和改革开放所指明的方向，以及中国经济在改革开放过程中所体现的发展脉络及内涵特征。中文关键词所对应的英文表达，基本上传递了原文内容所承载的信息和真实含义，向世界展现了中国经济发展的全貌，发出了中国深化改革开放的强音。

三、策略：如何向世界讲好党代会的中国故事

中国经济要走向全球，融入世界。要向世界讲好中国的经济故事，传播中国经济的时代强音，首先需要了解中国故事的内涵，掌握将这些内涵进行国际传播的特殊词汇，以及特殊手段或表达方式等，进而提高中华民族的自豪感和担当力。

（一）增强"四个自信"

中、英分属两种不同的语系，具有不同的语法规则和表达方式。在信息传递过程中，如何充分发挥两种语言自身的优势，通过采用一定的翻译技巧和策略，真实再现源语内容的核心和本质，是有效实现语言服务的关键问题。译者在进行党代会会议报告翻译过程中，需要将中国共产党的执政理念和为人民服务的宗旨准确而精彩地传播给世界，让世界了解和认识在中国共产党领导下中国繁荣发展的社会现实，增强"四个自信"。

原文：要坚持走中国特色新型工业化道路。

译文：We must keep to the new path of industrialization with Chinese characteristics.

分析：原文是一个具有无主语句特征的中文表达，英语译文需要补充主语，

才能形成一个完整的英语表达。主语统领全句，把控和定位了整个句子的方向。译者即作者，译者不仅要化身为作者，具有同作者一样的情感和价值理念，还要从语篇角度，明晰原文内容主旨及表达方式。在本句话的翻译中，译者不是完全站在第三者的视角单纯进行客观陈述，如采用 China 做主语；而是站在第一人称视角，以主人翁的姿态出现，主动、自信地进行内容展现与介绍，拉近与读者的距离。从语言表达方式来看，译文采用英语的国际规范 + 中国本土概念及词汇，构建中国特色的表达方式，增强我们的自信心和自豪感。

原文：培育有文化、懂技术、会经营的新型农民。

译　文：We will train a new type of farmers who are educated and understand both agricultural techniques and business management。

分析：原文中"新型农民"这一概念，暗含了"农民"身份、职业、生活方式的转型，区别于传统"农民"的概念，是党的十八大以来农村脱贫攻坚的一个主要内容，也是党和政府改善农民生活、让农民有更多获得感和幸福感的主要途径。原文"培育"一词说明党和国家对农民的培养是有规划、有设计、有期望的。译文把握了原文的内核，采用"train（bring a person to a desired standard of efficiency，behavior，etc by instruction and practice）"一词和"We train farmers"这一主谓宾句式，让世界人民看到了政府在农民成长和发展中的责任承担和使命担当，印证了我们国家的制度优势和道路优势，坚定了我们坚持党的领导的信念和决心。

自信体现为长期不懈的坚持和坚守，体现为对思想、信念、理念、制度以及实践行为的持续性推进。译者不仅要让目的语读者看到这种自信，还要让他们理解并接受自信所产生的内涵。

原文：在世界高科技领域中，中华民族要占有应有位置。

译文：The Chinese nation must assume its rightful place in the arena of advanced science and technology.

分析："应有位置"这一概念在党的十四大报告中被提出，在后面的党代会报告中也有出现，我们对这一理念的坚守和执着，体现了对我国科技发展的自信。这一概念不仅激励国人要奋发图强，在科研创新和科技发展中不甘落后，利用科技改善人民的生活；还要引领世界科技前沿，发挥一个负责任的大国在科技领域的担当，造福于全世界人民。"assume（begin to act in or exercise sth.； undertake）"表明了党和国家在科技领域开始发力和主动担当；"rightful（just，proper or legal）"说明了我们对科技发展的定位是正义合理的，是有助于世界人民利益的。

（二）形式与内容

党代会报告虽是非常严肃的政治文体，但讲述的却是与人民群众息息相关的事情，只有将党代会的语言变成人民群众的语言，才容易被理解和接受。中文词汇丰富多彩，修辞手法多种多样，使得语言表达形象生动，给读者留下深刻的印象。但中文表达的文化内涵底蕴深厚，对于源语读者显而易见的表述，目的语读者未必能明白其中的真正含义。在这种情况下，就需要译者在形式与内容之间进行取舍和平衡。

原文：坚持两手抓，两手都要硬，把社会主义精神文明建设提高到新水平。

译文：We must continue to foster both material progress and cultural and ethical progress，attach equal importance to both，and raise socialist cultural and ethical progress to a new level.

分析：如何理解"两手"？具体指哪"两手"？如何理解"硬"？是具有物理属性的"硬度"，还是具有隐喻特征的关注和重视？作为一名中文读者，会毫不费力地领会到"两手"实际上指两个方面或两种情况，根据上下文及常识，具体指代物质文明和精神文明（cultural and ethical progress）；"硬"指坚定不移的信心和勇往无前的气势下所形成的对某件事情的重视程度（attach importance to sth.）。

原文：加强军队建设，增强国防实力，保障改革开放和经济建设顺利进行。

译文：We must strengthen the army and increase our defense capabilities in order to guarantee the smooth progress of reform，opening up and economic construction.

分析：汉语本质上是一种意合语言，在形式上不需要过多的衔接手段，母语读者也能理解表达的内在含义和句子部分之间的逻辑关系；但英语更倾向于形合语言，需要通过某些语法功能或借助于一些连接词来说明不同语言成分之间的主次顺序和逻辑关系。如果将两种语言进行简单直接的形式复制而忽略语言的真实含义，就容易造成误解。因此，译文中"in order to"这一短语的添加，对于信息和意义传播非常关键。"in order to"这一连接短语，明确了我们军队建设和国防建设的目的，不是称霸世界和控制他人，而是要成为"改革开放和经济建设"的坚强后盾。这样翻译有助于打破当时在国际上，特别是中国周边国家存在的臆断出来的中国快速发展的"中国威胁论"。

原文：人类只有一个地球，各国共处一个世界。

译文：Mankind has only one earth to live on，and countries have only one world to share.

分析：原文为排比句式，具有典型的形式美；译文复制和保留原文排比句式，并根据原文的内涵意义，进行了词汇添加，以符合英文的表达习惯。地球是人类共同居住的场所，人类借此相互依存；世界需要人类和谐共处，共担风险，共享成果，这是"人类命运共同体"（a Community with a Shared Future for Mankind）理念的本质内容。

四、结语

本研究所采用的历届党代会原文及译文资料均来自权威部门或官方网站。本文对党代会关键词的梳理，仅靠目测和粗算统计方法完成，缺乏科学的量化研究和精准的统计分析，在方法上还存在提升的空间。但从历史角度看，目前呈现的党代会关键词，基本上与实际情况一致，反映了党领导全国各族人民在经济体制改革方面走过的历程和取得的辉煌成绩，体现了党的政策的一致性、延续性和发展性的特征。英文翻译通过采用恰当、贴切的表达形式，再现了原文的精神内涵，建构了中国特色的对外话语体系，向世界传递了中国共产党领导下的中国经济发展的故事。

参考文献

［1］王彩娜.中外企业共谋北京"两区"建设下的合作之路［N］.中国经济时报，2021–09–10.

［2］北京商务局.国际组织跨国公司百人团走进北京自贸区感受科技创新力［EB/OL］.［2021–04–20］（2022–10–20）.http://open.beijing.gov.cn/html//kfdt/sddt/2021/4/1618993721912.html. 2021–04–20.

［3］北京商务局.顺义推进跨境金融试点［EB/OL］.［2021–03–02］（2022–

10–20）.http://open.beijing.gov.cn/html//gjswfw/mtbd/2021/3/1614689890871.html.

［4］前瞻经济学人.我国与东盟贸易现状［EB/OL］.［2019–01–27］
（2022–09–30）.http://asean.china–mission.gov.cn/dshd/201901/t20190127_8847414.
htm.

［5］搜狐网.工业碳排放占比高达70%！这些产业将迎重要机遇
［EB/OL］.［2021–03–22］（2022–10–16）.https://www.sohu.com/
a/456692425_100255761.

［6］网易网.双碳目标关键举措：构建绿色低碳循环发展经济体系
［EB/OL］.［2021–07–03］（2022–09–20）.https://www.163.com/dy/article/
GG5CLAO00518VCC4.html.

［7］姚振.《粤港澳大湾区语言生活状况报告（2021）》有关情况
［EB/OL］.［2021–06–02］（2022–09–21）.http://www.moe.gov.cn/fbh/
live/2021/53486/sfcl/202106/t20210602_534892.html.

孔庙和国子监的语言景观探究

栾　婷　王依琳

（首都经济贸易大学　北京　100070）

摘要：语言景观是当今社会学与语言学的研究热点，越来越受到学术界关注，理论发展和实际应用前景很大。本研究选取北京市代表性旅游景区——孔庙和国子监博物馆作为实际研究对象，通过田野调查法进行语料收集，进而分析两个景区的语言景观状况。本研究主要关注的语言景观问题包括标牌材质、标牌风格、语码选择、语码正误、置放位置、破损情况等。研究发现：两个景区的标识牌大部分使用较为坚固的金属材质，标识牌颜色与景区建筑颜色相配；近三分之二的标识为中英双语，近三分之一的标识为汉语单语，仅有一个标识牌为中、英、韩、日、俄多语；英语标识存在翻译不明确、同一语词翻译不同等问题；近 10% 的标识存在破损。北京作为国际化大都市，不应只用英语作为单一外语翻译，而是应当增加多语语言景观。只有构建以民族语言和文化为核心、多语并存的社会文化环境，北京旅游景区才能得以作为国际化的景区向国外展示我们的优秀传统文化。

关键词：语言景观；孔庙；国子监；语码

一、引言

近十几年以来，语言景观（linguistic landscape）作为社会语言学领域的新型研究热点，备受国际关注。兰德里和波希斯（Landry & Bourhis）最先提出并使用"语言景观"的概念，并将其界定为："出现在公共路牌、广告牌、街名、地名、商铺招牌以及政府楼宇的公共标牌之上的语言共同构成某个属地、地区或城市群的语言景观。"这是语言景观研究中最经典、引用最为广泛的定义。语言景观研究关注公共空间和场所中的语言使用问题，目的是探究语言选择背后所蕴含的深层次的政策取向、权势、身份等问题。由于语言景观研究的视角和方式新颖而独特，戈尔特（Gorter，2006）将其看作是研究多语现象（multilingualism）的新路径，斯波斯基（Spolsky，2009）认为语言景观研究是考察一个城市社会语言生态的好方法。

语言景观研究具有重要意义。首先，语言景观研究是了解一个地区语言群体构成和语言使用特点的有效途径。例如，如果一个地区的语言标牌上主要使用某种语言，我们可以得知该语言可能是该地区的主要语言；在某一地区的多个地方安装多语种标识牌表明该地区多语种共存并用。其次，对语言景观的研究可以揭示不同语言甚至不同地区社会身份之间的权力关系。例如，一个国家官方投票选出的主体语言比少数族群语言更可能出现在国家的标牌上；在存在语言竞争的社会中，在道路名称和地名等标志上选择某种语言，意味着正式或非正式地承认该语言的主导地位，从而使讲该语言的族群相对于其他族群具有较有优势的社会身份。这些体现的都是语言景观的象征功能。最后，语言景观研究的实证数据可以为语言政策制定者提供参考。语言景观与社会语言环境之间存在着双向互动关系：语言景观反映了实际的社会语言环境，同时也有助于构建新的社会语言环境。

由于语言景观可以用来传达不同的思想信息，可以认为语言景观是影响实际语言政策的主要机制之一。标牌上的语言作为视觉信息出现在人们面前，必定影响人们对各语言的重视程度，进而影响他们的语言行为，并最终构建新的社会语言环境。因此，当决策者制定或修订语言政策时，从语言景观研究中获得的经验数据可以作为参考，并在重塑社会语言环境的过程中发挥作用。本文以北京的孔庙和国子监博物馆为例，着重探讨北京乃至全国的语言景观问题。北京作为国际大都市，对语言景观、多语环境理应更加重视。本研究旨在为北京旅游景区语言景观的改善提供切实可行的建议，从而为首都经济、旅游、文化的发展创造良好的环境。

二、研究过程

（一）研究地点

孔庙和国子监博物馆位于北京市东城区的中国历史文化名街国子监街，是全国重点文物保护单位，也是国家级旅游景区。历史上，孔庙是祭祀孔子的圣地，而国子监博物馆则是学习和科举的场所。如今，它们是两个国家级著名旅游景点。本研究选取这两个景点作为研究对象，原因如下：第一，孔庙和国子监作为国家级旅游景区，在语言景观方面的规划受到政府的重视，因此具有很强的代表性。第二，孔子是中国悠久历史文化的代表人物之一，儒家文化对中国人具有深远影响。孔庙和国子监博物馆都以其独特的建筑风格而闻名，每年都吸引着大量的国内外游客，是中国面向世界的一张重要名片。因此，对这两个必游景点的语言景观进行研究，可以更好地了解北京旅游景区的语言景观。

（二）研究方法

本研究运用定性分析与定量分析相结合的研究方法对语言景观进行研究，即在实践调研的基础上，着重比较分析实际采集的数据，得出结论。我们分别于 2021 年 11 月 12 日和 11 月 30 日前往孔庙和国子监进行语言景观调查。第一次实地调查主要观察景区内语言景观，并拍摄部分具有代表性的语言景观进行分析、归纳与总结，以明确研究方向和重点。第二次实地调查主要对旅游景区内语言景观的使用和分布情况进行全面记录，我们将所有标识牌（标牌）进行拍照，共获得 381 份语言景观样本[①]

在实地调查之后，我们对图片进行归类、数据统计、语言检查并记录结果。最终，我们确定了研究内容，主要包括标牌材质、标牌风格、语码选择、语码正误、置放位置、破损情况等。

（三）研究结果

本课题的主要研究问题是：孔庙和国子监博物馆的语言景观有哪些特征？我们试图通过分析标牌外观和文字内容来回答这个问题。

1. 标牌外观。

（1）标牌材质。材质指的是字刻的物质载体。材质可产生的意义包括永久性或持续性、暂时性或新近性、质量优劣等。这些意义可以通过字刻的媒介（刷子、雕刻），标牌本身的材料（金属、木料、塑料、帆布、纸张），安装的新旧程度等表征出来。

本研究以孔庙和国子监博物馆的标牌作为语言景观考察对象，采用拍照收集的研究方法。本次考察采用以一个标识牌记为一个标牌单位的计量方式，

---

① 我们将一个标识牌记为一个样本单位。标识牌包括景区内相关的指示路牌和介绍标牌，不包括殿内悬挂的匾额等属于景点自身的标识牌。

总共收集了 381 个标牌单位。根据标牌的制成材料或物质形式分类（如金属、纸质、木料、石头、塑料等，见图 1），我们发现：金属材质的标牌最多，共 203 块，占 53.2%；其次是塑料材质（21%）和木质材质（14.7%）；纸张和石质的材料使用最少（分别占 3.9%）（见图 2）。

图 1　不同材质的标识牌

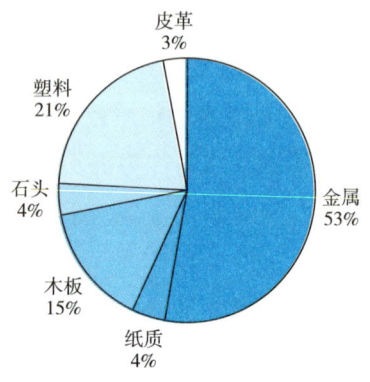

图 2　标识牌的制成材料或物质形式占比

（2）标牌颜色。标牌的材质、颜色等方面应按照统一的规定反映景区的文化特色，颜色不仅要符合建筑色彩、色调，还要符合其在历史或政治等方面的地位。我们发现孔庙和国子监标牌的主要颜色是红色和黄色，其次是黑色、白色和灰色。红色和黄色与景区建筑物的颜色相搭配，浑然一体。另外，红色和黄色的标识牌还装饰有中国传统的祥云图案，也与景区的古典风格相一致（如图3所示）。

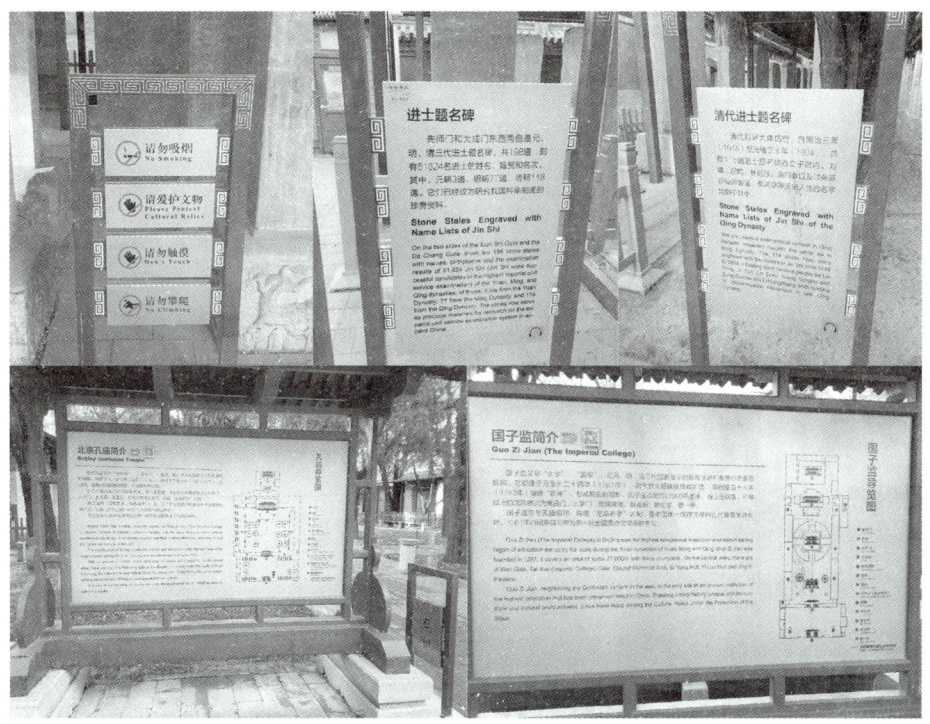

图3　使用红色和黄色的部分标识牌

（3）置放位置。标牌的布局位置也是需要考量的。据实地调查结果，卫生间标牌的布局合理，每个牌子的间隔距离合理，对于游客来说箭头指示清晰易懂。但是也有部分标牌布局不合理，如"爱护草坪请勿践踏"的标牌均放置于草坪最中央（如图4所示）。对于位于大面积的草坪中心位置的标牌，游客几乎看不到标牌上的文字；应该尽量放置在草坪的边缘位置，便于游客看到。

图4 放置于草坪最中央的"爱护草坪请勿践踏"标牌

（4）破损情况。景区内的标牌共381处，存在破损的共有34处，破损率达到8.9%。其中，有较明显破损但其内容大意能够看清的（如受到日晒破损、有磨损划痕、纸张发黄等）共16处（如图5所示），受到严重磨损、内容几乎看不清的共18处。出现这些情况的原因可能是管理人员没有及时发现并更换标牌。对此，景区官方应当及时更换标牌以使游客能够清晰观看到标牌上的内容。

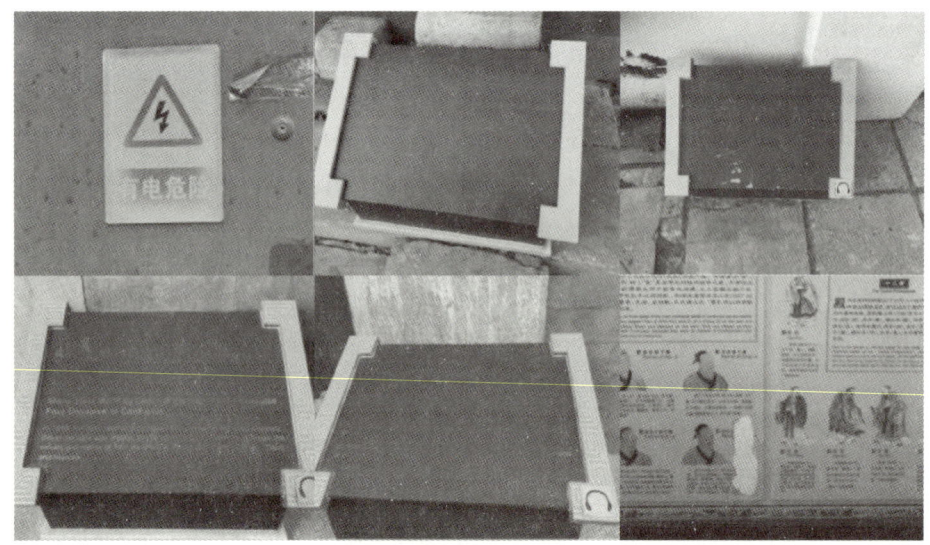

图5 存在破损的标识牌

此外，我们还注意到标牌上的语音导览编号不连贯，风格不统一（如图6

所示）。其中 06 号语音导览甚至缺失。

图 6　语音导览编号不连贯，风格不统一

2. 文字内容。

（1）语码选择。语码选择指的是单语、双语或多语标牌上各种语言之间的优先关系，以此反映它们在语言区域内的社会地位。语码选择可能基于政治思想、语用上的便利、当前的流行时尚等，究竟是哪种原因导致语码优先的选择，则需要进行历史及民族学的分析。

根据标牌上使用的语言及其数量分类（如单语标牌、双语标牌、多语标牌等），我们注意到孔庙和国子监博物馆的中英文双语标牌数量最多，共 243块，占 63.7%。这表明双语语言景观占主导地位。标牌中 27% 是纯中文标牌，内容主要包括临时提醒（如防疫要求和施工提示），以及对古代文言文的翻译（如图 7 所示）。由此现象可以看出，孔庙和国子监中的标识牌未能及时更新为中英双语，新情况通常只是使用汉语进行通知。除此外，景区内只有一个多语种标识，为入口处的景区简介，涉及汉语、英语、日语、韩语和俄语五种语言（如图 8 所示）。此外，还有 34 个非文本或无文本标识，占 8.9%（如图 9 所示）。

图 7　景区内的纯汉语标识

图 8　景区内唯一的多语标识牌

图 9　景区内的非文本或无文本标识

（2）语码布局。斯科隆和斯科隆（Scollon, R. & S. Scollon, 2003）研究发现，当多语垂直排列时，优先语码往往被置放于次要语码上面。此外，在字体方面，优先语码字号通常比次要语码大和粗。孔庙和国子监博物馆的标牌上的语码布局都倾向于使用自上而下的垂直排列方式。中英双语标牌语码布局通常为自上而下，中文一般排列在上方，字体比英文大、粗（如图 10所示）。由此可见，在北京语言景观语码布局中，中文为优先语码，其次为英语，中文在多语景观中最为凸显，处于最重要的位置。

图 10　中英双语标识牌的语码布局

（3）语码正误。景区中某些历史术语在不同的标识牌上对应的英语翻译不统一，会给外国游客的理解造成困扰。比如景区名称的翻译便不统一，孔庙被翻译成了"Temple of Confucius""Confucian Temple"或"the Confucius' Temple"，国子监也有"The Imperial College Museum""Guozijian Museum"等多种翻译（见图 11）。

图 11　孔庙和国子监的不同翻译

相似的问题还出现在"进士题名碑""科举制度""乾隆石经""东西六堂"等特指名词中（如图 12 所示）。表 1 列出了景区同一名词不同的英文译名。

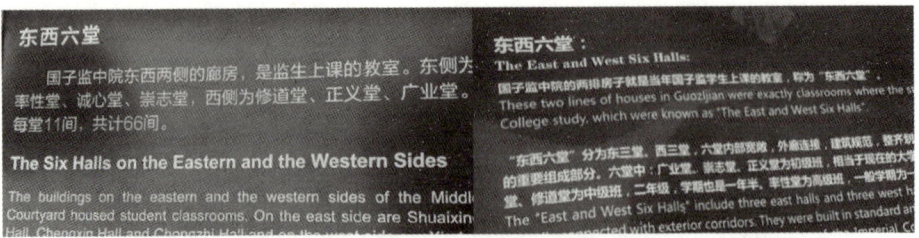

图 12 "东西六堂" 的两种不同的翻译

表 1 景区内同一名词不同的英文译名

汉语	翻译版本1	翻译版本2	翻译版本3
明代进士题名碑	Stone Steles Engraved with Name Lists of Jin Shi of the Ming Dynasty	Stone Steles Engraved with Name Lists of Jin Shi	Imperial-Scholar-List Tables of Ming Dynasty
清代进士题名碑	Imperial-Scholar-List Table	Stone Steles Engraved with Name Lists of Jin Shi of the Qing Dynasty	the 118 steles here were engraved with the names of Jin Shi
科举制度	The civil service examination system	The imperial examination system	
乾隆石经（十三经）	QIANLONG STONE SCRIPTURES—ABrief Introduction of the Forest of the Steles of the Thirteen Classics at the Confucius' Temple	Qianlong Stone Steles Engraved with Thrteen Confucian Classics During the Qing Dynasty	
东西六堂	The Six Halls on the Eastern and the Western Sides	The East and West Halls	

3. 结果分析。首先，在标识牌外观与位置方面，在孔庙和国子监景区内，大部分标识牌外观和材质设计统一，色彩和风格与景区主题相一致，做到了语言景观与历史景观浑然一体。其次，由于自然磨损和人为破坏，景区标牌磨损较为严重。景区内有 34 个标牌受损，占标牌总量的 8.9%。磨损的标识牌会影响景区的观赏性，减少可能传达的信息，给游客的理解带来困扰。建

议景区管理部门定期检查，及时报告，对不清晰、有磨损的标识进行更换，使参观者能清楚地看到标识内容。此外，有些标识放置位置不合理，如草坪中央设置了"爱扩草坪请勿践踏"的标识牌，游客位于草坪边缘，几乎看不清上面的文字，会导致标识牌形同虚设，起不到应有的作用。建议将此标识牌放于草坪边缘。

在语码方面，孔庙与国子监景区内的语言景观呈现了中文单语、中英双语、中英日韩俄多语等丰富的语码现象，但以中英双语景观为主（占63.7%），以汉语单语景观为辅（占27%），多语景观仅有一处，数量非常有限。在语言景观的语码布局上，汉语是优先语码，其次是英语。这反映出国家通用语言文字在社会上的认可度和使用度，体现了我国的语言政策。中英双语标牌数量位居第二，英语为外语中出现次数最多的语码，表明英语是外国人在北京旅游交往中主要使用的语言，也可以看出北京作为国际化都市，承认英语的使用率，将英语作为最主要的外语语种。这样的设置看似考虑到了外国游客，却依然不够开放包容，建议在大殿介绍等重要标识处增设法语、西班牙语、日语、俄语等在世界上有影响力的其他语言，丰富景区的语言景观，为更多游客提供便利。另外，同一个事物或词语的不同翻译可能会使外国游客困惑，这不利于旅游景区形象的塑造和中国文化走出去。工作人员应该意识到这一问题，对景区内的英文翻译进行整理，并对相关标识进行修改。对于一些尚无英文翻译的标牌，比如乾隆石鼓上雕刻的古典文字、孔子弟子对乐器的介绍，以及临时增设的与预防疫情、饮用水使用等相关的标识，建议也及时增加英文注释。如有需要，也建议更换标签，而不是使用贴纸进行修补（如图13所示），以免影响语言景观的美观性。

三、结论

语言景观是一种符号形式，是公共空间不可缺少的元素，能够直观反映很多社会语言现象，是调查社会现实的重要手段。语言景观也是城市的一张名片，城市的发展离不开语言景观的建设。通过对孔庙和国子监博物馆的语言景观调查，我们发现这两个景点在语言景观的外观、布局、内容和语码选择等方面还有很大的改进空间。孔庙和国子监作为国家级景区，不仅承

图 13　使用贴纸进行修补的标识

担了传承我国历史与文化、提升国人文化素养和文化自信的重任，还是向世界展示我国悠久历史与优秀文化的窗口。孔庙和国子监每年不仅接待大量的中国游客，也接待来自世界各地的外国游客。因此，要高度重视这些重要景区语言景观的建设、治理和优化，使之成为北京乃至全国的重要城市象征符号。

参考文献

［1］BEN RAFAEL, E., E. SHOHAMY, M. AMARA & N. TRUMPER HECHT HECHT. Linguistic landscape as symbolic construction of the public space: The case of Israel［J］. International Journal of Multilingualism, 2006, 3（1）.

［2］J. G. RICHARDSON. Handbook of Theory and Research for the Sociology of Education［M］. New York: Greenwood Press, 1986.

［3］BOURDIEU, P. Language and symbolic power［M］. Cambridge: Polity Press, 1991.

［4］CARRINGTON, V. & A. LUKE. Literacy and Bourdieu's sociological theory: A reframing ［J］. Language and Education, 1997:11（2）.

［5］CENOZ, J. & D. GORTER. Linguistic landscape and minority languages ［J］.

International Journal of Multilingualism，2006，3（1）．

［6］GORTER，D．Introduction：The study of the linguistic landscape as a new approach to multilingualism［J］．International Journal of Multilingualism，2006，3（1）．

［7］HALLIDAY，M. A. K. Language as a social semiotic：the social interpretation of language and meaning［M］．London：Edward Arnold，1978．

［8］HALLIDAY，M. A. K. & C. M. L. M. MATTHIESEN．Construing experience through meaning：a language-based approach to cognition［M］．London and New York：Cassell，1999．

［9］JAWORSKI，A. & C. THURLOW．Semiotic landscape［M］// Language，Image，Space．London:Continuum，2010．

［10］LANDRY，R & R. Y. BOURHIS．Linguistic landscape and ethnolin-guistic vitality：an empirical study［J］．Journal of Language and Social Psychology，1997，16（1）．

［11］SHOHAMY，E．Language policy:hidden agendas and new approaches|［M］．London:Routledge，2006．

［12］SHOHAMY，E. & D. GORTER．Linguistic Landscape［M］．London：Routledge，2009．

［13］SCOLLON，R. & S. SCOLLON．Discourses in Place：Language in the Material World［M］．London：Routledge，2003．

［14］布迪厄．言语意味着什么［M］．褚思真，刘晖，译．北京：商务印书馆，2005．

［15］徐红罡，任燕．旅游对纳西东巴文语言景观的影响［J］．旅游学刊，2015（1）．

［16］张德禄．适用性社会符号学的理论与实践研究［J］．外语与外语教学，2010（5）．